教育部人文社会科学重点研究基地重庆工商大学长江上游经济研究中心
"三峡库区百万移民安稳致富国家战略"服务国家特殊需求博士人才培养项目
重庆市人文社会科学重点研究基地重庆工商大学产业经济研究院

Shehui Ziben yu Nonghu Duowei Pinkun:
Zuoyong Jizhi yu Yingxiang Xiaoying

社会资本与农户多维贫困：
作用机制与影响效应

车四方　著

西南财经大学出版社
Southwestern University of Finance & Economics Press

中国·成都

图书在版编目(CIP)数据

社会资本与农户多维贫困:作用机制与影响效应/车四方著.—成都:
西南财经大学出版社,2021.10
ISBN 978-7-5504-4836-0

Ⅰ.①社… Ⅱ.①车… Ⅲ.①社会资本—影响—农户—贫困问题—
研究—中国 Ⅳ.①F323.8

中国版本图书馆 CIP 数据核字(2021)第 062504 号

社会资本与农户多维贫困:作用机制与影响效应

车四方 著

责任编辑:李特军
助理编辑:王琴
封面设计:张姗姗
责任印制:朱曼丽

出版发行	西南财经大学出版社(四川省成都市光华村街55号)
网 址	http://cbs.swufe.edu.cn
电子邮件	bookcj@swufe.edu.cn
邮政编码	610074
电 话	028-87353785
照 排	四川胜翔数码印务设计有限公司
印 刷	郫县犀浦印刷厂
成品尺寸	170mm×240mm
印 张	18.5
字 数	344 千字
版 次	2021 年 10 月第 1 版
印 次	2021 年 10 月第 1 次印刷
书 号	ISBN 978-7-5504-4836-0
定 价	78.00 元

摘要

贫困问题是全世界共同面临的难题。随着我国经济的高速发展，收入不再是衡量贫困的唯一标准，贫困更多地表现为人们的可行能力被剥夺，这些可行能力包括教育获得、疾病救助、饥饿消除以及其他社会权利的获取。由此可见，贫困本质上是一种复杂的多维现象。换句话说，从多维度衡量贫困更能把握和描述贫困的内涵和外延。众所周知，我国农村是贫困产生的"主战场"，虽然中国在 2020 年取得了消除绝对贫困的伟大成就，但是农户家庭仍然面临着相对贫困问题。于是，本书基于农户家庭多维贫困展开研究。同时，人们越来越意识到，无论是个体、家庭层面，还是国家层面，消除贫困不能仅仅依赖于传统的物质资本和人力资本，社会资本也是影响贫困的重要因素。事实上，我国农村是基于血缘、亲缘和地缘等形成的"关系"型社会，社会资本在市场机制不足的农村地区扮演着重要角色。然而，现有大部分研究仅将社会资本作为影响农户收入、健康等单维度的重要变量，并未深入探究社会资本对农户多维贫困的影响。鉴于此，本书以社会资本为切入视角，着重研究社会资本对农户多维贫困的作用机制和影响效应。

本书遵循"问题提出→理论研究→实证研究→政策研究"的研究思路，基于中国农村的贫困实际，采用规范研究和实证研究相结合的研究方法，为缓解农户多维贫困提供理论指导和政策依据。具体地，本书在精准测度我国农户家庭多维贫困水平的基础上，着重构建社会资本影响农户家庭多维贫困的作用机理模型；采用中国家庭追踪调查（CFPS）数据，并综合运用最小二乘法、分位数回归法、中介效应法、Probit 法、工具变量法等方法实证检验社会资本对农户家庭多维贫困的影响效应；基于稳健的研究结论提出精准测度和缓解农户多维贫困的政策建议。

本书的主要研究内容和研究结论归纳如下：

（1）借鉴并拓展了多维贫困理论，构建了中国情景下的农户家庭多维贫困指标体系，运用人工神经网络法确定指标权重，分别从静态和动态视角测度并分解了农户家庭的多维贫困广度、深度和强度水平及演变情况。

①构建包含收入、教育、健康、金融等维度的农户家庭多维贫困指标体系。相较已有研究，本书主要增加了金融指标，该指标体系更能体现当前中国农村的多维贫困情况。②采用人工神经网络法确定各指标权重，并通过加总误差法建立了评判不同方法确定指标权重的优劣标准。人工神经网络法改善了等权重法不能区分各指标相对重要性的缺陷，也更加体现出指标之间的随机性、离散性和非线性性等特点。同时，为了说明人工神经网络法的优势，本书采用加总误差法、评判等权重法、变异系数法以及人工神经网络法确定我国农户家庭多维贫困指标体系中各指标权重的优劣评判标准。测度结果显示：相较于等权重法和变异系数法，人工神经网络法更能精确测度多维贫困。③为了解我国农户家庭多维贫困水平和致贫因素，借鉴 A—F 多维贫困理论框架，运用 CFPS 数据分别从静态和动态视角测度并分解了农户家庭的多维贫困广度、深度和强度水平及其演变规律。

（2）构建了社会资本影响农户多维贫困的直接和间接作用机理模型，并通过数理模型演绎了社会资本影响农户多维贫困的门槛效应。

社会资本一方面通过影响农户收入、教育获取、健康改善以及金融服务等直接作用于农户多维贫困，另一方面借助非农就业、信贷约束和社会保险等间接作用于农户多维贫困。此外，本书通过数理模型演绎了社会资本影响农户多维贫困的门槛作用机理。

（3）总体上，我国农户家庭多维贫困的广度、深度和强度都在呈逐年减弱的趋势，我国农户多维贫困水平呈典型的区域分布特征；收入、教育、金融等因素是导致农户家庭多维贫困的主要驱动因素，而且不同区域致贫的主要因素存在显著差异。

①2010—2014 年，农户家庭多维贫困的广度、深度和强度都呈减弱趋势。②无论是多维贫困广度，还是多维贫困深度和强度，我国农户家庭多维贫困水平始终呈现西高东低的态势。这反映出我国农村地区的多维贫困水平呈现较为典型的区域分布特征，即中、西部地区，特别是西部地区的农村贫困状况相对严重。③随着贫困维度的增加，多维贫困程度不断下降直至为零，而且东部地区贫困水平下降速率显著快于中、西部地区。这表明农户家

庭不易发生多维极端贫困，东部地区农户贫困维度数普遍小于中、西部地区。④基于多维贫困指数的分解，我们发现收入因素、金融因素和教育因素对多维贫困的贡献率最大。其中，东部地区金融因素影响最大，这表明金融服务能力低下已经成为我国东部农户家庭发展的最大障碍；中、西部地区仍为收入因素影响最大，且金融因素也逐渐成为其发展的瓶颈。

（4）社会资本能显著缓解农户家庭多维贫困程度，但是社会资本与农户家庭多维贫困之间不仅存在简单的线性关系，而且二者之间还具有显著的门槛效应。同时，社会资本越丰富，越有助于缓解农户家庭的多维贫困。

实证研究发现：①社会资本能显著降低农户家庭多维贫困的广度、深度和强度，具体表现为：社会资本存量越丰富，越有助于缓解农户家庭多维贫困的广度、深度和强度。②在不同的门槛变量下，社会资本与农户多维贫困之间存在显著的非线性关系，即存在显著的"门槛效应"。③当人力资本、人均收入、金融服务和社会资本存量跨过一定的门槛值后，社会资本才能显著地改善农户家庭多维贫困的广度、深度和强度。此外，当人均收入和社会资本存量跨过门槛值后，社会资本对农户多维贫困产生的显著负向影响逐渐增强，即社会资本越丰富，越有助于缓解农户家庭多维贫困状况。

（5）社会资本影响农户家庭多维贫困的中介效应成立，且农村劳动力非农就业是社会资本影响农户家庭多维贫困的中介变量。

本书通过建立社会资本与农户家庭多维贫困的中介效应模型，实证研究发现：社会资本影响农户家庭多维贫困的中介效应成立，且农村劳动力非农就业是社会资本影响农户家庭多维贫困的中介变量，但是其影响农户家庭多维贫困广度、深度和强度的中介效应占比不同。

相较于已有研究，本书的创新之处表现为：

（1）拓展了农户多维贫困指标评价体系；引入人工神经网络法测算指标权重，提高了多维贫困指数测度的精确性和科学性；测度并分解了农户家庭多维贫困指数体系。

正如阿马蒂亚·森（Amartya Sen）[①]（1999）指出，贫困不仅仅表现为收入低下，更表现为人的基本可行能力被剥夺。据此，本书认为农户家庭多维贫困是指其收入、教育、健康、生活标准、金融服务等方面处于不足或被

---

① Amartya Sen，他由于在福利经济学等方面的突出贡献于 1998 年获得诺贝尔经济学奖。

剥夺的状态。特别地，本书将金融指标纳入多维贫困指标评价体系，拓展了农户家庭多维贫困指标体系。将该指标纳入农户家庭多维贫困指标评价体系既是对中国农村的国情考量，也体现了多维贫困的本质和内涵。同时，鉴于等权重法不能区分各指标的相对重要程度，本书采用人工神经网络法测算各指标权重，其优势体现在：克服了主观人为因素的干扰，能较准确地测算出维度的动态变化情况，也能较为科学地刻画出变量之间的离散性、随机性以及复杂的非线性性等复杂关系，进而获得更加合理的指标权重。此外，现有研究大多只关注了农户家庭多维贫困的广度水平，而本书从静态和动态视角测度并分解了农户家庭多维贫困的广度、深度和强度状况。

（2）丰富了缓解农户多维贫困的研究视角，构建了社会资本影响农户家庭多维贫困的作用机制模型，并实证检验了社会资本对农户家庭多维贫困的影响效应。

影响贫困的因素众多且复杂，社会资本是继物质资本和人力资本后的第三大资本，其对贫困具有重要影响。现有的相关研究多集中于社会资本对收入贫困的理论和实证探讨，然而贫困不仅仅是收入贫困。鉴于此，本书聚焦于社会资本对农户家庭多维贫困的影响效应研究，从理论上构建社会资本影响农户家庭多维贫困的作用机理模型，并从实证上分析社会资本对农户家庭多维贫困的直接减贫效应和门槛效应。

（3）构建了社会资本影响农户家庭多维贫困的传导路径，并检验了二者之间的中介效应，为缓解农户家庭多维贫困水平提供了科学的路径选择。

本书还重点分析了社会资本影响农户家庭多维贫困的传导机理，然后运用中介效应法实证检验出农村劳动力非农就业是社会资本影响农户家庭多维贫困的中介变量，并测度出了中介变量在社会资本影响农户家庭多维贫困的间接效应量占比，为缓解农户家庭多维贫困水平提供了理论依据和科学的路径选择。

关键词：农户多维贫困；社会资本；非农就业；中介效应；门槛效应

目录

1 导论

1.1 研究背景与问题

1.1.1 研究背景

贫困是人类社会的公敌，消除贫困是全人类的共同使命（习近平，2015）。联合国 2015 年确立了 2030 年可持续发展议程的 17 个目标，其中首要目标就是"在全世界消除一切形式的贫困"（UN，2015）[①]。我国政府历来高度重视扶贫开发工作，尤其是改革开放以来，我国出台并执行了一系列减贫措施，如《国家八七扶贫攻坚计划》、《中共中央国务院关于尽快解决农村贫困人口温饱问题的决定》、《中国农村扶贫开发纲要（2001—2010 年）》（简称《扶贫开发纲要》）、《中国农村扶贫开发纲要（2011—2020 年）》以及《建立精准扶贫工作机制实施方案》等，这些措施的实施使得我国农村的绝对贫困人口数量迅速减少（见表 1.1）。

从表 1.1 可知，我国农村绝对贫困人口数量从 1978 年的 2.5 亿减少为 2019 年的 550 万，相应地绝对贫困发生率从 30.7% 减少为 0.6%[②]，其对全球的减贫贡献率超过 70%[③]，我国的扶贫开发工作取得了举世瞩目的成就。虽然我国农村绝对贫困人口数量已基本消除，但是中国农村的贫困问题发生了新的变化。第一，我国农村剩余贫困人口的贫困程度更深，扶贫开发工作的难度更

---

① UN, 2015. Transforming Our World: the UN 2030 Agenda for sustainable development, resolution adopted by the general assembly on 25 september 2015. A/RES/70/1, UN, New York.

② 数据来源：《中华人民共和国 2017 年国民经济和社会发展统计公报》。

③ 数据来源：联合国《千年发展目标报告（2015 年）》。

表 1.1　中国农村贫困人口数量变动①

年份	扶贫标准/元	1978 年标准/万人	2008 年标准/万人	2010 年标准/万人
1978	100	25 000		
1985	206	12 500		
1990	300	8 500		
1995	530	6 540		
2000	625	3 209	9 422	
2005	944	2 365	6 432	
2006	958	2 148	5 698	
2007	1 067	1 479	4 320	
2008	1 067		4 007	
2009	1 196		3 597	
2010	1 274		2 688	16 567
2011	2 300			12 238
2012	2 625			9 899
2013	2 736			8 249
2014	2 800			7 017
2015	2 968			5 575
2016	3 146			4 335
2017	3 335			3 046
2018	3 535			1 660
2019	3 747			550

数据资料来源:《2016 扶贫报告:中国减贫成就》、历年《中国统计年鉴》和国家统计局。

---

① 1978 年标准:1978—1999 年称为农村贫困标准。2000—2007 年称为农村绝对贫困标准。2008 年标准:2000—2007 年称为低收入标准,2008—2010 年称为农村贫困标准。2010 年标准:也是现行农村贫困标准,现行农村贫困标准为每人每年 2 300 元(2010 年不变价)。其中,绝对贫困是指在一定社会生产方式和生活方式下,个人和家庭靠其劳动所得和其他合法收入不能维持其基本的生存需要。绝对贫困标准也称为生存标准,而低收入标准则是一种温饱标准,且二者均属于绝对贫困范畴的度量。2009 年以后,我国将绝对贫困标准和低收入标准合并,统称为农村贫困标准(贫困线)。

大，进入"啃硬骨头"的攻坚拔寨期；第二，我国农村贫困人口已从绝对贫困状态转为相对贫困状态；第三，贫困已从单维的收入贫困问题转变为多维度的综合贫困问题，贫困表现出多维性、动态性和社会性等新特点。因此，仅通过经济增长促进农户收入增长并不能有效地解决贫困问题，越来越多的学者开始从多维视角分析贫困问题。实际上，自阿马蒂亚·森（1976）提出"能力贫困"的观点后，学术界对贫困问题的研究逐渐从一维转向了多维（郭熙保等，2016）。阿马蒂亚·森（1976）指出，贫困不仅仅是收入低下，更是人的基本可行能力被剥夺。可行能力是由一系列功能构成的，包括免于饥饿、免于疾病、接受教育的功能等。例如，一个身患疾病的儿童，如果得不到及时的医疗救助，可能终生丧失劳动能力；同样，一个处于辍学边缘的儿童，如果没有得到及时的教育救助，也可能会失去在未来创造收入的能力，从而陷入长期贫困之中（陈立中，2008）。显然，从多维度视角分析和测度贫困，更能描述贫困的本质和内涵。因此，本书基于农户多维贫困展开农户贫困问题研究。

传统的以收入来衡量贫困的观点在学术界得到一致认同，也有人将此称为"物质资本"的贫困理论（王朝明 等，2013）。就物质资本层面的减贫观点而言，虽然其从物质生存需出发抓住了贫困的基本硬核——收入贫困，但这种与生存的需要或工作效率的需要相联系的生理学方法，集中于贫困的生存表象而忽视了贫困内在所包含的能力、机会和条件（见图1.1）等缺失更为深刻的内涵。明显，较之传统贫困理论，多维贫困不但将贫困的内涵和外延揭示得更为深入全面，而且揭示的贫困的诱因更为复杂。多维贫困的诱因不但包括经济因素，还包括社会因素、政治因素和自然因素；不但有客观原因，更有主观原因。

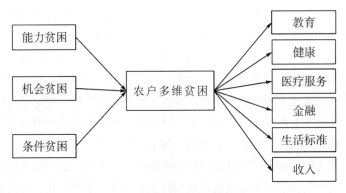

图1.1　多维贫困的成因与维度

因此，化解农户多维贫困陷阱需要找准贫困的诱因和作用机制。基于对农户多维贫困的理论研究和文献分析，本书选择社会资本作为切入视角，通过利用非农就业作为中介变量来研究农户多维贫困问题，这成为本书研究的逻辑起点（见图1.2）。

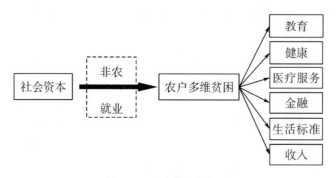

图 1.2　研究的逻辑假设

　　本书之所以选择社会资本作为研究视角，是因为中国农村是一个典型的"关系型"社会（梁漱溟，2011）。而且，在影响贫困发生的众多因素中，社会资本是继物质资本、人力资本后受到关注最多的因素之一。格兰诺维特（Granovetter，1985）曾明确指出，任何个体的经济行为总是嵌入其生活的社会网络之中，也必然会受到诸如社会关系、规范、信任等社会资本潜移默化的影响。社会资本作为一种"穷人的资本"对农户缓解贫困起着重要的作用（葛鲁塔特 等，2010）。对于受经济和体制限制的农村居民而言，社会资本不再仅仅是维持社会运转与利益协调的一种非正式契约，而是日益成为信息分享与资源配置的一种替代机制（鲍尔斯和金迪斯，2002）。大量研究表明，社会资本是影响贫困的重要变量，如果贫困人口或贫困地区拥有较丰富的社会资本，即内部具有较紧密的社会网络以及贫困人口之间具有较高的信任和互惠程度，那么他们就更能摆脱贫困现状（伍尔科克，2000；葛鲁塔特，2001）。尤其在信息相对闭塞、流动性较弱的贫困地区，利用社会资本将各种资源进行有效配置以实现其福利改善显得尤为重要。同时，我国农村属于社会资本弱势区域，贫困反过来也会影响农户的社会资本。此外，社会资本理论是近些年来在经济学、社会学、政治学、管理学等学科研究中越来越受欢迎的新兴理论。现有文献已从基本概念、测度方法和指标体系等方面对社会资本理论进行了深入研究，这些文献为我们研究社会经济问题提供了一种新范式，使我们对社会公共问题、公共行为和公共政策的理解和认识有了进一步的深化，尤其是为研究多维反贫困问题提供了一种新视角和新尝试。于是，为厘清多维贫困的特征、现状和趋势，解决推行减贫战略规划所面临的疑虑和困难，国际反贫困机构、组织和学者就把解决贫困问题的研究视角瞄准了社会资本理论。

此外，随着国家工业化和市场化进程的推进、户籍制度的改革，我国农村大量剩余劳动力选择外出就业。我国农村劳动力流动的规模持续增加，截至2019年，我国农民工总量达到 29 077 万人，其中外出农民工 17 425 万人（进城农民工 13 500 万人），本地农民工 11 652 万人。据统计，我国农民工的就业分布多集中于第二产业和第三产业（见表 1.2），也就是说，我国农村外出劳动力以非农就业为主。但是，由于我国劳动力市场发育不完善以及社会网络"差序格局"① 的存在，社会资本作为一种非正式制度在农村劳动力非农就业中起着不可估量的作用（李培林，1996）。同时，农村劳动力的非农就业为农户家庭带来了较高的非农收入，并且劳动力从农村向城市转移后获取了健康、法律、卫生等城市生活方面的知识。毫无疑问，社会资本与农村劳动力非农就业为影响农户家庭多维贫困的重要因素。因此，本书聚焦于社会资本对农户多维贫困的影响效应和作用机制研究。

表 1.2　我国农村劳动力就业分布情况　　　　　　　　单位:%

年份	第一产业	第二产业	第三产业
2008		51.0	
2009		51.3	
2010		52.8	
2011		53.7	
2012		54.1	
2013	0.6	56.8	42.6
2014	0.5	56.6	42.9
2015	0.4	55.1	44.5
2016	0.4	52.9	46.7
2017	0.5	51.5	48.0
2018	0.4	49.1	50.5
2019	0.4	48.6	51.0

资料来源：2008—2019 年《全国农民工监测调查报告》。

---

① 差序格局由社会学家费孝通先生于 1947 年在其著作《乡土中国》中提出，主要是描述亲疏远近的人际格局。他将中国的社会关系结构描述为"以'己'为中心，像石子一样投入水中，和别人所联系成的社会关系，不是像团体中的分子一样立在一个平面上的，而是像水的波纹一样，一圈圈推出去，愈推愈远，愈推愈薄"。

1.1.2　研究问题

本书基于对已有多维贫困的理论研究和文献分析得知，相较于收入贫困，多维贫困更能准确描述贫困的本质和内涵。但是，多维贫困的精确识别和指标体系构建是测度与分析贫困的关键。诸多学者对此进行了探索，其中，阿尔基尔（Alkire）和福斯特（Foster）（A-F）提出的使用"双界线法"识别多维贫困的研究得到较多关注。然而，运用 A-F 法测度的多维贫困指数本身却包含着不少未解决的问题。首先，多维贫困指标体系的构建尚无统一标准，现有指标体系中均未涉及金融维度，而金融服务的获得直接关系到农户家庭的能力发展。其次，该方法将各指标按等权重处理是值得商榷的。因此，找到一种更加精确合理计算权重的方法是亟待研究和解决的问题。最后，国内大部分学者按照 A-F 框架理论测度了多维贫困的广度指数，即测度了多维贫困发生率和福利缺失宽度[①]。该指数简单且被广泛使用，但其不能反映贫困人口的贫困缺口和不平等程度[②]，而多维贫困的深度和强度指数（张全红 等，2015）恰能弥补这一不足。同时，如何化解农户家庭多维贫困的也是本书考虑的重要问题。鉴于此，本书尝试对社会资本与农户多维贫困之间的关系做出科学解释，着重回答以下问题：①我国农户家庭多维贫困程度有多深？②社会资本影响农户多维贫困的作用机理如何？③社会资本能否间接影响农户多维贫困？如果能，农村劳动力非农就业是否为其中介传导变量？运用社会资本改善农户多维贫困的科学路径如何设计？

1.2　研究目标与意义

1.2.1　研究目标

本书拟将社会资本、农村劳动力非农就业与农户家庭多维贫困的研究相结

---

① 多维贫困发生率指多维贫困人口占总人口的比例；福利缺失宽度指福利平均缺失份额，例如，若用 10 个指标来表示福利状况，且缺失宽度为 0.5，则贫困人口平均在 5 个指标上缺失。

② 贫困缺口指贫困人口在福利指标上的实际值与临界值之间的差距，例如，若某人的实际受教育年限为 3 年，且假定受教育年限临界值为 9 年，则其贫困缺口为 (9-3)÷9×100%＝67%；不平等程度指贫困人口内部的福利差距。

合，在借鉴社会资本理论、非农就业理论以及多维贫困理论的基础上，综合运用定性和定量的分析方法，构建社会资本影响农户家庭多维贫困的理论分析框架。本书的总目标是从理论和实证角度分析社会资本对农户家庭多维贫困的作用机制和影响效应。具体目标如下：

（1）构建我国农户家庭多维贫困指标体系，测度农户家庭多维贫困水平，为了解我国农户家庭的多维贫困状况、致贫因素等奠定基础。

（2）通过引入微观数据对社会资本影响农户家庭多维贫困的影响效应进行实证分析，分别实证检验社会资本影响农户家庭多维贫困广度、深度和强度的直接效应和间接效应，其中间接效应主要是验证农村劳动力非农就业对社会资本影响农户家庭多维贫困的中介效应，为化解农户家庭多维贫困提供理论依据和政策参考。

（3）提出优化社会资本影响农户家庭多维贫困水平的科学路径和政策建议。基于我国农户家庭多维贫困广度、深度和强度水平，并结合上述理论和实证分析，提出缓解我国农户家庭多维贫困水平的科学路径和政策建议。

1.2.2 研究意义

（1）理论意义。

第一，本书分别从静态和动态视角精确测度了我国农户家庭多维贫困广度、深度和强度水平，拓展了多维贫困的理论研究。事实上，学者对于多维贫困本身的研究还存在较多问题，如对多维贫困指标体系的构建尚无统一标准，对各指标权重的选取方法存在明显缺陷，对多维贫困指数的量化指标层次不够深入。因此，本书从构建农户家庭多维贫困指标体系、确定指标权重选取方法以及量化多维贫困指数的指标等方面进行了深入研究。

第二，本书着重考察了社会资本和农村劳动力非农就业对农户家庭多维贫困水平的影响，为缓解农户家庭多维贫困水平提供了新的研究视角。我国农村正式制度的不健全，导致我国减贫事业的发展遇到诸多障碍，社会资本这一非正式制度的引入正好为解决农户家庭贫困问题提供新方案。

第三，本书采用中介效应法实证分析社会资本影响农户家庭多维贫困的中介效应，为探讨社会资本影响农户家庭多维贫困的复杂机制提供了新的研究工具。实际上，现有研究大多集中于变量之间有没有影响，但并未就如何影响进行回答，而中介效应法较好地为解决这一问题提供了新手段。

（2）现实意义。

贫困问题是全人类的公敌，消除贫困成为全世界人民的共同企盼。因此，本研究具有重要的现实意义。

第一，精准测度和分解我国农户家庭多维贫困广度、深度和强度水平，为充分了解农户家庭多维贫困的致贫因素提供了参考依据，并为针对性制定"精准扶贫、精准脱贫"政策提供了决策参考。实际上，精准扶贫重在精准识别，精准识别重在精准测度。因此，本书采用的指标权重选取法为农户家庭多维贫困识别和测度提供了条件。

第二，为如何缓解农户家庭多维贫困水平提供政策建议。中国农村是典型的"关系"型乡土社会，社会资本的合理投资和运用能有效地帮助贫困农户获取收入、就业、缓解信贷约束以及得到其他方面的益处，进而为缓解农户家庭多维贫困提供有效的政策参考。

第三，为缓解农户家庭多维贫困提供了科学的优化路径。社会资本与农户家庭多维贫困的中介效应分析，可以为农户家庭多维反贫困政策的制定提供可靠的优化路径。

1.3 研究内容与方法

1.3.1 研究内容

基于研究问题和研究目标，本书的主要研究内容如下：

（1）社会资本影响农户家庭多维贫困的理论框架分析。通过借鉴社会资本理论、多维贫困理论和非农就业理论，科学界定社会资本、农户家庭多维贫困以及农村劳动力非农就业的概念内涵，厘清社会资本影响农户家庭多维贫困的直接作用机理、门槛作用机理和传导作用机理，进一步提出本书的研究假说。

（2）我国农户家庭多维贫困的测度与分析。基于阿马蒂亚·森（1976）的能力贫困理论，采用 A-F（2011）多维贫困指数框架理论构建我国农户家庭多维贫困指数。首先，构建包含金融、收入、教育等维度的新型农户家庭多维贫困指标体系；其次，采用"双界线法"识别农户家庭是否处于多维贫困状态；最后，采用人工神经网络法选取各指标的权重，分别从静态和动态视角测度并分解我国农户家庭的多维贫困广度、深度和强度水平。

（3）农村贫困人口的历史演变与特征事实。拟从宏观视角分析我国改革开放以来历年贫困人口和贫困地区的现状和特点，进一步总结归纳出我国贫困人口的变动趋势和变化规律，对我国政府历年的反贫困政策进行归纳分析，为探究缓解农户多维贫困水平提供现实依据。

（4）社会资本与农户家庭多维贫困的实证分析。基于社会资本影响农户家庭多维贫困的直接作用机理，利用中国家庭追踪调查数据（CFPS），分别构建普通回归模型和面板门槛模型，综合运用 OLS 法和分位数回归法以及工具变量等方法，实证分析社会资本对农户家庭多维贫困广度、深度和强度水平的影响。

（5）社会资本影响农户家庭多维贫困的作用机制实证分析。基于社会资本影响农户家庭多维贫困的间接作用机理，利用中国家庭追踪调查数据（CF-PS），运用中介效应法实证分析社会资本对农户家庭多维贫困广度、深度和强度水平的中介效应。

（6）社会资本影响农户家庭多维贫困的政策建议。根据上述理论研究与实证分析结果，得出社会资本影响农户家庭多维贫困的政策启示。另外，在分析制约农户脱贫因素的基础上，结合"十三五"期间农村经济发展的环境条件及所要达到的阶段性目标，提出有针对性的政策建议。

1.3.2 研究方法

本书在借鉴社会资本理论、多维贫困理论以及非农就业理论的基础上，综合运用定性和定量相结合、理论分析与实证分析相结合、微观与宏观相结合的方法，探究了社会资本影响农户家庭多维贫困的作用机制与影响效应。本书包含的具体方法为：

（1）文献研究法。大量查阅多维贫困、社会资本以及非农就业等方面的文献，系统梳理了多维贫困的研究进展、社会资本与多维贫困的关系以及非农就业与多维贫困的关系，掌握已有的研究理论和研究方法，为后续理论研究和实证研究奠定坚实的文献基础。

（2）人工神经网络指标权重确定法。在测度农户家庭多维贫困水平时，确定各指标权重是至关重要的环节。然而，现有做法多是采用等权重法，这种方法虽然操作简便，但不能区分各指标的重要程度差异；同时，也有部分学者采用主成分分析法、德摩尔（DEMATAL）和熵权法等，这些方法虽然注重了客观分析，但不能进一步反映各指标之间的随机性、离散性、非线性性等复杂关系。考虑到上述方法的缺陷和指标之间关系的复杂性，本书采用人工神经网络（ANN）法对各指标赋权。ANN 法旨在利用计算机系统模仿人工智能来处理复杂的非线性问题。该方法在科学计算和分析指标贡献权重方面具有独特优势，近年来受到学者们的关注。因此，本书采用人工神经网法确定各指标权重。

（3）A-F多维贫困指数法。测度农户家庭多维贫困程度是本书的主要内容之一，本书基于阿尔基尔和福斯特（A-F）提出的多维贫困指数法构建了我国农户家庭的多维贫困广度、深度和强度指数评价体系。

（4）微观计量法。本书在实证分析部分综合运用OLS法、Probit法、分位数回归法、工具变量法等方法，采用CFPS微观数据实证检验了社会资本对农户家庭多维贫困的直接影响和间接影响效应。其中，OLS和分位数回归法是对构建的模型进行估算，而工具变量法主要用于检验模型的内生性。

（5）数理模型推导法。本书主要采用数理模型推导了社会资本影响农户多维贫困的门槛作用机理。

1.4 研究框架与技术路线

1.4.1 研究框架

本书总共9章，分别对社会资本影响农户家庭多维贫困的作用机制与影响效应进行了深入探讨。

第1章是导论。该部分主要介绍了本书的研究背景，提出本书要解决的科学问题，并阐述了本书的研究目标、研究意义、研究的主要内容、研究方法、研究的框架安排和技术路线，最后总结了本书可能的创新之处。本章主要是提炼出科学问题，为后文解决该问题打下基础。

第2章为理论借鉴与文献综述。该部分简要介绍了社会资本理论、多维贫困理论以及非农就业理论，为本书提供理论借鉴；并对多维贫困的识别、测度和分解进行文献分析，深入挖掘社会资本与收入、健康、教育等维度的关系，对社会资本与农村劳动力非农就业、非农就业与多维贫困之间的关系等进行文献评述，分析了已有研究的不足，为本书着力解决的问题提供方向和文献支撑。

第3章是社会资本与农户多维贫困的理论框架与研究假设。该部分主要在厘清社会资本、农户家庭多维贫困以及农村劳动力非农就业的基础上，构建出社会资本影响农户家庭多维贫困的作用机理。其中，本书首先从"线性"和"非线性"视角探究了社会资本影响农户家庭多维贫困的作用机理，即社会资本对农户家庭多维贫困的直接作用机制；其次深入探索了社会资本影响农户家庭多维贫困的传导作用机制，分析了社会资本影响农户家庭多维贫困的中介变量；最后提出本书需要验证的研究假说。本章为后续的实证分析提供坚实的理论依据。

第4章是农村贫困的特征事实与影响因素分析。该部分主要从宏观视角分析我国改革开放以来历年贫困人口和贫困地区的现状和特点，进一步总结归纳出我国贫困人口的变动趋势和变化规律，对我国政府历年的反贫困政策进行归纳分析，为探究缓解农户多维贫困水平提供现实依据。

第5章是农户多维贫困的测度与分析。该部分主要利用 A-F 多维贫困理论框架，构建我国农户家庭多维贫困指数。其中，本书首先构建包含金融、教育、健康、医疗、生活标准、住房、资产、土地、收入等维度的农户家庭多维贫困指标体系；其次采用"双界线法"识别农户家庭是否处于多维贫困状态，运用人工神经网络法确定各指标权重，并利用中国追踪调查数据（CFPS）分别从静态和动态视角测度并分解了我国农户家庭的多维贫困广度、深度和强度水平；最后采用不同的方式对权重确定法进行了稳健性检验。本章为科学测度农户家庭多维贫困水平提供方法，并为后续实证分析打下基础。

第6章是社会资本影响农户多维贫困的直接作用实证分析。该部分主要基于第3章理论分析，构建普通回归模型，运用中国家庭追踪调查（CFPS）数据，采用 OLS 法和分位数回归法对计量模型进行估计，实证检验社会资本对农户家庭多维贫困的"线性"关系，即验证社会资本对农户家庭多维贫困的直接影响效应。本章实证检验研究假设1的成立与否，为本书的理论分析提供现实依据。

第7章是社会资本影响农户多维贫困的门槛效应实证分析。该部分主要基于第3章理论分析，构建面板回归模型，运用 CFPS 数据，采用分位数法对面板回归模型进行估计，实证检验社会资本对农户家庭多维贫困的"非线性"关系，即验证社会资本对农户家庭多维贫困的门槛效应。

第8章是社会资本影响农户多维贫困的传导机制实证分析。该部分也是基于第3章社会资本对农户家庭多维贫困的间接作用机理，利用 CFPS 数据，构建中介效应回归模型，分别采用 OLS 法和分位数回归法对中介效应模型进行估计，实证检验农村劳动力非农就业是否成为社会资本影响农户家庭多维贫困的中介变量。本章为社会资本如何影响农户家庭多维贫困提供现实依据，为如何缓解农户家庭多维贫困状况提供科学路径。

第9章是研究结论与政策建议。该部分主要提炼出了本书的研究结论，依据本书的研究结论提出了切实可行的政策建议，并对后续研究进行了展望。

1.4.2 技术路线

本书以农户家庭多维贫困为出发点，构建社会资本影响农户家庭多维贫困的理论分析框架，提出"社会资本→农村劳动力非农就业→农户家庭多维贫困"的作用机制。本书基于理论分析，采用微观调查数据实证检验本书的研究假说是否成立，最后基于研究结论提出缓解农户家庭多维贫困的政策建议和科学路径。也就是说，本书遵循"问题提出→理论研究→实证研究→政策研究"的研究思路展开研究，其具体技术路线如图1.3所示。

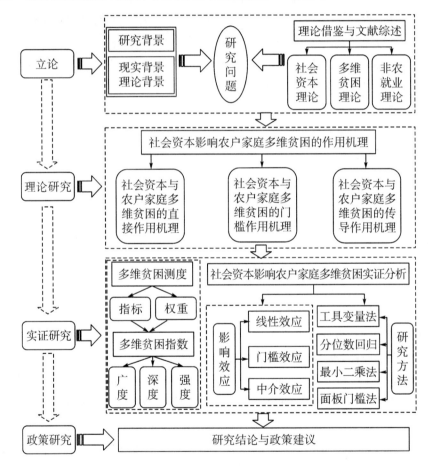

图 1.3 本书研究的技术路线

1.5 可能的创新之处

多维贫困理论已成为学界和实务界关注的焦点问题之一。自然地，化解农户家庭多维贫困问题亟待解决。由于我国农村正式制度还较为缺失，本书试图从社会资本视角切入，探究社会资本影响农户家庭多维贫困的作用机理，运用恰当的手段和方法实证分析二者的关系。与已有相关研究相比，本书可能的创新之处主要体现如下：

（1）拓展了农户多维贫困指标评价体系；引入人工神经网络法测算指标权重，提高了多维贫困指数测度的精确性和科学性；测度并分解了农户家庭多维贫困指数。

正如阿马蒂亚·森（1999）指出，贫困不仅仅表现为收入低下，更是表现在人的基本可行能力被剥夺。据此，本书认为农户家庭多维贫困是指其收入、教育、健康、生活标准、金融服务等方面处于不足或被剥夺的状态。特别地，本书将金融指标纳入多维贫困指标体系，拓展了农户家庭多维贫困指标体系。将该指标纳入农户家庭多维贫困指标体系既是对中国农村的国情考量，也体现了多维贫困的本质和内涵。同时，鉴于等权重法不能区分各指标的相对重要程度，本书采用人工神经网络法测算各指标权重，其优势体现在：克服了主观人为因素的干扰，能较准确地测算出维度的动态变化情况，也能较为科学地刻画变量之间的离散性、随机性以及非线性性等复杂关系，进而确定更加合理的指标权重。此外，现有研究大多只关注了农户家庭的多维贫困广度水平，而本书从静态和动态视角测度并分解了农户家庭的多维贫困广度、深度和强度状况。

（2）丰富了缓解农户多维贫困的研究视角，厘清了社会资本影响农户家庭多维贫困的作用机制，并实证检验了社会资本对农户家庭多维贫困的影响效应。

影响贫困的因素众多且复杂，社会资本是继物质资本和人力资本后的第三大资本，其对贫困具有重要影响。但是，现有研究多集中于社会资本对收入贫困的理论和实证探讨，然而贫困不仅仅是收入贫困。鉴于此，本书聚焦于社会资本对农户家庭多维贫困的研究，从理论上厘清社会资本影响农户家庭多维贫困的作用机理，从实证上分析社会资本对农户家庭多维贫困的直接减贫效应和门槛效应。

（3）构建了社会资本影响农户家庭多维贫困的传导路径，并检验了二者之间的中介效应，为缓解农户家庭多维贫困水平提供科学的路径选择。

本书还重点分析了社会资本影响农户家庭多维贫困的传导机理，然后运用中介效应法实证检验出农村劳动力非农就业是社会资本影响农户家庭多维贫困的中介变量，并测度出了中介变量在社会资本影响农户家庭多维贫困的间接效应占比，为缓解农户家庭多维贫困水平提供理论依据和科学的路径选择。

2 理论借鉴与文献综述

本章梳理了社会资本理论、多维贫困理论、非农就业理论，并对多维贫困的内涵和相关研究进行系统阐述，同时，对社会资本影响收入、教育、健康等单维贫困的相关文献进行归纳整理，并总结已有研究的主要工作和不足，探寻本研究的切入视角和研究问题，为后续研究提供科学的理论依据。

2.1 理论借鉴

2.1.1 社会资本理论

（1）社会资本的起源与发展。

社会资本是继物质资本和人力资本后的第三大资本（刘彬彬，2014）。根据已有文献，社会资本的起源和发展大致可分为以下四个阶段。

①社会资本概念初创阶段。

"社会资本"作为一个专属名词出现可以追溯至 19 世纪初，莱达（Lyda J）在《美国政治社会科学学术年鉴》上发表的文章中首次用"社会资本"这一概念来分析社区参与和社会纽带的重要性。他把"社会资本"看作是有利于个体和社区发展的资源。同时，他也认为社会资本与物质资源是等价性的资源。另外，因为汉尼范进一步拓展了社会资本的分析框架（主要是纳入了互助和群体），所以社会资本的特性是以社会属性为核心的（吴军、夏建中，2012）。随后，直到 1961 年，加拿大学者简·雅各布斯（Jane Jacobs）才进一步开始运用社会资本这一概念来分析问题。虽然莱达初创了"社会资本"这一名词，但是这一阶段并未论述社会资本的内涵与意义。

②社会资本研究兴起阶段。

社会资本的研究兴起阶段可追溯至 20 世纪 80 年代，法国社会学家皮埃尔·布尔迪厄（1980）率先从社会关系网络视角系统阐释了社会资本的现代意义，他认为社会资本是"实际或潜在的资源集合，这些资源与拥有相互熟识和认可的、或多或少制度化的关系的持久网络相联系"，且在1986年他进一步将资本分为社会资本、文化资本和经济资本三大类。事实上，在《布尔迪厄访谈录——文化资本与社会炼金术》一书中，布尔迪厄系统地阐述了社会资本理论。他指出：所谓社会资本，是指实际的或潜在的资源集合体，那些资源是同对某种持久的网络的占有密不可分的；人们对该网络形成了广泛共识，而且是一种制度化的关系网络。由于布尔迪厄将"社会关系网络"作为社会资本的核心元素，使得社会资本的内涵逐渐向精细化延展，这也标志着社会资本研究的兴起。

③社会资本高速发展阶段。

随着布尔迪厄系统阐述了社会资本的现代意义后，社会资本进入高速发展阶段，国内外诸多学者从不同的视角解读并深入研究了社会资本。其中，典型代表如美国社会学家科尔曼（Coleman）于1988年发表《社会资本创造人力资本》一文，他从功能视角界定社会资本，指出它不是某种单独的实体，而是具有各种形式的不同实体。有研究指出，科尔曼是第一个将社会资本从个人为中心的概念转向以社会为中心来进行分析的（吴军、夏建中，2012）。由此可见，社会资本最先被应用于社会学中。随后，格兰诺维特（Granovetter，1983）、普特南（Putnam，1995）、福山（Fukuyama，1999）、林南（Lin Nan，2001）、边燕杰（2004）等学者进一步深入研究了社会资本，他们的研究使得人们真正开始重视社会资本的应用。实际上，普特南在科尔曼研究的基础之上，将"公民参与"纳入社会资本。美籍日裔学者福山进一步将"社会规范"纳入社会资本的分析中，他认为社会资本是一种有助于两个或多个个体之间相互合作的非正式规范（福山 等，2003）。波特斯（Portes）从个体视角定义了社会资本，他认为社会资本是嵌入的结果。林南、边燕杰等人也从个人视角分析了社会资本，林南对社会资本的研究主要集中在个体期望在市场中得到回报的社会关系投资，边燕杰则从个体视角分析了"强关系"和"弱关系"。

④社会资本研究最新进展。

现阶段，社会资本理论作为一种社会科学范式，被广泛地应用于经济学、管理学、心理学等不同学科中。通过对社会资本历年的研究进行总结，我们发现，学界大致将其分为5类，即规范论、功能论、网络论、互动论和资源论。其中，福山是规范论的典型代表，其认为社会资本是一种能提升经济发展的文化或价值观念；科尔曼从功能视角阐释社会资本；格兰诺维特和布尔特

（Burt）认为社会关系网络是社会资本的核心要素；普特南等人从公民参与、群体互动等维度重新建立社会资本体系，开启了互动论的研究；林南从资源视角将社会资本阐释为个人期望在网络结构中社会关系投入与回报。此外，社会资本也被作为一种非正式制度被国内外学者广泛研究，大量研究表明，社会资本在减少贫困（葛鲁塔特，2004；周晔馨 等，2014），增加贫困人群收入（叶静怡 等，2010），缓解农户家庭脆弱性（杨文 等，2012），改善收入分布、缩小收入差距（赵剑治 等，2010），抵御冲击、平滑消费（卡特 等，2003）等方面均起到重要作用。换句话说，现有研究大多是将社会资本作为一个关键变量引入到不同的研究范式中，以探究社会资本在其中扮演的角色信息。

（2）社会资本的分类。

大量的研究文献表明，社会资本是一个多维概念。经过多年的发展，社会资本也逐渐形成了不同的流派，而且学界对社会资本也进行了分类。总体上，根据社会资本在不同学科的应用，可以分为三个流派，即以科尔曼为代表的社会闭合流派、以布尔迪厄为代表的社会网络资源流派以及宏观社会资本流派。而对于社会资本的分类，目前主要有认知型的社会资本和结构型的社会资本（普霍夫，2000），结构型的社会资本表现为"任务和规则、网络和其他人际关系、程序和先例"等；认知型的社会资本是指"规范，价值，态度，信仰"等内化于人们精神世界的观念。此外，克里希纳（Krishna）按社会资本的不同来源将其分为制度型社会资本和关系型社会资本（张晓棠 等，2012）；王春超等人（2013）将社会资本分为整合型和跨越型；谢家智等人（2016）进一步将社会资本分为地域型和脱域型。

同时，也有研究按二分法（个人和集体）以及三分法（宏观、中观和微观）等（苗红娜，2015）对社会资本进行分类。二分法以科尔曼、波特斯以及赵延东、罗家德为代表，从个体和群体角度对社会资本进行分类。而三分法以布朗（Brown）为代表，将社会资本分为微观、中观和宏观三个层次。阿德勒和权依据资源的来源，在波特斯的内外社会资本划分的基础上，增加了内外兼顾的社会资本，指介于微观个体和宏观国家之间的中观社会资本。苗红娜（2015）认为虽然中观（内外兼顾）社会资本与宏观社会资本都具有相对于个体资本的团体性质，但二者又有不同。此外，根据国内外学者对社会资本论述的研究内容，还可以将其大致分为五类，即功能论、互动论、规范论、网络论和资源论，我们将各类的代表人物和观点总结于表2.1。

表 2.1　按研究内容对社会资本的分类

	代表人物	代表观点
功能论	科尔曼	社会资本是"行动外部性"的结果，且社会资本理论框架能够实现微观和宏观的连接，即社会资本有助于解释微观现象的差别，又可以实现微观到宏观的过渡
互动论	普特南	把"公民参与""群体互动"纳入社会资本分析框架中来，开启了社会资本动态性的新维度
规范论	福山、黄光国	把社会资本理解为一种文化或价值观念，这种价值观念能够促进经济繁荣发展
网络论	格兰诺维特、张其仔	从形式上理解社会资本，把其看作是社会关系网络
资源论	林南、边燕杰	把社会资本理解为个人期望在网络结构中社会关系投入与回报

资料来源：作者根据吴军、夏建中（2012）的研究整理所得。

（3）社会资本的测度。

如何衡量社会资本是一个关键问题。社会资本内涵的丰富性和研究视角的多样性，必然导致社会资本的测度方式多样化。通常，现有社会资本的研究均是从不同的视角选取衡量指标，然后通过不同的方法加总社会资本。下面主要就社会资本的测度方式和衡量指标进行梳理。

①社会资本的测度方法。

目前，测度社会资本的方法主要有定名法（name generator）和定位法（position generator）两种。事实上，这两种方法的侧重点不同。定名法主要从广义的角度考察需要通过社会关系网络获取资源的人的信息集合（Lin，2001；邹宇春 等，2011）；而定位法进一步从狭义的视角对定名法予以补充和完善，主要考察社会网络成员内部的资源信息。此外，也有研究采用其他方法（如熵权法、变异系数法等）加总社会资本（谢家智 等，2016）。

②社会资本的衡量指标。

学界在对社会资本进行衡量时，其指标选取至关重要。但是，根据研究的对象和目的的不同，社会资本的指标并未形成统一的标准。目前，研究者主要从结构维度、认知维度和综合维度的视角选取社会资本的测量指标。

第一，结构维度。实际上，最早从结构维度探究社会资本的是马斯登（Marsden），他主要从网络规模、教育异质性以及性别异质性等结构维度衡量社会资本。此后，诸多学者进一步拓展了该维度研究，如边燕杰（2004）基于我国国情，从网络构成、网络规模和网络顶端、网络差异等结构维度测度了社会资本；谭云清等（2013）、郭红东等（2013）分别从结构维度分析了创新、创业绩效；熊健等（2017）也从结构维度衡量了企业社会资本。

第二，认知维度。认知维度也是学者衡量社会资本的常用维度。事实上，根据研究对象的差异，学界对认知型社会资本的内涵概括存在显著差异。如怀特利（Whiteley，1999）认为信任是其唯一要素，而诺曼尔（Norman，1999）认为其包含信任、参与、规范、信仰等诸多要素。此外，学界也从认知视角分析了其对企业公司治理（郭斌，2013）、科研团队创新绩效（唐朝勇 等，2014）、企业合作创新（张鹏 等，2017）的影响。

第三，综合维度。目前，大量研究均从结构、认知和关系维度综合衡量社会资本（诺曼尔，1999；普特南，2000；布伦印和奥妮克丝，2000；聂富强 等，2012）。同时，周广肃等（2014）用"礼金来往、礼金支出、礼金收入、组织成员"作为社会资本的代理变量实证研究了收入差距、社会资本与健康水平的关系；张鑫（2015）从认知型角度，综合考虑社会资本对于农民创业融资能力以及创业绩效的影响；彭晖等（2017）综合认知维度和结构维度衡量社会资本，并着重探究了其对流通产业发展的作用机理。

2.1.2 多维贫困理论

贫困问题与人类相生相伴，其本质是一个复杂多维的概念，它随着人们的认知以及时间、空间的变化而变化。实际上，人们对贫困的认知经历了从物质贫困到能力贫困、从绝对贫困到相对贫困以及从单维贫困到多维贫困的演进过程。现阶段，多维贫困逐渐成为国内外研究的热点问题，因为人们越来越意识到收入贫困的局限性，从多维度描述贫困更符合当前物质日益丰富的社会现实。

（1）多维贫困的起源——基于能力贫困的观点。

顾名思义，多维贫困是指贫困不只包含物质（经济）等单方面的贫困。据已有文献，早在20世纪70年代就有研究者从物质以外定义贫困的概念（汤森，1971），其认为无论是个人、家庭还是社群，若缺乏社交活动和社交资源就是贫困。后来，联合国计划开发署（UNDP）在1996年发布的《1996年人类发展报告》中也明确表示，"贫困不仅仅是收入水平的低下或缺乏，更应该是基本生存和发展能力的缺失或被剥夺"。

事实上，UNDP的贫困界定是延续和发展了阿玛蒂亚·森的能力贫困理论，而能力贫困逐渐演化为现今的多维贫困。因此，阿马蒂亚·森才是公认的多维贫困理论的开创者。他指出："要用一个人所具有的能力，即一个人所拥有的、享受自己有理由珍视的那种生活的实质自由，来判断其个人的处境。"阿马蒂亚·森（2002）指出，收入低下并不能完全反映贫困问题，贫困更是人的基本可行能力被剥夺。贫困人口机会的缺失和能力的被剥夺，致使其无法获取收入或创收能力不足，缺乏获取和享有正常生活的能力。所谓基本可行能力，主要包括接受教育、免于饥饿、免于疾病、充分享有政治权利和义务等。换句话说，贫困本质上是一种多维复杂现象。随着能力贫困观点的提出，国内外许多机构也逐渐采纳了这一观点，如世界银行在《2000/2001年世界发展报告·与贫困作斗争》报告中指出：贫困不再是简单地缺衣少食、收入低下，而是社会福利的被剥夺状态、风险和面临风险时的脆弱性以及不能表达自身需求和缺乏影响力。此外，我国在《中国发展报告2007：在发展中消除贫困》中也指出：贫困已经不仅是收入的不足，而更多地表现为贫困人口自身潜在能力的低下。总之，贫困不仅仅是收入低下或消费不足，还应该是人们教育机会的缺乏、医疗服务机会的不足、发展机会的缺少、参与政治的权利和自由缺乏等。而能力剥夺受包括收入水平、公共政策、制度安排、经济发展、就业情况、教育医疗服务水平和民主的程度等因素的综合影响。

毫无疑问，能力贫困的提出更能体现贫困的本质和内涵，对于研究贫困问题具有重要的里程碑意义。正是基于该观点，学界逐渐将贫困从一维（收入）拓展到了多维。研究发现，人们对贫困的认知从物质因素扩展到制度、政治、法律、人文等方面因素，并将以往经济发展的战略向人类和社会发展层面延伸，让人们充分获取自由、拥有足够的机会和权利等是消除贫困的重要因素（郭熙保等，2005）。由此可见，能力贫困并不是否定收入（物质）贫困，而是发展和完善了贫困的内涵和外延。实际上，发展贫困理论是以人力资本理论为基础，它主要考察收入维度或消费维度，而仅将教育、健康、医疗等因素作为提高收入、刺激消费的工具和手段。因此，发展贫困理论仍然只关注个体或家庭经济这一单维度的贫困状况，其他因素也只是作为影响经济维度的变量。然而，可行能力贫困不仅注重收入维度的考量，还直接将教育、健康、医疗等维度纳入统一分析框架。明显，能力贫困与发展贫困理论不同，其直接把缺乏教育、健康等因素本身看作是一种贫困，这已经超越了物质（经济）贫困的内涵。收入不足描述了个体经济层面的贫困，并不能全面衡量现阶段人们面临的贫困问题。因此，要全面评估和了解农户家庭的贫困水平，就应该从多维度考察农户家庭被剥夺的程度，进而构建多维贫困指数（阿南德和阿马蒂亚·森，1997）。

（2）多维贫困测度的公理——基于多维贫困指数的观点。

在多维贫困理论中，如何精确地识别个体或家庭是否处于多维贫困并测度多维贫困的程度等问题是重中之重。目前，比较成功的做法是构建多维贫困指数（multidimensional poverty index，MPI），MPI 是在人类发展指数（HDI）、人类贫困指数（HPI）的基础上发展起来的。阿马蒂亚·森（1976）指出，贫困指数应该与一系列伦理上说得通的准则相一致，才具有合理性并能得到良好的性质。进而，查克拉瓦蒂（Chakravarty）等（2005）概括了多维贫困指数应该满足公理性条件，丁建军（2014）年也列出了这些公理。

任意假定向量 x 和 y，其中第 i 个农户家庭的福利水平分别为 x_i 和 y_i。假定这两个福利向量的贫困度量分别为 $M_b(x)$ 和 $M_b(y)$，农户家庭所组成的集合为 S，$T(x)$ 和 $T(y)$ 分别表示 S 中对应于福利向量 x 和 y 的贫困农户家庭集合。

①单调性公理（monopolity axiom）。单调性公理是指在其他条件不变的情形下，某个贫困农户家庭的福利减少，则意味着贫困度量值的增加。用数学语言描述为：对于某些 j，$j \in T(x) \cap T(y)$：$x_j > y_j$ 且对所有 $i \in S$，$i \neq j$：$x_i = y_i$，则 $M_b(x) < M_b(y)$。更一般地，单调性公理意味着若贫困人口的贫困程度得以改善，则贫困指数不会增加。

②弱传递公理（weak transfer axiom）。弱传递性公理是指从一个较富的个体向一个穷人转移福利，而且福利转移后富人返贫，那么贫困指数的取值必然会减小。用数学语言描述为：如果对于某些 j，$j \in [\{T(x) \cap T(y)\} \cup \{(S - T(x)) \cap (S - T(y))\}]$ 且 $k \in T(x) \cap T(y)$：$[(x_j > y_j \geqslant y_k > x_k)$ & $(x_j - y_j = y_k - x_k)]$，且对所有 $i \in S$，$i \neq j$，k：$x_i = y_i$，则 $M_b(x) > M_b(y)$。

③聚焦公理（focus axiom）。聚焦公理认为维度之间的变化相互不影响，换句话说，针对同一贫困农户，不同维度之间不可替代。用数学语言描述为：若对任意 $i \in T(x) \cup T(y)$，$x_i = y_i$，则 $M_b(x) = M_b(y)$。

④子群可分解公理（subgroup decomposable axiom）。多维贫困指数从整体上描述了农户家庭的贫困程度。因此，要了解各个维度对多维贫困指数的贡献率，就需要对其进行分解。而多维贫困指数具有较好的子群分解性，可以将总人口按照维度、地理等划分为几个子类，则多维贫困指数可以分解为由维度比重加权的各子群贫困指数的加权和。分解出的维度贡献率可以反映农户家庭发生多维贫困的驱动因素，因此该性质也是政策制定者制定多维减贫政策的依据。

⑤规范化公理（normalization）。该性质意味着多维贫困指数具有基数特

征，即若农户家庭没有贫困发生时，多维贫困指数就为0。

⑥对称性公理（symetry）。多维贫困指数仅与衡量的维度相关，而与未考察的维度不相关。

⑦连续性公理（continuity）。多维贫困指数值不会因为维度值或临界值的稍稍变化而产生跳跃性变化，换句话说，多维贫困指数值对维度和临界值的敏感度较低。

⑧转移性公理（transfers principle）。若某一农户家庭（h_1）的多维贫困维度属性矩阵与另一农户家庭（h_2）的维度属性矩阵相似，即两个家庭的维度属性矩阵可以通过一步或多步的等价变换转化，则农户家庭 h_1 的贫困程度小于等于农户家庭 h_2 的贫困程度。

⑨复制不变性公理（principle of population）。农户家庭的多维贫困指数不会因为复制维度属性矩阵而变化，该性质有利于对农户多维贫困进行横向和纵向比较。

⑩规模不变性公理（scale invariance）。多维贫困指数值不会因为维度值和临界值的规模变化而变动，即多维贫困也可以看作是不同维度关于临界值的规模被剥夺。

⑪基本需求非下降性公理（non-decreasingness in subsistence levels of attributes）。多维贫困程度不会因为农户家庭的基本需求的增加而降低，也就是说，基本需求更高的农户家庭的多维贫困程度更高。

⑫贫困维度间关联增强性转换非下降公理（non-decreasing poverty under correlation increasing switch）。如果不同的多维贫困维度之间可以相互替代，那么农户家庭的多维贫困水平不会因为维度间关联性增强转换而降低。

2.1.3　非农就业理论

长期以来，非农就业都是农业经济学和发展经济学研究的经典议题。事实上，该议题的研究最早由拉文斯坦（Ravenstein）开启，其运用欧洲的劳动力转移数据探究了城乡二元经济。1945年后，许多研究者就非农就业、城乡经济结构等问题进行了深入阐释和研究，并逐步形成了非农就业的经典理论模型。

刘易斯（Lewis）在《劳动力无限供给条件下的经济发展》中提出了发展中国家劳动力转移的经典"二元经济理论"。他指出，农业劳动力之所以不断从农村向城市流动，其重要的原因是传统农业部门存在着大量低收入的劳动力，剩余劳动力向工业部门转移以获取高收入。然而，刘易斯的两部门模型存在一定缺陷，如他在模型中假设劳动力可以无限供给、劳动与资本的比例保持不变等，且并未将城市失业状况纳入考察范围，这些因素都会导致该模型与中国的实际相差较远（托达罗，1985）。同时，舒尔茨（1964）指出，若仅将农业作为能提供廉价劳动力给工业部门的无所作为的部门，不利于农业资本的积累，且对经济结构由二元向一元转变有阻滞作用。此外，有研究（费，1961；拉尼斯，1964）指出，由于刘易斯模型并不重视农业对工业发展的作用，应该将提高农业劳动力生产率作为前提假设。基于此，他们提出了"F-R"模型，该模型将技术变化作为重点，并确立了劳动力转移的三个阶段和两个刘易斯拐点。相较而言，新的 L-F-R（刘易斯-费-拉）模型特别考察技术进步、农业发展动态等更现实的社会情况，且在某些国家（如日本）已经证实刘易斯拐点确实存在。但是，阻碍劳动力转移的因素除了二元经济结构外，还有二元制度体系等因素。遗憾的是，"L-F-R"模型并未考虑二元制度体系，这导致该模型不能完全描述发展中国家的农村劳动力转移情况，即就算城市存在较高的失业率，但依然有农村劳动力向城市转移。于是，Jorgenson（1961）从内生视角探究了农村劳动力做出转移决策的缘由，他指出，其根本原因是农业剩余和消费结构变化。实际上，人们对粮食需求的有限性和对工业品需求的无止境相遇，产生了农业劳动力剩余，并为农村劳动力向工业部门转移提供了前提。明显，该模型深入推进了结构主义法对劳动力流动问题的研究，但是忽略了农业物质投资的重要性和农村其他产业发展的意义，以及农村劳动力流动和城市失业并存的现象。

为解决该问题，1969 年托达罗建立了城乡劳动力转移模型。该模型与发展中国家的现实较为匹配，他认为农村劳动力之所以迁移，是因为潜在迁移者对预期收入的评估，预期收入等于城市现行的工资水平和就业概率的乘积。城乡预期收入的差距扩大，导致农村劳动力做出向城市迁移的决策。然而，有研究指出，当城市实业与农村劳动力转移无直接关系时，托达罗模型并不起作用。于是，哈里斯（Harris，1970）、肖斯塔（Sjaastad，1974）、哈顿（Hatton，1992）、芒德拉克（Mundlak，1997）等研究者针对该模型的缺陷进行了修正。其中以哈里斯的工作最为突出，因此改进的模型又称为 H-T 模型。事实上，H-T 模型中假设城市工资率是由外生因素决定的，而使得向城市转移的人数减少取决于内生决定的市场结算工资，进而降低失业率。该模型的数学公式为：$W^t = (L^I/L^V)W^V$，其中 W^t 表示农业工资水平，L^I/L^V 为城市就业率，W^V 表示工业部门的工资水平。于是，当 $W^t < (L^I/L^V)W^V$ 时，农村劳动力才会向城市转移。明显，H-T 模型主要是基于个人的效用或收入最大化而建立的，并未

注重人的社会性特征和社会网络等因素。因此，描述中国情景时还应该进一步修正该模型。

截至目前，劳动力转移可分为新古典经济学派、结构主义学派（亚历山大·阿布鲁，2012）和新经济迁移理论（斯塔克，1991）。斯塔克和泰勒采用相对贫困的概念弥补了 H-T 模型的缺陷，至此，学界逐渐从微观视角展开劳动力转移的研究，其主要考虑迁移中家庭决策的主体性；基于家庭福利最大化，将契约安排理论和投资组合理论用于阐释劳动力转移行为；转嫁农业生产的周期波动产生收入波动风险，从而导致个别劳动力做出转移决策；通过外出非农就业可以降低波动性产生的风险，获取较为稳定的长期家庭收入。然而，农户不论是转移前的人力投资还是转移后的各种行为都会受到契约安排的限制（罗伯特·卢卡斯，1988）。同时，农户做出迁移决策的另一个原因可能是感到相对剥夺，即本地工资的提高速率可能远低于参照区。斯塔克进一步从微观视角拓展了新古典经济主义的研究维度，即纳入人的社会性维度。然而，该方案依然不能解决以下问题：第一，劳动力转移的个体差异；第二，当劳动者面临相同的社会与宏观环境时，有的劳动者会做出迁移决策，而部分劳动者并未做出迁移决策。此外，社会学家波特斯（Portes，1993）和马西（Massey，1994）从网络视角对上述差异进行了剖析，他们认为由于血缘、亲缘和地缘形成的社会网络关系可以为农户迁移提供诸如就业信息、住宿等不同形式的支持，从而极大地降低了农户转移的成本与风险。不仅如此，移民网络具有较强的示范效应，许多农户会模仿亲友的转移行为而做出转移决策。社会网络作为一种人际结构，介于微观层面的个体决策和宏观层面的社会结构间，该理论更易被多数人接受。马西（1999）研究指出，迁移网络在一个国家或社区的不断生长和流行，会使劳动者的观念发生潜移默化的转变，进而为将来的迁移决策形成提高了概率。伴随着时代的发展和社会的进步，有关目的地国家的工作和生活方式的信息变得更加扩散，外出就业成为农户家庭的优先选择。亚历山大·阿布鲁（2012）对劳动力转移的经典理论进行了深入探究，指出劳动力转移的新经济理论本质上是对新古典学派的进一步修正和发展。此外，其他的一些经典理论（文化迁移理论、人力资本分配理论等）也对农村劳动力转移的内在规律进行了演绎和探究。

2.2 文献综述

2.2.1 多维贫困的发展与内涵演进

虽然福利经济学家卡纳（Cannan，1914）、庇古（Pigou，1920）等早已认识到贫困和福利问题远非以货币表示的经济指标能够轻松描述并解决，但阿马蒂亚·森是被公认的多维贫困理论的开创者（Martinetti，2000）。事实上，多维贫困理论是基于福利经济学家阿马蒂亚·森（1976）提出的能力贫困发展演变而来。阿马蒂亚·森指出，贫困不仅仅是收入低下，更是人的基本可行能力（接受教育、免于疾病、免于饥饿等）被剥夺。毋庸置疑，阿马蒂亚·森的能力贫困理论不是否认物质贫困，而是对贫困问题的内涵和外延进行了深入拓展，使得人们对贫困的认识更加合理。多维贫困理论提出后得到了广泛认同，国内外研究者对其进行了大量研究。总体上，多维贫困的识别、测度和分解等成为学术界研究的热点。

（1）多维贫困的识别。

多维贫困的识别是测度多维贫困的基础，也是实施精准扶贫战略的重点。朱梦冰等（2017）指出，要实现2020年全面建成小康社会的战略布局，脱贫攻坚战须精准识别贫困人口。目前，学界对多维贫困的识别方法主要有三种，即"并集法"、"交集法"（阿特金森，2003）以及"双界线法"（阿尔基尔和福斯特，2011）。

①并集法。所谓并集法（the union method），是指个体或家庭只要在某一维度上被剥夺就被视为多维贫困。这里涉及维度剥夺，实际上，就单维贫困而言，判定个体或家庭在该维度上是否处于贫困状态，首先要确定一个标准，若个体或家庭在该维度上的取值低于这一标准，则称个体或家庭是贫困的，其中设定的标准也被称为"贫困线"。例如，我国现行的贫困标准是2011年中央扶贫开发工作会议上决定的2 300[①]元，即个体年人均纯收入低于2 300元则被视为贫困人口。为直观，我们假定个体户农户家庭的福利水平由两项指标（分别用 x 和 y 表示）组成，z_x 和 z_y 分别表示指标 x 和 y 的贫困标准线，于是，用并集法表示的贫困区域展示于图2.1中。明显，从图2.1中我们可以看出，

---

① 按照2010年不变价。

C 区域中的人口是处于指标 x 贫困的，B 区域中的人口是处于指标 y 贫困的，而 A 区域表示既处于指标 x 贫困又处于指标 y 贫困。根据并集法的定义可知，人口的福利水平处于区域 A 或区域 B 或区域 C 都是贫困的。

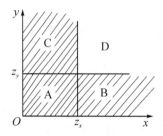

图 2.1　并集法识别贫困图示

资料来源：阿特金森（2003）和陈立中（2008）。

②交集法。所谓交集法（the intersection method），是指个体或农户家庭只有在所有维度上都被剥夺才被视为贫困。相应的，我们也将交集法表示贫困的区域展示于图 2.2 中，此时，只有福利水平处于区域 A 中时，人口才是贫困的。

显然，上述两种方法都易于理解且实用，如它们都可以使用序数变量。然而，在区分贫困和非贫困人口时，它们却都不起作用。阿尔基尔和赛斯（2009）的一项研究采用 10 个维度识别印度贫困人群，用并集方法识别，贫困人口的数量占总人口数量的 97%，而用交集方法识别，贫困人口的数量占比仅为 0.1%，如此大的差别在许多研究中都很常见（阿尔基尔和福斯特，2011）。

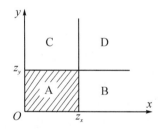

图 2.2　交集法识别贫困图示

资料来源：阿特金森（2003）和陈立中（2008）。

③双界线法。双界线法（the dual cutoff method）是由阿马蒂亚·森倡导，牛津大学贫困与人类发展中心（OPHI）阿尔基尔和福斯特等人（2011）提出的一种识别法。其之所以称之为双界线法，是因为在识别多维贫困时需要设定两个临界值：第一个是各指标上的临界值，用来判断个体在该指标上是否贫

困；第二个是缺失得分的临界值，用来判断个体是否属于多维贫困。事实上，并集法和交集法是两种比较极端的识别方法，而双界线法是这两种极端方法的折中。因此，相较于前两者，双界线法更能精确合理地识别多维贫困。该方法提出后立即得到了学界和实务界的广泛认可，本书也采用双界线法对农户家庭的多维贫困进行识别（详细的识别过程参见第 5 章）。

（2）多维贫困的测度。

①多维贫困测度的方法。

在识别多维贫困的基础上，学者也重点对多维贫困的测度进行了研究。通常，学界对多维贫困的测度大多是构建多维贫困指数（multidimensional poverty index，MPI），只不过加总的方式多种多样。目前，国际上对多维贫困指数的构建有多种方法，如模糊集法（切利和莱米，1995）、公理化法（布吉尼翁和查克拉瓦蒂，2003）、投入产出效率法（拉莫斯和希尔伯，2005）以及得到广泛应用的双界线法（阿尔基尔和福斯特，2011）等。通过上述方式，国际上现已发展形成了一系列多维贫困指数和方法，如 H-M 指数（哈格那尔苏，1987）、人类贫困指数（UNDP，1997）、B-C 指数（布吉尼翁和查克拉瓦蒂，1998）、F-M 指数（查克拉瓦蒂，1998、2003；津井，2002）、Watts 指数（查克拉瓦蒂和多伊奇、希尔伯，2008）以及近些年广泛流行的 A-F 指数（阿尔基尔和福斯特，2011）。下面简要阐述几种较为流行的多维贫困指数。

第一，H-M 指数。该指数是最早用于测度多维贫困的方法，哈格那尔苏从收入和闲暇两个方面构造了该多维贫困指数，其计算公式如下：

$$D_p(y,\ t) = 1 - \frac{\sum\limits_{l=1}^{L}\sum\limits_{k=1}^{n} U(y_k^*,\ t_l)}{\max\limits_{y,\ t}\sum\limits_{l=1}^{L}\sum\limits_{k=1}^{n} U(y_k^*,\ t_l)} \tag{2.1}$$

其中，$U(\cdot)$ 表示效用函数；y 和 t 分别表示个体的收入和闲暇时间；l 表示个体的特征变量（如家庭规模），L 表示个体特征总数；k 表示个体的序号，n 表示人口总数；y_k^* 表示个体 k 的审查收入向量（censored income vector），且 $y_k^* = z$ 当且仅当 $y_k \geqslant z$，$y_k^* = y_k$ 当且仅当 $y_k < z$（这里的 z 为贫困线）。H-M 指数的提出使得人们对贫困的研究开始考虑除收入以外的其他因素，实际中收入和闲暇时间的数据易于获取，但是该指数仅仅能测度二维贫困指数，其局限性显而易见。

第二，Watts 指数。该指数是查克拉瓦蒂等人基于公理化条件将 Watts 单维贫困指数扩展为 Watts 多维贫困指数，其基本原理是将人们在反映其基本需求时的各方面相对于临界值的短缺进行加总（丁建军，2014）。于是，Watts

多维贫困指数的计算公式如下：

$$P_W = \frac{1}{n} \sum_{j=1}^{D} \sum_{i \in S_j} w_j (\ln z_j - \ln x_{ij}) \tag{2.2}$$

其中，D 表示维度数，z_j 表示维度 j 上的贫困临界值，x_{ij} 表示个体 i 在维度 j 上的基本需要，S_j 表示在维度 j 上基本需求低于临界值的所有个体的集合。相较而言，Watts 指数满足公理化的很多优良性质（如单调性、可分解性等），但是其对分配过于敏感。

第三，人类贫困指数（HPI）。联合国开发计划署（UNDP）从 1997 年开始，将该指数用于衡量国家或地区的贫困程度，并在计算时将其分为发展中国家的人类贫困指数（HPI-1）和发达国家的人类贫困指数（HPI-2）。其中，HPI-1 由寿命（P_1）、知识获取（P_2）和生活水平（P_3）① 三个指标构成，HPI-2 由寿命（P_1）、读写能力（P_2）、生活水平（P_3）以及失业率（P_4）② 四个指标衡量。其计算公式分别如下：

$$HPI\text{-}1 = (w_1 p_1^{\alpha} + w_2 p_2^{\alpha} + w_3 p_3^{\alpha})^{1/\alpha} \tag{2.3}$$

$$HPI\text{-}2 = (w_1 p_1^{\alpha} + w_2 p_2^{\alpha} + w_3 p_3^{\alpha} + w_4 p_4^{\alpha})^{1/\alpha} \tag{2.4}$$

这里的 w_1、w_2、w_3、w_4 分别表示各指标的权重；对于 HPI-1，有 $\sum_{i=1}^{3} w_i = 1$ 成立；

而对于 HPI-2，有 $\sum_{i=1}^{4} w_i = 1$ 成立；在实际应用中通常取等权重；$\alpha \geq 1$ 表示调节函数。显然，HPI 计算简便，且能反映出多维贫困现象；但是，仅仅从三个或四个方面反映一个国家或地区的整体贫困程度似乎过于简化，也无法识别出微观个体或家庭的贫困程度。因此，在 2010 年后，A-F 多维贫困指数③逐步取代了 HPI。

第四，A-F 指数。该指数是近些年最为流行的多维贫困测度方法，它是

---

① 寿命用预期寿命在 40 岁以下的人口比重表示，知识获取用成人文盲比重表示，生活水平包括拥有安全饮用水的人口比重和 5 岁以下营养不良的人口比重。

② 寿命用预期寿命在 60 岁以下的人口比重表示，知识获取用成人半文盲缺乏技能表示，生活水平用处于收入贫困线下的人口表示，失业率用长期失业率（持续 12 个月或更长时间）表示。

③ 实际上，A-F 指数是由诺贝尔经济学奖得主阿马蒂亚·森于 2007 年 5 月发起的，其在牛津大学国际发展系创立了牛津贫困与人类发展中心（OPHI），中心主任阿尔基尔组建研究团队致力于多维贫困测度研究，并于 2008 年发表的工作论文《计数与多维贫困测量》中提出该指数。随后，该论文正式发表于期刊 *Journal of Public Economics* 2011 年第 7 期。

牛津大学贫困与人类发展中心阿尔基尔和福斯特（2011）构建的。A-F 多维贫困指数是一个包含教育、健康和生活水平等维度的综合指数。实际上，该指数是在 HPI 的基础上将具体指标扩展到了 10 个，并将 FGT① 指数扩展形成了现有的 MPI，因此，A-F 指数（其计算公式详见本书第 5 章）不仅可以描述微观（个体或家庭）和宏观（国家或地区）层面的贫困状况，还可以测度贫困群体的多维贫困发生率、多维贫困深度和多维贫困强度。从 2010 年开始，联合国开发计划署（UNDP）采纳了 A-F 多维贫困指数，并在每年的《人类发展报告》中公布全球多维贫困情况（王小林，2016）。目前，全球已经有 65 个国家和国际机构在积极探究 A-F 指数，并且有 14 个国家已经建立了国家层面的多维贫困指数，用于指导本国的反贫困实践（沈扬扬、詹鹏，2018）。我国现阶段虽然还未建立国家层面的多维贫困指数，但是学界对多维贫困的研究越来越广泛。总的来讲，A-F 指数操作较为简便，易于计算，而且比其他指数更能真实合理地反映出宏观和微观层面的贫困程度。因此，本书在测度农户家庭多维贫困程度时也采用了 A-F 多维贫困指数法。

在构建 A-F 多维贫困指数过程中有两个关键点，其一是建立多维贫困指标体系，其二是确定各指标权重。于是，国内外学者也就这两方面内容进行了深入的研究和讨论。本书就目前的研究进展进行简要述评。

②多维贫困测度的指标体系。

目前，国内外对多维贫困的指标体系建立尚无统一标准。但无论怎样，现有指标体系均是从阿尔基尔和福斯特（2011）建立的多维贫困指标体系演化而来的。实际上，A-F 多维贫困指标体系又是从人类发展指数（HDI）和人类贫困指数（HPI）所采用的指标体系发展而来的（见表 2.1）。从表 2.1 中我们可以发现，HDI、HPI 和 MPI 均是从健康、教育和生活水平等三个维度来选取指标的，明显，MPI 的具体指标由 HDI 中的 3 个增加到了 10 个。

---

① FGT 是由 Foster、Greer 和 Thorbecke（1984）提出的度量贫困的指数，其连续形式的计算公式为：$P_\alpha = \int_0^z \left(\frac{z-x}{z} \right) f(x)\,dx$，其中 x 表示个体或家庭的收入或消费支出，z 表示贫困标准，$f(x)$ 表示收入或支出的密度函数，α 表示贫困程度的系数（通常取值 0、1、2），$\alpha = 0$ 表示贫困发生率，$\alpha = 1$ 表示贫困深度，$\alpha = 2$ 表示贫困强度。

表 2.1　HDI、HPI 和 MPI 的维度和指标

指数	维度	指标
人类发展指数 （HDI）	预期寿命、教育水平、 生活质量	出生时的预期寿命/成人识字率和受教育年限/人均 GDP
人类贫困指数 （HPI）	寿命、知识获取、 生活水平	预期寿命 40 岁及以下人口比重/成人文盲率/不能享用安全应用水的人口比例、5 岁以下儿童营养不良比例
A-F 多维贫困 指数（MPI）	健康、教育、 生活标准	营养、儿童死亡率/受教育年限、入学率/做饭燃料、卫生、水、电、地板、资产

此后，学界对于多维贫困指标体系的研究多种多样，现阶段国际上已有 14 个国家建立了官方多维贫困指标体系（见表 2.2）。从表 2.2 我们可以看出，不同国家都是基于本国的国情且在 A-F 多维贫困指标体系下建立了相应的多维贫困指标体系。大体上，各个国家基本都保留了健康、教育和生活标准三个维度，只是在此基础上增加其他维度并细化了具体的指标。

表 2.2　现阶段已建立官方多维贫困指标体系的国家

国家	主要维度和指标	多维贫困体系 建立年份
不丹	教育、健康、生活标准	2010
墨西哥	收入、儿童留级、健康服务、社会保障、住房和居住空间、家户基本效用品获取、食物获取	2010
哥伦比亚	教育、儿童和青少年基本状况、工作、健康、公共服务和住房	2011
南非	健康、教育、生活标准、经济行为	2014
越南	健康、教育、居住环境、信息获取和抗风险能力、居民生活（基本的物质需求和精神需求、面临的必要约束）	2015
马来西亚	健康、教育、生活条件、收入	2015
萨尔瓦多	儿童和青少年教育、住房、工作、健康和食品安全、栖息地	2015
智利	健康、教育、劳工和社会保障、住房和区域环境改善、人际网络和社会融合	2015
厄瓜多尔	教育、工作和社会保障、健康、饮水和食物、栖息地、住房和健康生活环境	2016
巴基斯坦	健康、教育、生活标准	2016
洪都拉斯	健康、教育、生活标准、就业	2016

表2. 2(续)

国家	主要维度和指标	多维贫困体系建立年份
巴拿马	教育、住房、基础服务、互联网、环境、社区环境、卫生设施、就业、健康（17个细化指标）	2017
哥斯达黎加	健康、教育、住房、就业、社会保障和社会正义	2017
多米尼加共和国	健康、教育和儿童照料、就业与生计、住房与居住环境、数字信息差距与社会融合度（24个细化指标）	2017

资料来源：沈扬扬、詹鹏（2018）https://www.mppn.org/multidimensional-poverty/who-uses/.

目前，由于中国还未建立官方多维贫困指数，自然也就没有建立标准的多维指标体系。但是，我国政府近些年高度重视扶贫开发工作，国内学者也就多维贫困指标体系的建立进行了深入探索（见表5.1）。其中，具有典型性的探索如王小林和阿尔基尔（2009）选取住房、饮用水、卫生设施、电、资产、土地、教育和健康保险等指标对中国农村和城市的多维贫困进行了测量；蒋翠侠等人（2011）选取收入、教育、健康、饮用水和电器五个维度测度了中国家庭多维贫困；方迎风（2012）选取资产、收入、人力资本和环境卫生四个维度共11个指标对中国的多维贫困进行了测度；王春超和叶琴（2014）基于健康、教育、收入和医保四个维度对比分析了农民工和城市劳动者的多维贫困状况；郭熙保等（2016）选取教育、健康、医疗服务三个维度共6个指标从静态和动态视角分析了我国的长期多维贫困程度。由此可见，国内学者所建立的多维贫困指标体系也基本保留了教育、健康和生活标准三个维度，并在此基础上增添了其他反映我国基本国情的指标。

③多维贫困测度的权重选取。

在多维贫困指数加总过程中，指标权重的选取至关重要。因此，学者对此也进行了深入探讨。其中德康克等人（2013）总结了3种确定权重的方法，即数据驱动法、规范法和混合法，这几种方法各有利弊。数据驱动法首先要判别各维度对于家庭福利水平的重要性，然后赋予重要维度更高的权重，其不适合动态分析，因为各维度的重要性通常随时间变化而变化。规范法实际上是等权重法，该方法计算简便，但不能区分各维度的相对重要性。混合法一般通过参与式调查让穷人自己来决定各维度的权重，也不利于动态分析，并且存在个人偏好很难加总成社会偏好的问题。目前，学界对多维贫困的测度基本都是采用等权重法，如阿尔基尔和福斯特（2011）提出A-F多维贫困指数时就采用等权重法计算了美国和印度尼西亚的多维贫困情况，阿尔基尔和桑托斯（2011）

进一步运用等权重法测度了世界上 104 个发展中国家的多维贫困水平。同时，已经建立官方多维贫困指数的国家在测度本国的多维贫困状况时几乎都是采用等权重法。此外，郭建宇、吴宝国（2012）、高艳云（2012、2013）、张全红、周强（2014）、解垩（2015）、郭熙保、周强（2016、2017）、侯亚景（2017）等人均采用等权重法测度了不同情境下的多维贫困状况。当然，也有人采用非等权重法测度多维贫困，如安永和宁加耶（2008）运用主成分分析法测度了喀麦隆的多维贫困水平，王保雪（2013）选取 DEMATAL 和熵权法对我国云南省的多维贫困状况进行了度量，安农妮等人（2015）、法托雷（2016）等人采用偏序集法直接加总多维贫困。总之，选取权重的方法较多，这些方法各有优缺点。

（3）多维贫困的分解。

事实上，多维贫困指数仅仅是从整体上测度了个体或家庭的多维贫困程度，但是并不知道到底是哪个维度或哪几个维度的贫困造成的这种贫困状况。因此，我们还需要对多维贫困指数进行分解，从而进一步探索贫困发生的原因以及各维度对多维贫困的贡献度。对于多维贫困的分解问题，研究者根据多维贫困指数的数理性质和不同国家的需要对其按人口、维度和不同层次进行分解（阿尔基尔和福斯特，2011、2016；桑托斯，2013）。

近年来，国内学者大都以 A-F 理论框架为基础来探索中国的多维贫困（王小林和阿尔基尔，2009；高艳云，2012；张全红 等，2015；王春超 等，2014；高帅 等，2016）。他们通常选取收入、健康、教育、生活标准等维度并采用等权重法来测度多维贫困水平。由于中国是城乡二元结构，研究者分解多维贫困指数的形式更加多样化，譬如按城乡、社区、家庭、人口等分解（高艳云，2012；张全红 等，2012；马瑜 等，2016）。此外，由于地理位置的特殊性，国内学者还就特定区域（如西部山区、集中连片特困地区等）农户多维贫困程度进行分析（郭建宇 等，2012；石智雷，2013；刘伟和黎洁，2014；刘小鹏 等，2014）。相较于国外，国内对多维贫困的研究还比较滞后，截至目前依然没有建立国家层面的多维贫困指标体系和综合指数。

综上所述，虽然多维贫困日益受到学术界的重视，但仍然存在许多问题值得进一步研究。首先，对于多维贫困的指标体系，现有的研究均忽略了金融维度对多维贫困的影响。其次，虽然有多种方法能测算多维贫困指数，但是对各维度的权重选取方法依然存在缺陷，如等权重法暗含各维度对多维贫困同等重要，而且没有充分考虑指标之间的离散性、非线性性等复杂关系，这显然有待改进。最后，现有研究往往只测度了多维贫困的发生率，而未进一步分析多维贫困的深度和强度。因此，本书旨在建立中国农户家庭多维贫困指标体系，选取更加精确合理的权重计算方法，测度我国东中西部的多维贫困广度、深度和强度指数。为直观，本书也将多维贫困的测度展示于图 2.3 中。

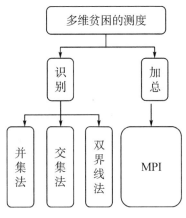

图 2.3　多维贫困的测度

2.2.2　社会资本与多维贫困的研究

上一小节对于多维贫困的发展以及如何测度多维贫困进行了简要评述。本小节主要评述社会资本与贫困之间的关系，基于已有文献可知，社会资本已经被广泛应用于经济学、管理学、社会学、心理学等人文社会科学中。自从世界银行在 20 世纪末开始组织大规模的社会资本研究，并极力推动了其运用和可操作化研究，社会资本对于减贫的作用机制研究大量兴起（罗连发，2012）。事实上，在有关减轻农村贫困的研究中，"资本"一直处于核心地位（周晔馨、叶静怡，2014）。继自然资本、物质资本、人力资本在贫困中大量被研究后，社会资本作为资本的重要补充，正源源不断地被应用于贫困问题的研究中。通常，现有研究社会资本与贫困的文献基本是从收入、健康、教育等单维视角展开的。因此，本书主要分别评述社会资本与收入贫困、社会资本与健康贫困、社会资本与教育贫困等方面的相关研究。

（1）社会资本与收入贫困。

自朗特里（Rowntree）最早开启了收入贫困的研究以来，理论界对于贫困的研究基本都是基于物质层面这一单一维度，即单纯地从收入或消费视角衡量贫困。例如，2015 年世界银行将人均每天消费低于 1.9 美元的人口定义为贫困人口①，我国政府在 2011 年中央扶贫开发工作会议上决定将人均年纯收入低于 2 300 元作为贫困标准。目前，学界就社会资本与收入贫困之间的关系而言，主要有以下三种观点。

第一，社会资本可以显著降低收入贫困，即很多学者认为社会资本是穷人的资本（葛鲁塔特，1999；伍尔科克和纳拉扬，2000；葛鲁塔特，2001、2004）。该观点的支持者认为，社会资本可以提高人们的收入水平，并缩小收入差距，进而降低收入贫困度（罗楚亮，2012；刘一伟 等，2017）。实际上，社会资本作为支持性社会网络关系，农户家庭基于社会网络资源能有效降低其达成期望的成本。具体而言，社会资本对于需要保障的贫困农户的益处主要表现为：社会网络资本能为这一类贫困农户提供有效的帮助，进而降低农户获取资源的成本，这在无形之中就让贫困农户获得了一定的社会保障（王朝明，2008、2013）。同时，胡伦（2018）通过研究社会资本对农民工多维贫困的影响指出，社会资本可以显著缓减农民工的收入贫困问题。此外，葛鲁塔特和 Narayan（2004）研究发现，社会资本能有效促进农户家庭获取长期投资、平滑消费以及有益的社会资源。社会资本可以显著地正向影响农户的经济福利水平，且农户拥有的社会资本越丰富，越能获取较高的经济福利；丰富的社会资本在一定程度上能够帮助农户规避风险，降低陷入贫困的概率（丁冬 等，2013）。周晔馨、叶静怡（2014）分别从静态和动态的角度论述了社会资本对缓解贫困的作用，从静态视角来看，信任能显著地正向影响农户绝对贫困；从动态视角来看，社会资本通过非正式保险的机制平滑消费、减轻暂时贫困，通过促进融资和创业、保护产权、促进公共品提供和劳动力流动，有助于消除长期贫困。总体上，农村的原始社会资本可以有效缓解贫困，由于社会资本中的社会网络是由相互信任的"熟人"构成，社会网络能发挥风险分担的作用（阿塔纳西奥 等，2012），且社会网络还具有提高穷人收入水平和缩小收入差距的作用（郭云南 等，2014）。

第二，社会资本不是穷人的资本（克里维尔，2005；格特勒，2006；赵剑治、陆铭，2010；周晔馨，2012）。其中，较早认为社会资本无益于贫困人口的研究者是格特勒等学者（2006），他们通过对遭受意外负向冲击的家庭进行检验发现社会资本对平滑其消费并不奏效；陆铭、张爽等（2010）以我国农户为对象，也探讨了社会资本对于分散风险的功能，他们采用信任、互助和公

---

① 2015 年世界银行宣布将贫困标准从原来的人均每天消费 1.25 美元提高到 1.9 美元。

民参与作为衡量社会资本的指标，发现社会资本无助于农户分散自然灾害造成的收入冲击，因而也无法达到平滑消费的效果，他们给出的理由是社会资本的作用会随着市场化程度的加深而减弱，此外，他们通过进一步的实证分析也得到了相同的结论。同时，有研究指出社会资本能显著加剧农户收入差距。如赵剑治等人（2010）研究指出社会网络能显著扩大农户收入差距；李晓嘉等人（2018）采用 CFPS 数据对农村减贫进行探究发现，社会资本更能显著提高非贫困户的收入水平，但不利于缩小农户之间的收入差距；刘雯（2018）研究也发现当前社会资本并不能降低农村内部的收入差距。此外，也有研究者直接证实了"社会资本不是穷人的资本"这一假说，其典型的代表如周晔馨（2012）实证检验了社会资本不平等对收入不平等的两个路径（资本欠缺和回报欠缺）的影响，表明"社会资本并非穷人的资本"。

第三，社会资本与收入贫困关系的不确定性。支持该观点的学者认为社会资本可能有利于缓解人们的收入贫困，也有可能不利于人们的收入贫困减少，其应视具体情境而定。例如，科利尔（Collier，1998）分析了社会资本对贫困的积极和消极影响的作用机制。他认为社会资本可以通过促进信息传递、信息交流和减少搭便车行为等方式有效降低贫困；但是需要重复交易以及由声誉等建立起来的社会资本对于贫困群体是不奏效的，因为社会网络等需要通过信息的汇集，或者通过规模效应来获得收益，而这种机制通常存在"精英俘获"现象。尚塔拉特（Chantarat）和巴雷特（Barrett）（2011）深入探究了社会网络资本、经济流动性与贫困陷阱之间的关系，即通过构建数理模型推演了社会网络可以作为物质资本的替代或互补提高穷人家庭的劳动生产率并增加收入，这种收入水平的增加可促使农户家庭摆脱收入贫困。但是某些形式的社会网络资本并不能减轻穷人的绝对贫困，特别是穷人原本在社会资本积累上就不占优。刘彬彬（2014）通过门槛回归模型实证分析社会资本与农户收入之间的关系发现，当农户社会资本较低时，社会资本并不能显著增加农户收入，即此时社会资本不能降低农户收入贫困；而当社会资本越过一定门槛值后，社会资本方能显著促进农户收入提高进而降低农户收入贫困，此外，社会资本发挥作用还需要人力资本的配合。由此可见，社会资本降低农户收入具有门槛效应，关爱萍等（2017）进一步通过对甘肃省贫困地区农户进行的调查证实了这一结论。

总的来说，社会资本在促进就业（孟希 等，2006）、增加收入（纳拉扬等，1997）以及降低收入贫困发生率（谢家智 等，2016）等方面达成了较为一致的共识。但是，学界对于社会资本能否降低多维贫困的研究还较少。

（2）社会资本与教育贫困。

自改革开放以来，我国的收入贫困发生率从 1978 年的 30.7% 下降为 2017 年的 3.1%。但是，教育贫困却并未减少，甚至出现了反弹的现象。贫困家庭之所以脱贫困难，是因为其子女的受教育年限不长、基本素质不高等原因。因此，教育贫困也是农户家庭致贫的主要因素之一。鉴于此，我国政府在《"十三五"脱贫攻坚计划》[①] 中重点阐明教育的功能和作用，并提出了具体的解决教育贫困的方案。据调研，在国内外现有多维贫困研究中，教育维度是其中的重要维度之一。如邹薇等（2011）对中国贫困状况进行动态多维度分析，按指标分解后得出，教育指标对多维贫困的贡献度最大；王春超等（2014）利用 A-F 多维贫困分析框架就农民工多维贫困进行探究，发现收入和教育因素是驱动农民工多维贫困的主要因素，同时，教育维度的贫困对农民工多维贫困指数的贡献率最大且呈逐年上升的趋势；谢家智等（2017）对中国农村多维贫困测度发现教育维度是贫困的重要影响因素。

由此可见，反教育贫困或教育获得是农户家庭脱贫的重要保证。现阶段，在影响教育获得和教育公平的诸多社会因素中，社会资本的作用越来越受到重视，其中的原因包括社会资本理论为人们透视教育获得提供了新的结构视角（赵延东 等，2012）。在国内，社会资本与教育方面的研究多集中于社会资本对教育的影响（盛冰，2003；安雪慧，2005）、大学生求职过程中社会资本的使用情况（薛在兴，2009）、社会资本与教育公平（陈卓，2010）等方面。但是，学界对社会资本与教育贫困之间关系的研究较少，现有的研究也只是从收入视角方面进行的，如李辉文等（2015）采用 CHIPS 数据实证分析发现社会资本较低的家庭可以通过教育来获得更高的收入水平从而摆脱贫困。事实上，有研究表明，社会资本与教育之间是互为因果关系的，一方面，社会资本被看作描述行动者教育经验的重要变量（休斯曼 等，2004）；另一方面，教育也在社会资本的产生、维持和消亡中扮演着关键角色（科特 等，2013）。谢爱磊、洪岩璧（2017）认为社会资本是解决教育贫困的重要因素，社会资本的引入能拓宽研究者理解教育问题的思路和视野，因为社会资本概念本身能让学者跳出教育问题研究教育本身存在的问题，并将教育看作社会系统整体的一个重要

[①] 《"十三五"脱贫攻坚规划》是国务院于 2016 年印发的，其明确强调要瞄准教育最薄弱领域，从解决教育贫困入手，挖掉长期贫困的根源。从长期看，教育扶贫能够达到"扶智"和"扶志"的目的，增强贫困人口自身脱贫能力和提高扶贫资金使用效率，有助于消除家户贫困代际传递效应，消除教育贫困对于消除贫困具有"治本"意义（邹薇、程波，2017）。

环节，进而从更高的视角阐释教育问题。此外，教育行动本身就是一项社会行动，以相关学科针对社会行动的概念来重新建构（非替代性）教育研究者对教育行动意义的认识，本身就有其内在的合理性。

（3）社会资本与健康贫困。

因病致贫和因病返贫是我国农村地区贫困的主要因素之一。因此，健康是多维贫困的重要维度。对于健康贫困，诸多学者对其进行了界定和深入研究（孟庆国、胡鞍钢，2000；翟绍果，2018）①。实际上，对于农村贫困人口而言，如果面临突发的健康疾病问题，无论他们做何选择都会加剧他们的经济贫困，其原因有两方面：第一，他们对于疾病毫无反抗能力，只能让自身健康受损，进而使得获取收入的能力下降，导致因病返贫或进一步加深贫困程度，从而加剧经济贫困；第二，有的贫困群体会通过变卖所有家产甚至陷入负债来治疗疾病，然而疾病的重大以及巨额的医疗费用等因素，往往迫使农户家庭卷入贫困陷阱中。于是，反健康贫困一直是贫困人口脱贫的关键。随着人们对健康的日益重视，社会资本逐渐成为国际卫生研究中的一个重要概念。王欢、张亮（2006）指出，社会资本能为消除健康贫困营造良好的政策环境基础，社会资本能通过缓解经济贫困进而缓解健康贫困，社会资本也有利于卫生筹资帮助农民应对疾病风险。曹艳、汪小勤（2007）进一步基于社会资本理论分析了我国城乡居民由于社会资本缺失所导致的健康贫困的内在可能机制，他们认为由于我国改革开放的深入推进，城乡间、地区间以及农户家庭内部的收入水平差距呈逐年扩大趋势。而收入的不平等通常使得贫困群体的心理受到巨大冲击和伤害，使得他们更可能产生不平衡的主观感受，心态的失衡可能会产生焦虑、自卑、愤恨、紧张、嫉妒等不良情绪，进而造成身体上的亚健康状态。黄伟伟等（2015）探讨了社会资本对老年人健康的影响效应和路径，指出社会资本不仅对老年人生理、心理、社会健康产生直接影响，且通过生活方式对老年人生理、心理健康产生间接影响，但是生活方式的中介效应弱于社会资本的直接效应。李华等（2018）采用2013年CHARLS数据实证检验了社会资本能否对家庭因病致贫起到显著的缓解作用，研究发现，社会资本对家庭因病致贫具有

---

① 孟庆国、胡鞍钢认为健康贫困是一种机会丧失和能力剥夺，即由于经济发展水平低下、支付能力不足所导致的参与医疗保障、卫生保健和享受基本公共卫生服务的机会丧失，以及由此所造成的健康水平下降导致的参与经济活动的能力被剥夺，从而带来了收入的减少和贫困的发生或加剧。此外，翟绍果认为健康贫困是健康风险冲击致使健康能力剥夺和健康机会丧失而出现的一种脆弱状态，综合表现在健康脆弱性、经济脆弱性与社会脆弱性等方面。

显著的减缓作用，且与不同社会经济状况人群交往的"桥型"社会资本比家庭亲友内部交往的"结型"社会资本的减贫作用更强。

总之，有关社会资本与健康贫困之间的关系的研究越来越受到学界的重视。根据现有研究发现，大量社会资本进入可以有效缓解人们的健康贫困状况。但是，有关社会资本缓解健康贫困的作用机制方面的研究相对较少。那么，怎样降低个体或农户家庭的多维贫困水平呢？近些年，我国政府高度重视贫困问题，自然地，消除多维贫困也成为研究的重点关注内容。目前，学界和实务界对于如何缓解农户家庭的多维贫困状况也进行了探讨。除了采取正式制度外，非正式制度（如社会资本）的运用也成为降低贫困的有效手段。社会资本作为继物质资本和人力资本后的第三大资本，其对多维贫困起着重要影响。

2.2.3 社会资本与非农就业的研究

改革开放以来，我国城乡间农村劳动力跨区域流动越发频繁，这使得农村劳动力非农就业成为我国发展中非常重要的环节。有研究认为，社会资本不仅对农村居民贫困有影响，而且与农村劳动力的非农就业有着重要的联系（刘一伟 等，2018）。事实上，由于我国劳动力市场发育不完善以及社会网络"差序格局"的存在，社会资本在农村劳动力就业中扮演着重要角色（李培林，1996）。大量研究表明，因为社会资本可以显著减少劳动力市场的交易成本，所以学术界一致认为社会资本可以显著地正向影响农村劳动力非农就业。如蒋乃华等人（2007）采用微观调查数据进行实证研究发现，社会资本有助于正向影响农村劳动力从事非农就业的时间，进而显著促进农村劳动力非农就业的水平。同时，杜拉尔（Dulal）等人（2011）的研究也认为，社会资本能够显著降低非农就业成本、提高非农就业概率，社会资本可以显著地正向影响农村劳动力非农就业。然而，也有部分研究表明社会资本并未显著影响农村劳动力非农就业。如李怡萌（2014）通过选取不同的指标衡量社会资本，进一步研究发现社会资本对农村劳动力的促进作用并不奏效；唐立强等（2017）实证研究了不同维度个体社会资本对农村居民非农收入的影响，并进行了地区及就业身份的差异对比分析。研究结果表明：社会交往、信任、社会互惠、政治参与以及就业身份对农村居民非农收入存在不同程度的影响，不同性别、不同地区、不同收入水平下，社会资本和就业身份对非农收入的影响存在较大差异。

众所周知，社会网络是社会资本的核心要素之一。因此，许多研究直接采用社会网络作为社会资本的替代变量，且大量研究认为社会网络可以显著增加农村劳动力获取非农就业的机会。如杨琦等人（2010）研究发现在非农就业方面社会网络关系较好的农村劳动者更能获取非农就业机会；陈瑛（2012）通过构建社会关系网络与农村劳动力非农就业的模型进行数据分析，发现社会网络显著提高了农村劳动力非农就业的概率；蒋乃华（2007）选取两个不同的指标作为社会关系网络的代理变量，实证发现社会网络显著促进农村劳动力非农就业；周毕芬等（2010）通过理论分析社会资本对农村劳动力非农就业的影响，得出的结论仍保持一致。同时，林善浪等（2010）采用 Logistic 法实证发现，农民工使用关系网络寻找工作的效率不低于使用市场途径寻找工作的效率；蒋勇等（2009）采用四川省的调查数据并运用 Probit 法进行实证检验得出结论，社会网络越发达的灾区农村劳动力选择外出务工的可能性越大。但是，也有研究指出二者之间作用并不明显。如叶静怡等（2010）采用两种不同的方法实证发现，农民工更换工作与社会关系网络的影响效应无直接关联；方黎明等人（2013）通过选取三个不同的指标作为社会资本的代理变量，实证表明亲密朋友的存在对于非农就业的作用并不明显。付慧娟（2014）指出农村劳动力的非农就业是实现农村劳动力充分就业、增加农民收入的重要现实路径，社会资本作为一种嵌入在社会关系网络中的无形社会资源，在农村劳动力非农就业中扮演着重要的角色。付慧娟通过对浙江省的微观调查研究发现，社会资本能够对农村劳动力非农就业给予很大的帮助，对非农就业时间有显著的影响。

2.2.4 非农就业与多维贫困的研究

有研究文献指出，农村劳动力流动非农就业显著改善了农民的工资性收入以及农户的家庭收入水平，缩小了城乡差距（李实，1999；梅新想 等，2016）。但是，也有大量研究文献表明农村劳动力流动非农就业引起了农户和城乡收入差距的扩大，导致低收入者的心理负担加大，进而对居民的健康产生显著的负面影响（周广肃 等，2014；许经勇，2012）。有调查研究指出，务工人员收入普遍偏低，用于住房消费支出有限，其人均居住面积普遍较小，生活设施不配套，不同程度地存在安全隐患，如重庆市务工人员所租住的房屋中有46%的房屋不同程度地存在阴暗、潮湿现象和安全隐患，其中17%的房屋没有自来水，61%的房屋不附带卫生间，57%的房屋不附带厨房（建设部调研组，2006）。同时，由于体制机制等原因，农民工为城市建设做出了很大贡献，却被排除在社会财富再分配的体系之外，难以和城市居民获得同样的养老保险、医疗保险、最低生活保障和子女教育等基本权利，使他们依然游离在城市边缘，难以实现与输入地的融合（李强，2002；刘传江 等，2004）。教育水平的高低直接与农村劳动力是否流动相关，教育程度较高者通过流动往往更容易就业且会获得较高的收入（王广慧和张世伟，2008）。然而，农民工的子女教育问题存在严重缺失，国务院妇女儿童工作委员会办公室等单位主持的抽样调查显示，流动儿童中一直未上学者占 6.85%，失学者占 2.45%（白南生 等，2008）。虽然从 2004 年开始，中央要求地方政府解决流动人口子女的就学问题，但由于缺少相应的财政资源，个别地方政府往往没有积极性去执行。金融二元结构的突出性导致我国农村特别是贫困农户受到严重的金融排斥（王修华 等，2013），基础金融服务的缺失导致了各种形式的权利剥夺，使农户家庭陷入贫困的恶性循环。此外，学界就农村劳动力流动非农就业对收入贫困的影响进行了大量研究，但其结论观点尚未达成共识，现主要有三种观点：其一是认为农村劳动力流动非农就业减缓收入贫困，该观点认为劳动力流动非农就业可以实现劳动力及其所附载要素在空间与地域上的有效配置，进而有助于减少贫困，并降低收入不平等程度（亚当斯，2006；古普塔 等，2009；阮 等，2011）；其二是认为农村劳动力流动加剧收入贫困，该观点的主要依据在于劳动力流动给农村带来巨大的社会成本（马多克斯，1960），破坏了农村社会秩序（钦恩，1979），进而使农村陷入贫困；其三是认为农村劳动力流动的减贫效应不确定，该观点认为劳动力流动行为能否改善贫困家庭的福利并减贫，取决于流动动机的类型（卢卡斯 等，1985）、迁移类型、特点、时间和地点（哈恩，1999）、流动人口的人力资本和社会资本水平（科塔里，2003），因而结果并不确定。另一些研究指出，劳动力城乡间迁移与贫困的关系是混合型的，而不是单调关系（马雷，2009；古列夫 等，2015）。

2.2.5　文献简要评述

综上所述，学界对多维贫困理论的研究开始丰富起来，而且对于社会资本与贫困的关系以及社会资本对农村劳动力非农就业的影响等方面的研究也较多。但是，就社会资本与农户家庭多维贫困方面的研究还较少，本书认为仍然存在以下问题值得进一步探讨。

（1）贫困研究视角逐渐从单维转为多维，现有多维贫困的研究大多集中于识别、测度和分解。但是，农户家庭多维贫困的指标体系仍然不健全，各指标的权重选取方法仍然有待改进，多维贫困程度指标的量化仍然有待进一步探究。

对贫困的定义与认知总体上经历了从单维度（收入）贫困到多维度贫困

的转变；从单纯的经济学视角到文化、权利、能力、健康乃至制度的综合体系视角的拓展；从绝对贫困到相对贫困的发展。朗特里（1901）最早开启了收入贫困的研究，此后大多数国家和国际组织按照收入划分贫困线标准。自阿马蒂亚·森（1976）提出"能力贫困"的观点后，学术界对贫困问题的研究逐渐从一维转向了多维（郭熙保 等，2016）；伦奇曼（Runciman，1966）将贫困的认知从绝对贫困拓展到了相对贫困。当然，阿马蒂亚·森的能力贫困理论，将传统的收入视角拓展到以能力视角的重新定位，奠定了贫困研究新的里程碑。一些国际机构（包括世界银行和联合国开发计划署）和研究者对贫困的定义沿用了阿马蒂亚·森的能力贫困学说，并进一步提出了"广义福利贫困""人类贫困指数"和"多维贫困指数"等概念（阿尔基尔和福斯特，2011），试图从人的全面发展、生活质量和基本权利等方面来考察、测量和分析贫困问题。国内对贫困识别的研究更多的是从经济和收入维度进行，近年来开始积极跟踪相对贫困和多维贫困的研究，呈现出多维度、多样化、动态化等新特点（张欣，2015）。

此外，对于多维贫困的指标体系，现有的研究均忽略了金融维度对多维贫困的影响。虽然有多种方法能测算多维贫困指数，但是对各维度的权重选取方法依然存在缺陷，如等权重法暗含各维度对多维贫困同等程度重要，而且没有充分考虑指标之间的离散性、非线性性等复杂关系，这显然有待改进；再者，现有研究往往只测度了多维贫困的发生率，而未进一步分析多维贫困的深度和强度。因此，本书旨在建立中国农户家庭多维贫困指标体系，选取更加精确合理的权重计算方法，测度我国东中西部的多维贫困广度、深度和强度指数。

（2）现有文献考究农户家庭多维贫困的成因多从物质资本、人力资本等方面展开，而忽视了我国乡土社会基于亲缘、血缘和地缘组成的社会资本这一关键因素对农户家庭多维贫困的影响，尤其是有关社会资本与农户家庭多维贫困的影响效应和作用机制方面的研究较少。

我国农村正式制度还不十分健全，自然地，社会资本作为一种非正式制度对于解决农户家庭贫困问题起着重要作用。现有研究认为，社会资本可以通过促进农户增加收入、缩小农户家庭收入差距、促进农户缓解信贷约束等渠道缓解农户家庭的收入贫困状况；同时，也有大量研究文献指出社会资本促进农户增收是存在门槛效应的，即当农户社会资本存量较低时并不能显著促进农户增收进而缓解农户家庭的收入贫困状况。此外，就社会资本与农户家庭多维贫困的研究很少。那么，社会资本与农户家庭多维贫困的关系如何，即社会资本是否能显著缓解农户多维贫困？如果能，社会资本与农户多维贫困是否存在门槛效应？社会资本影响农户多维贫困的作用机制如何？这些问题都值得我们进一步探讨。

（3）现有文献研究多维贫困多从国家或地区等宏观层面展开，而忽略了从微观农户家庭视角来探讨多维贫困状况，以及如何降低农户家庭多维贫困水平。

事实上，为便于比较，A-F 多维贫困指数更多的是从宏观层面测度和分解，鲜少从微观视角解析农户的多维贫困程度和驱动因素。同时，现有研究大多集中于多维贫困本身的测度研究，如指标体系的构建、指标权重方法的探究以及多维贫困维度的分解等，然而对于如何降低或化解多维贫困水平的研究甚少。因此，本书基于中国家庭追踪调查（CFPS）数据对我国农户家庭的多维贫困水平进行测度，并进一步探究缓解农户家庭多维贫困状况的作用机制和路径。

2.3 本章小结

本章主要在借鉴社会资本理论、多维贫困理论以及非农就业理论的基础上，梳理了多维贫困研究文献的研究进展与不足，并就社会资本对多维贫困影响的研究进行详细综述，为后文的理论和实证研究奠定了充足的文献支撑。

3 社会资本与农户多维贫困的理论框架与研究假设

本章首先厘清社会资本、农户多维贫困、非农就业等核心概念；其次，重点构建社会资本影响农户多维贫困的作用机理和传导机制，其中社会资本与农户多维贫困的影响效应包括"直接减贫"效应和"门槛"效应，社会资本对农户多维贫困的传导机制主要通过中介变量实现；最后，在厘清作用机制的基础上，构建本书的理论分析框架并提出研究假设，为后文实证研究打下基础。

3.1 核心概念界定

科学界定核心概念是理论分析的关键。因此，本小节通过总结相关文献提炼出本书的核心概念。

3.1.1 多维贫困

（1）收入贫困。

贫困问题古已有之。我国古代思想家荀子曾说："多有之者富、少有之者贫、至无有之者穷"。可见，荀子根据财货的多少对贫富进行了划分，他认为贫、穷都是缺乏财货，但从程度上荀子则认为穷比贫更重（王卓，2004）。事实上，贫困表现为物质财富（收入）的缺乏（低下）已被学界广泛研究，即收入贫困。朗特里等人（1902）指出："贫困是一个家庭的总收入不足以获得维持体能所需要最低数量的生活必需品的状态"；美国经济学家刘易斯（1982）也认为贫困是财货的缺乏；周彬彬（1991）将贫困定义为"个人或家庭的经济收入不能达到所在社会可接受生活标准的那种生活状态"。为便于计算，世界银行以及其他机构和部门几乎历来都是从收入或消费等能用货币衡量的方式对贫困标准进行划分，如 2015 年世界银行宣布将贫困标准从原来的每人每天支出 1.25 美元（2015 年，1 美元≈6.23 元人民币）上调为 1.9 美元；我国在 2011 年召开的中央扶贫开发工作会议决定将人均年纯收入 2 300 元作为新的国家扶贫标准，也就是说个人年均纯收入低于 2 300 元则被视为贫困人口。因此，所谓收入贫困，是指个体或家庭的收入（或消费）低于基本需要的状态。明显，从收入（消费）视角定义贫困简便且易计算。但是，随着经济社会的发展，仅仅从收入视角描述贫困的局限性越来越大。现阶段，理论界和实务界越来越多地从多维视角描述贫困问题。

（2）多维贫困。

多维贫困发端于阿马蒂亚·森（1976）提出的能力贫困理论，他认为，贫困不仅仅是收入（一维）低下，还应该是人的基本可行能力的不足。这些基本可行能力包括接受教育、免于饥饿、免于疾病、住房安全等。显然，阿马蒂亚·森的能力贫困是一个从多维度描述贫困的综合指标。因此，阿马蒂亚·森是公认的多维贫困理论的开创者（谢家智 等，2017）。实际上，从长期来看，收入贫困是可逆的；但是，教育、健康、医疗等因素导致的贫困是不可逆的。如一个偏远山区的儿童，由于交通等原因处于失学状态，如果得不到及时的教育救助，那么他很可能在未来失去创造收入的能力，从而陷入长期贫困。于是，学界将贫困从收入维度拓展到了多维。所谓多维贫困，是指贫困不仅仅是收入低下，还应该包括教育、医疗、卫生设施、健康等方面的贫困。同时，本书主要以农户家庭为研究对象，因此，将"农户多维贫困"界定为农户家庭在收入、教育、医疗、生活标准、健康、住房、金融服务等方面处于不足或被剥夺的状态（见图 3.1）。

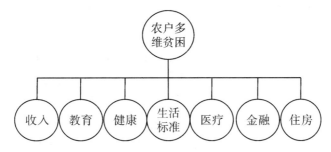

图 3.1　农户多维贫困的定义与维度

3.1.2 社会资本

"社会资本"的概念是由法国社会学家布尔迪厄（1980）在《社会资本随笔》一文中正式提出的。近些年，社会资本及其理论已被广泛应用于社会学、经济学、管理学等人文社会科学中（王朝明 等，2013）。但是，对于社会资本的含义，目前学界尚无统一的标准。总体上，社会资本的概念主要有三种代表性的观点（王文涛，2017）。

（1）结构观。该观点的核心是认为社会资本来自人们的人际关系网络结构中，人们的社会网络结构是其重要元素。同时，人们为获取自身利益，可以利用组织内部和组织间的社会网络关系获取对自身有用的资源。由此可见，社会网络结构在结构观的社会资本中扮演着重要角色，人们的社会关系网络资源越多，获取的可用信息越丰富，就越能获得较高的回报。

（2）功能观。该观点的核心认为社会资本来源于紧密联系的社会关系网络，其主要成分包括社会主体之间的信任、规范、责任等，主要通过主体之间的相互沟通、交流来提高成员之间的信任程度，进而实现资源共享、互利互惠的目的。换句话说，功能观的社会资本主要通过行动主体成员间的社会关系体现，其不仅排除了松散社会关系网络能产生社会资本的可能性，也否定了社会资本产生负向影响的可能性（边燕杰，2004）。

（3）资源观。该观点的核心认为，社会资本本质上是一种动态的社会资源，其来源于稳定的人际社会关系网络，且人们需要通过社会网络关系来使用、发展和积累这些社会资源，这种社会关系网络能有效促进物质资本和人力资本增值，进而发挥相应的价值。实际上，根据资源观对社会资本的定义，我们可以发现，其本质体现于经济主体在有针对性的活动中可以获取并使用镶嵌在社会关系网络中的资源。此外，相较于强关系，弱关系更能为社会主体的针对性活动提供社会资源。

基于上述观点，本书将已有国内外学者和机构对社会资本的代表性含义总结于表3.1。

表3.1　国内外学者和机构对社会资本的代表性含义

代表学者	社会资本含义
布尔迪厄（1980）	社会资本是指与群体成员相联系的实际的或潜在的资源综合，它们可以为群体的每一个成员提供集体共有资本支持

表3.1(续)

代表学者	社会资本含义
科尔曼（1988）	社会资本是一种责任与期望、信息渠道以及一套规范与有效的约束，它们能限制或者鼓励某些行为
贝克（1990）	社会资本是指行动者从特殊的社会结构中可以获取到的资源，而这种资源有助于促进行动主体对兴趣的追求，并随其社会关系的改变而变化
普特南（1993）	社会资本指社会组织的特征，如网络、规范与信任，它们有助于人们为了共同的利益进行协调与合作
世界银行（1998）	社会资本包括组织机构、关系、态度与价值观念，它们支配人与人之间的行为，并有利于经济和社会的发展
福山（1999）	社会资本是群体成员之间共享的非正式的价值观念、规范，能够促进成员之间的相互合作。若全体成员与其他人采取可靠和诚实的行为，那么他们就会逐渐相互信任。信任就像润滑剂，可以使人和群体或组织更高效地运作
OECD①（2001）	社会资本是指网络与共享的规范、价值观念和理解，它们有助于促进群体内部或群体之间的合作
林南（2001）	社会资本是内嵌于社会网络中的资源，行为人在采取行动时能够获取和使用这些资源。因此，它包括两个重要的方面：①内嵌于社会关系中而非个人所有的资源；②获取和使用这种资源的权利属于网络中的个人
杜拉夫和法夫尚（2004）	社会资本应至少包含以下三方面内容：①通常能够在一个集体内部产生外部性；②这些外部性是通过共享的信任，规范和价值观以及它们对于期望和行动产生的影响来获得的；③共享的信任和价值产生于基于社会网络和协会的非正式的机构
边燕杰（2004）	社会资本是指蕴含在社会关系网络之中的可转移的资源
王朝明 等（2013）	社会资本是以资本形态嵌入在制度文化关系网络中，并能通过投资积累为网络中的行动者带来收益或便利的社会资源

资料来源：作者根据相关文献整理。

从表3.1不难发现，不同学者和机构从不同视角和学科背景对社会资本进行界定，虽然呈现出不同的观点，但是主要从互惠、信任、关系、资源、价值观念、行为规范等方面对社会资本进行阐释，而这些方面更多的是以社会资本存在的形式和发挥的作用为出发点进行的研究，并未给出社会资本本身的定

---

① OECD 指经济合作与发展组织，简称经合组织。

义。为了更好地把握社会资本的内涵，以托马斯·福特·布朗等人（2000）为代表的学者运用系统主义（systemism）①，从微观、中观和宏观等层次逐一概括社会资本的概念表述，具体见图3.2。

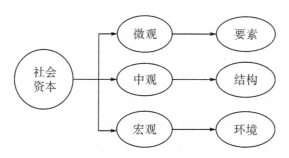

图 3.2　社会资本的概念层次

从图3.2中可以看出，微观层面的社会资本侧重于关注个人的结果，主要讨论个体通过社会网络（包含自我）调动资源的潜力；中观层面的社会资本侧重于关注网络结构化的过程与分布的影响，主要讨论特定网络的结构化、该网络资源因其特殊结构而通过该网络流动的方式；宏观层面的社会资本侧重于关注外在，即文化、政治与宏观经济对社会网络中社会联系的性质的影响，对网络结构的影响，以及对网络构建、变化和转移的动力的影响，主要讨论特定社会资本网络包含在政治经济体系、更大的文化以及规范体系中的方式。

基于上述分析，本书将农户家庭的社会资本定义为嵌入于农户家庭结构中的社会网络、信任与规范，并能通过社会交往、社会信任等方式为家庭成员带来便利的资源。其中，社会资本应该包含以下含义：①社会资本是一种无形资产，也具有物质资本、人力资本等资本的共有属性；②社会网络是本书研究农户家庭社会资本的核心概念，对于农村社会而言，社会关系网络是为农户家庭提供社会资源的主要方式之一，因为我国是基于亲缘、血缘和地缘形成的关系型社会，而这种关系网络在农村社会体现得更加明显；③社会资本的"嵌入性""增值性"等核心内涵对于其宏、微观层次的研究均适用。

3.1.3　非农就业

非农就业是本书的另一个关键变量之一。对于非农就业的具体定义，目前

---

① 所谓系统主义，是指对系统要素、构成和环境的三维分析。在社会资本系统中，要素是构成社会网络的个体自我；结构是联结自我的关系类型；系统环境是把该系统包含在内的更大社会生态。

学界也无统一标准。前人的文献中，与非农就业相类似的表述有农村劳动力转移、农业剩余劳动力转移、农业劳动力转移、外出务工、农户非农兼业等（乔俊果，2011；钱龙 等，2017）。不难看出，上述关键词主要从两方面对非农就业的内涵进行概括：其一是地域上，个体从农村转移到城市；其二是职业上，个体从农业就业转移到工业或服务业就业（从第一产业转移到第二、三产业）。从严格意义上来说，非农就业的本质是劳动力个体职业上的变换，即从事非农业工作。因此，采用农村劳动力转移、外出务工等衡量非农就业不够精确。现有研究文献基本都是基于各自的研究目的，给出了非农就业具体的衡量方式。①个体层面。例如，刘晓昀等人（2003）、孙晓明等人（2005）将非农就业界定为农村劳动力从事除农林牧渔业工作以外的其他所有非农工作，包括在乡镇企业工作、第三产业就业、异地外出打工、其他非农就业等；朱喜等人（2010）从概率的视角定义了非农就业，即运用"个体获取非农产业的机会大小"衡量非农就业；杨等人（2016）采用"个体从事非农工作的时间"来衡量非农就业。②家庭层面。宫（2002）认为非农就业是非农劳动力人数与家庭劳动力总人数之比；冯等人（2010）、刘魏（2017）从"家庭成员中是否有人从事非农产业"衡量了非农就业；格雷和比尔斯堡（2014）认为非农就业是"农户家庭中从事非农产业的人员数量"；马滕格等人（2015）、张锦华等（2016）、钱龙（2017）、刘一伟（2018）运用"非农行业获得的收入占农户家庭总收入的比例"衡量非农就业水平。

本书主要从农户家庭层面研究非农就业水平，因此，我们主要借鉴家庭层面的非农就业界定方式，即将户籍为农业的家庭成员且从事非农产业的人数占家庭总劳动力数量的比例定义为农户家庭非农就业水平。

3.2　社会资本影响农户多维贫困的直接作用机理

"社会资本"是从新经济社会学演化出来的一个理论概念，其提出后迅速成为经济学、政治学、社会学等多学科关注的焦点。最早将社会资本与贫困联系起来的研究者是美国的社会学家武夸克（王朝明 等，2013）。他指出，一个地区或国家拥有越多的社会资本，越有利于克服贫困和经济脆弱性。随后，学界和实务界对社会资本的反贫困作用的探讨层出不穷。已有大量文献研究表明，社会资本在减少贫困（葛鲁塔特，2010；周晔馨 等，2014；刘一伟 等，2018），增加贫困人群收入（叶静怡 等，2010），缓解农户家庭脆弱性（杨文等，2012），改善收入分布、缩小收入差距（赵剑治 等，2010），抵御冲击、平滑消费（卡特 等，2003）等方面均起到重要作用。然而，也有学者对社会资本是"穷人的资本"这一命题提出质疑，典型的代表是格特勒等（2006）通过对印度尼西亚家庭数据分析，发现社会资本对遭受意外冲击的家庭并不能起到平滑消费的作用。此外，周晔馨（2012）从资本欠缺、资本回报率的视角也证伪了"社会资本是穷人的资本"这个假说。但是，以上研究几乎都是在对社会资本与收入贫困的关系进行探讨，而鲜少涉及社会资本与农户多维贫困的研究。西尔文（2006）指出社会资本可以以各种方式来表达，从而可能对家庭的福利产生影响（如健康、经济资本、贫困等）。那么，社会资本如何影响农户多维贫困呢？

我们基于已有研究发现，总体上，社会资本通过农户收入、教育获得、健康改善、金融服务等影响农户多维贫困（见图3.3）。

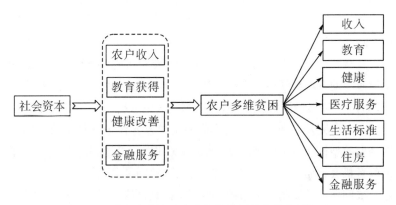

图3.3　社会资本影响农户多维贫困的直接作用机理

3.2.1　社会资本与农户收入

社会资本已成为影响农户收入的重要因素之一。事实上，社会资本不仅是维持社会运转与协调农户利益的非正式契约，更是资源配置与信息分享的重要替代机制（鲍尔斯和金迪斯，2002）。目前，研究者普遍认为社会资本能提高劳动者工资报酬或农户收入（武岩 等，2014）。在贫困地区，社会资本可以降低贫困农户的信贷约束（丹策尔 等，2014），起到一种非正式的担保机制作用，并能促进贫困地区有效配置资源、提高农户收入水平，进而降低农户落入贫困陷阱的概率（尤亮 等，2018）。同时，社会资本还可以通过影响农户家庭的人力资本投资和物质资本投资，从而间接提高农户的收入水平（李清政 等，2014）。但是，对于社会资本是否拉大农户收入差距这一结论，学术界存在分歧。如谢家智等（2016）将社会资本分为地域型社会资本和脱域型社会资本两种类型，并通过研究发现，传统的地域型社会资本并未明显影响农户收入差距，而脱域型社会资本更有利于增加农户收入，进而刺激农户收入差距的扩大；而葛鲁塔特（1999）和 Terrence 等（2005）的研究表明，社会资本有利于改善收入分配，缩小农户收入差距。拥有较多和较高层次的社会资本，可以使农民工去往距离发达地区更近的劳动力市场，并在那里获得更高的收入；而且除了帮助农民工找到工作外，社会资本也会间接通过影响农民工的行为模式和生产率，即增加农民工的人力资本来提高其工资水平，进而改善农户贫困状况。

3.2.2 社会资本与教育获得

布尔迪厄和科尔曼率先对社会资本与教育问题进行研究，他们的研究也形成了社会资本与教育研究的两种基本进路，即社会闭合进路与网络资源进路。社会闭合进路强调紧密的关系或闭合的网络对学生学习行为和成绩的控制和支持作用，在教育社会学中应用最为广泛。而网络资源进路则更注重家庭的社会网络中所蕴含的资源对学生教育获得和社会再生产的影响。在此基础上，赵延东等（2012）将社会闭合进路和网络资源进路纳入统一框架探讨了其对教育获得的机制，研究发现两类社会资本间的主要差异体现在社会资本的来源不同，网络资源型社会资本的来源是家长的社会网络，其作用主要是为孩子提供更好的教育机会；而社会闭合型社会资本的来源则是家长与孩子本人、教师及其他家长之间形成的紧密社会结构，孩子可以直接从此类社会资本中获益。但两种社会资本之间又存在复杂的交互作用，可以共同促进孩子的学业成绩。此外，农民工具有较强的"模仿"能力，同村或邻村劳动力流动会显著影响原有社会资本，形成新的社会资本，进而跟随新的网络资源获取知识。胡伦等（2018）利用 CGSS[①] 数据证实了社会资本可以缓解农民工的多维贫困状况，尤其是对其收入和教育较为突出。他们认为社会资本可以直接和间接地影响农民工受教育程度。直接效应表现为社会资本中蕴含了大量的网络资源，这些资源以不断积累、相互交换的方式来影响最终的学业的社会性产出，这种直接效应强调个体能动性，充分使用和动员网络资源，以获取社会支持和目标达成，缓解人力资本失灵；间接效应表现为社会资本通过影响个体的教育价值观和行为

---

① CGSS 是指中国综合社会调查数据，由中国人民大学中国调查与数据中心 2003年开始执行，每年一次。

而间接产生的,关系网络是"重要他者"的核心元件,往往发挥着榜样、示范效应的作用,决定着职业教育期望和对待职业教育的态度和成就动机,激发农民工自身充电学习动机,并最终对教育获得和成就产生影响。于是,农户通过教育获得提高了自身的能力,为缓解多维贫困提供了智力资本。

3.2.3 社会资本与健康改善

阿马蒂亚·森指出,健康是人类获取基本可行能力的重要保障。学界研究发现,社会资本除了能缓解收入贫困外,还对健康贫困具有积累效应和溢出效应(胡伦 等,2018)。事实上,社会资本本质上作为一种支持性的社会资源,具有社会保障的丰富含义,在功能上与社会保障相契合,主要表现在物质、安全、精神以及尊重方面的保障功能,并带来人们心理满足感的普遍增强和经济社会发展的福利效应(王新云,2008)。具体地,个体社会资本往往是基于血缘、亲缘和地缘关系而获得的亲友帮扶和邻居支持等,根据马斯洛的需求层次理论,社会资本的深度与广度对于改善自身健康、提高个体劳动效率具有重要意义。大量实证研究也表明,社会资本能显著改善个体的心理和生理健康水平(薛新东 等,2012;孙博文 等,2016)。社会资本作为一种非正式制度,在建立农村新型合作医疗制度上具有积极作用,社会资本是维系社会的"胶合剂",是沟通农村社区成员之间的桥梁与纽带,积极的社会资本能促进社区成员间的互惠互信,增进了解,消除社会摩擦,提高社区成员集体行动的能力与共识。尤其是,随着农村市场经济的深入发展,人口迁移、流动的日益频繁,社区成员之间的利益分化与贫富差距日益明显,各种利益矛盾与冲突也层出不穷。因此,充分发掘农村社会资本作用,对于有效地化解农村各种利益矛盾、增强利益共识、促进新型农村合作医疗制度创建无疑具有重要现实意义(邵德兴,2005)。同时,社会资本的互助、互惠、互信特征,可以有效提升医疗资源配置效率、改善农户不良生活方式,进而提高农户健康水平。

3.2.4 社会资本与金融获取

在我国农村,尤其是贫困农户受到严重金融排斥的背景下,社会资本的建立可以促进农户获取基础金融服务。由于信息不对称、风险难控制、农业收入不确定性大以及贷款成本高等原因,农户尤其是贫困农户被阻断在正规金融服务之外。但社会资本的存在有助于克服信息不对称、降低道德风险且其具有异质性和担保价值(李炎婷,2013),这极大地促进了农村非正规金融(如民间借贷)的发展。例如,孟加拉国尤努斯建立的"格莱珉模式"就是成功应用社会资本帮助穷人获取金融服务的案例，其通过深刻把握穷人的社会网络，通过垂直和水平的方式构建和拓展贫困人口的社会网络，进而提高信息传递质量，降低信贷风险和道德约束（李庆海 等，2018）。同时，交往工具的多样化降低了获取金融信息的成本，加速了居民的金融知识储备，而金融知识不仅是参与正规金融交易的钥匙，更是促进家庭主动创业的重要变量（谢家智 等，2016）。事实上，金融服务是农户家庭能力发展的重要保障。社会资本在一定程度上弥补了农户正规金融服务的缺失，为减贫奠定了基础。

因此，社会资本可以通过农户收入、教育获得、健康改善以及金融获取等渠道直接影响农户多维贫困。总体上，社会资本在各个渠道上对多维贫困的影响都有积极作用。基于此，提出本书的第一个研究假设。

研究假设1：社会资本可以显著影响农户多维贫困，主要表现为社会资本越丰富，越有助于缓解农户多维贫困。

3.3 社会资本影响农户多维贫困的门槛作用机理

3.3.1 理论机理构建

上一小节阐述了社会资本与农户多维贫困的直接影响机理，即社会资本可以通过收入增加、教育获取、健康改善以及金融服务的获得缓解农户多维贫困水平。可以说，上述研究进一步强化了"社会资本是穷人的资本（葛鲁塔特，1999）"这一命题。但是，也有研究文献对社会资本是"穷人的资本"这一命题提出质疑，典型的代表是格特勒等（2006）通过对印度尼西亚家庭数据分析发现，社会资本对遭受意外冲击的家庭并不能起到平滑消费的作用。同时，周晔馨（2012）从资本欠缺、资本回报率的视角也证伪了"社会资本是穷人的资本"这个假说。赵剑治等人（2009）指出，我国农村贫困人口获得社会资本的能力很低，因而社会资本的回报率相对来说也很低。于是，我们不禁要问，为什么社会资本对贫困人口会产生相反的影响作用？基于赵剑治等人的研究结论，我们有理由相信：社会资本改善农户家庭多维贫困水平是有条件（或者说有门槛）的。如果仅从收入视角来衡量贫困，已有研究证实了社会资本对贫困农户收入的影响具有显著的门槛效应。如刘彬彬等人（2014）的研究发现当社会资本低于一定量时，社会资本并不能显著增加农户收入；而当社会资本越过门槛值后，才能显著增加农户收入。罗连发（2012）也指出，虽然社会资本是物质资本和人力资本都稀缺的贫困人口的需求品，也希望分享社会资本正外部性的阳光，但是，社会资本构建的主体际性①可能在一定程度上排斥极度贫困的群体，社会资本很难一厢情愿地、单向地发挥正常功能；同时，他也检验了社会资本影响贫困人口福利的门槛存在性，并得出了肯定性的答案，即社会资本改善贫困人口福利是有门槛的，存在着一种贫困陷阱。实际上，从金融服务视角看，也有类似的结论，社会资本可以有力地克服信息不对称问题、降低道德风险，显著地促进农户获得基础金融服务，尤其是非正规金融服务。但是，对于社会资本存量本就较少的贫困农户，其信贷约束依然存在，并显著降低了他们获得金融服务的可能。绍基等（2010）关于对斯里兰卡的研究指出，在一个信贷市场不完善的环境下，贫困群体可能出于信贷约束而减少社区活动的参与以及灌溉设施的维护活动，即减少社会资本的投资。然而，这一行为具有较强的外部性，暂时减少社区活动可能会降低整个社区的信任水平，而信任水平的降低会促使信贷约束进一步恶化，进而使得贫困群体陷入贫困陷阱。同时，温涛等人（2018）指出，金融发展存在显著的双重人力资本门槛效应。也就是说，人力资本也是人们获取金融服务的条件之一，而社会资本在微观层面可以通过人力资本发挥作用（科尔曼，1988），于是，社会资本也可以间接地影响人们获得金融服务，并且需要跨过一定的门槛值。此外，葛鲁塔特（2001）指出，处于收入两端的人口更倾向于加入同质型（经济地位、职业等）社会组织（如富人俱乐部、贫民窟），然而，往往是不同阶层交往的异质型社会组织更有利于增加低收入群体的福利。谭燕芝、张子豪（2017）的研究也指出，社会网络更能缓解中间层次的农户多维贫困水平，且社会网络未能缓解低层次的农户多维贫困状况。上述观点进一步支持了我们的猜想。因此，本书试图从理论和实证上阐释我们的推断，即社会资本改善农户多维贫困具有显著的门槛效应。

3.3.2 数理模型构建

本书借鉴尚塔拉特和巴雷特（2012）关于社会资本网络与贫困陷阱的分析框架，建立一个社会资本影响农户多维贫困的理论模型，拟采用数理模型推导社会资本影响农户多维贫困的门槛作用机理。

模型假定 1：由于多维贫困是一个综合指标，为简便，本书采用家庭福利

---

① 基本定律反映客观事物之间的内在联系，因而科学知识是客观的、普遍的，能被不同认识主体所重复所理解，能接受不同认识主体用实验进行检验，并在他们之间进行讨论、交流，这就是主体际性。

水平的高低来描述农户家庭的多维贫困水平，其中家庭福利包括农户收入、教育、健康、生活标准、金融服务、住房等。因此，当农户家庭福利水平超过一定标准时，农户家庭才能摆脱多维贫困状态。该假定使得社会资本与农户多维贫困模型可采用投入-产出关系进行研究。

模型假定2：假定经济体中存在两部门，即农业部门和非农业部门。

模型假定3：假定同一经济体中存在 N 个农户家庭，每个农户家庭 i（$i=1$，2，$\cdots$，N）初始条件下有两种类型的资本，一是传统的生产资本（A_{i0}），其表示物质资本、人力资本、自然资本以及金融资本的加总，二是社会资本（S_{i0}），该部分资产可能是从他人（如父母）处继承所得。假定经济体中农户初始资本禀赋的分布表示为 φ（A_0，S_0）。

模型假定4：假定所有农户家庭的偏好相同，且每个农户家庭的生命周期包含两期 t（$t=0$，1）。假定经济体中存在两种技术，低技术（L）和高技术（H），所谓低技术是指低成本、低回报且每个农户家庭都能承担得起的技术（通常指传统的农业生产技术），而高技术是指需要固定成本进入壁垒的高回报技术（如采用先进的农业生产技术、外出务工、参与合作社等）。农户家庭通过不同的生产技术和社会资本投资产生相应的家庭福利。本书假定多维贫困农户家庭使用低技术，而为了缓解或摆脱多维贫困，必须进行一定的初始投资来使用高回报技术，从而获得较高的福利达到高水平均衡。

通常，在时期 t，农户家庭可以采用高技术或对社会资本进行投资获取较高的家庭福利。于是，农户家庭分别采用高技术和低技术的生产函数可以表示如下：

$$Y_t^L = f_L(A_t) \tag{3-1}$$

$$Y_t^H = f_H(A_t - F(S_t)), \quad F(S_t) \geqslant 0, \quad -1 < F'(S_t) < 0 \text{ 且 } F(\infty) = 0 \tag{3-2}$$

其中，Y_t^L 表示农户第 t 期使用低技术产生的家庭福利水平，Y_t^H 表示农户第 t 期使用高技术产生的家庭福利水平。

明显，社会资本不仅可以直接影响农户家庭的福利水平，还可以降低采用高技术的固定成本。事实上，农户家庭对社会资本的投资决策依赖于资产水平与家户福利水平的差异等因素。与比自己家户福利水平高的农户家庭建立社交网络，回报可能越高；反之，若与自己福利水平低的农户建立社交网络，则回报可能较低。此外，当双方愿意接受时，建立的社会资本网络才会发挥相应的功能。每种生产技术均满足标准曲率条件。低技术净生产资本为 $NA_t^L \equiv A_t \geqslant 0$，高技术净生产资本为 $NA_t^H \equiv A_t - F(S_t) \geqslant 0$。显然，上述生产函数是二次可微的，且函数 $f_L(NA_t^L)$ 和 $f_H(NA_t^H)$ 满足如下条件：

$$f_L(0) = f_H(0) = 0 \tag{3-3}$$

$$\frac{\partial f_L(0)}{\partial NA_t^L} = \frac{\partial f_H(0)}{\partial NA_t^H} = \infty, \quad \frac{\partial f_L(\infty)}{\partial NA_t^L} = \frac{\partial f_H(\infty)}{\partial NA_t^H} = 0 \tag{3-4}$$

$$\frac{\partial^2 f_L(NA_t^L)}{\partial (NA_t^L)^2} \leqslant 0, \quad \frac{\partial^2 f_H(0)}{\partial (NA_t^H)^2} \leqslant 0 \tag{3-5}$$

$$\frac{\partial f_H(NA_t^H)}{\partial NA_t^H} \geqslant \frac{\partial f_L(NA_t^L)}{\partial NA_t^L} \geqslant 0 \tag{3-6}$$

因此，在第 t 期，农户家庭 i 的福利水平函数可以表述为

$$Y_{it} = \max[Y_{it}^L, Y_{it}^H] = \max[f_L(A_{it}), f_H(A_{it} - F(S_{it}))] \tag{3-7}$$

农户家庭通过自身的资产水平进行技术选择和社会资本投资，由于假定了社会资本影响农户多维贫困的模型可看作是投入-产出关系，进一步可将式 (3-7) 按 Cobb-Douglas 函数形式描述如下：

$$Y(A_{it}, S_{it}) = \max[k_1(A_{it})^{\alpha_1}, k_2(A_{it} - F(S_{it}))^{\alpha_2}],$$
$$0 < \alpha_1, \alpha_2 < 1, \ \alpha_1 < \alpha_2, \ k_1, k_2 > 0 \tag{3-8}$$

式 (3-8) 是一个非凸函数，且从低技术向高技术转变过程中，家户福利水平是局部递增的（见图 3.4）。设定农户家庭从低技术转入高技术时的最优资产值为 $\overline{A(S_{it})}$，则 $\overline{A(S_{it})}$ 满足：

$$f_L[\overline{A(S_{it})}] = f_H[\overline{A(S_{it})} - F(S_{it})] \tag{3-9}$$

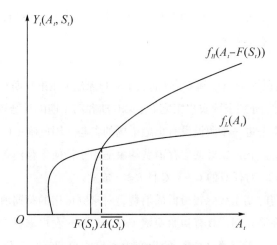

图 3.4　社会资本与农户家庭福利水平

资料来源：尚塔拉特和巴雷特（2012）。

图 3.4 描述了农户未决定进行社会资本投资情形下采用不同技术的家庭福利水平的局部变化情况。明显，当农户家庭的资本低于门槛值 $\overline{A(S_t)}$ 时，采用低技术的产出较高；而当农户家庭的资本高于门槛值 $\overline{A(S_t)}$ 时，采用高技术的产出较高。实际上，社会资本的增加可以降低农户家庭资产门槛，具体情况见图 3.5。

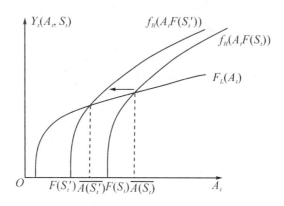

图 3.5　社会资本投资与农户家庭福利水平

资料来源：尚塔拉特和巴雷特（2012）。

图 3.5 表示农户采用社会资本投资决策（$S_t < S'_t$）时，家庭福利水平的局部变化情况。显然，农户家庭的社会资本增加，使得采用高技术的曲线向左移动。下面继续探究社会资本缓解农户多维贫困有"门槛"的具体演化过程。

假定农户家庭可以从实物消费和社会资本投资中获得效用，则农户家庭 i 的效用函数可以表示如下：

$$U_i = u(C_{i0}, S_{i0}) + \lambda u(C_{i1}, S_{i1}) \tag{3-10}$$

其中，λ 代表贴现因子；C_{i0} 和 C_{i1} 分别表示农户家庭 i 在第 0 期和第 1 期的实物消费量；S_{i0} 和 S_{i1} 分别表示农户家庭 i 在第 0 期和第 1 期的社会资本投资量。

为简便，本书进一步假设没有金融市场的参与，因此唯一的投资策略就是自给自足的储蓄。农户家庭的生存消费约束适用于任何生存消费水平 $\bar{C} > 0$，即 $u(C_{ir}) = -\infty$，对任意的 $C_{ir} < \bar{C}$ 且 $r \leq t$ 成立。 $\tag{3-11}$

通过在任何时期永久惩罚最低的消费，对家庭可用的跨期消费平衡提出了最低的限制。在第 0 期，具有初始禀赋（A_{i0}，S_{i0}）的农户家庭 i 选择最佳的生产技术并从中分配于消费（C_{i0}）的生产中产生的福利，分别投资于生产性资本（I_{i0}）以及投资于其社会资本网络（$X'_{i0}K_i$），这是其网络（X_{i0}）的产物以及农户家庭建立或维持这些关系（K_i）所产生的成本列向量，其中二元列向量（0，1）反映了农户家庭在第 0 期建立的社会网络关系的组合。

虽然农户家庭在第 0 期建立社会资本网络（X_{i0}）产生成本，但是该社会资本网络并不会立刻为农户家庭带来福利效用。在第 1 期开始时，农户家庭用于投资的初始禀赋 A_{i0} 和 S_{i0} 分别以 θ_A 和 θ_S 的比率折旧贬值，而其在第 0 期投资中增加了这两种资产的存量。社会网络资本的新存量是第 0 期期末农户家庭社交网络的函数，利益函数（B_i）将其已建立网络成员持有的资产比例映射到社交网络资本。在第 1 期，农户家庭重新选择生产技术并消耗所有已获得的收入。明显，A 与 S 的主要区别是农户家庭单方面决定它将拥有的传统资本存量，但它并不单方面决定其社交网络资本，因为每个社会联系都涉及潜在合作伙伴的双边决策。于是，在对农户家庭决策进行建模时，本书定义 $X_{i0}^u = X_{i0}(X_{-i0})$ 作为农户家庭 i 的期望，单边社会资本网络选择以其他人的选择为条件，表示为 X_{-i0}。特别地，具有初始禀赋（A_{i0}，S_{i0}）的农户家庭 i 来自可能的社会资本网络选择 X_{i0}^u 的间接效用可简化为

$$U_i^*(X_{i0}^u) = \max_{\{C_{i0}(X_{i0}^u),\ I_{i0}(X_{i0}^u),\ C_{i1}(X_{i0}^u)\}} u(C_{i0},\ S_{i0}) + \lambda u(C_{i1},\ S_{i1}) \qquad (3-12)$$

其中，式（3-12）的约束条件为

$$C_{i0} \leqslant Y_{i0}(A_{i0},\ S_{i0}) - I_{i0} - X_{i0}^u K_i$$

$$A_{i1} = (1 - \theta_A)A_{i0} + I_{i0}$$

$$S_{i1} = (1 - \theta_S)S_{i0} + X_{i0}^u B_i$$

$$C_{i1} \leqslant Y_{i1}(A_{i1},\ S_{i1})$$

$$A_{i1},\ S_{i1} \geqslant 0;\ C_{i0},\ C_{i1} \geqslant \bar{C}$$

这里的生产函数为式（3-8），生存约束被纳入消费的最终约束。每个农户家庭都可以根据他人的选择为他们的任何社会资本网络选择执行跨期成本效益计算。由于联系的形成需要双方一致同意，农户家庭 i 摆脱多维贫困的最优社会网络资本仅取决于经济部门中每个家庭的最优约束，而不是最优生产技术选择、福利等。因此，该模型的均衡以每个农户家庭的累积决策 $\{X_{i0}^*,\ I_{i0}^*\}$（$i=1, 2, \cdots, N$）为特征，决定了当前和未来的技术选择以及消费水平，进而导致了每个农户家庭的福利水平变化。不失一般性，假定具有初始禀赋（A_{i0}，S_{i0}）的农户家庭 i 面临着如式（3-12）的单向跨期效用最大化问题，且设瞬时效用函数为

$$u(C_{it}) = \frac{C_{it}^{1-\delta}}{1-\delta};\ 0 \leqslant \delta < 1 \qquad (3-13)$$

其中δ表示农户家庭在每个生命周期中愿意转变消费的程度。明显，δ越小，边际效用随着消费上升的速度越慢，于是更多的农户家庭愿意允许他们的消费随着时间的变化而转变。

特别地，本书认为高回报技术总是优于低回报技术。在没有借贷约束的情形下，每个农户家庭都会收敛于一种最优均衡状态，无论是否通过借贷、自我储蓄或二者皆有。由于自我储蓄消费约束［见式（3-11）］的存在以及借贷约束的不存在，导致了模型存在多重均衡，其中之一就是农户家庭使用低回报技术会陷入多维贫困陷阱的低水平均衡状态。

由于社会资本的特性，其可以降低农户家庭使用高回报技术产生的固定成本。设定高回报技术的固定成本门槛值为 $A(S_t)$，即当农户家庭的资本 $A(S_t)$ $\leqslant A_{i0}$ 时都可在第 0 期以采用高回报技术，反之则只能采用低回报技术。于是 $A(S_t)$ 满足：

$$k_1 \left[A(S_{i0}) \right]^{\alpha_1} = k_2 \left[A(S_{i0}) - F(S_{i0}) \right]^{\alpha_2} \qquad (3-14)$$

通常，农户家庭可以通过继承社会资本等方式获得采用高回报技术的可能，从而当其自有资本存量不足时可以很快达到更高的均衡福利水平。同时，那些本身拥有较多社会资本的农户可能并不需要再投资建立新的社会资本网络就可以达到积累家户福利的要求。进一步，直接从上述对多维贫困陷阱均衡可行性的假设的中可以推断出多重均衡的存在性。对于农户家庭 i 建立的任何社会资本网络（X_{i0}），其福利的最优均衡可以表示为

$$U_{iH}^*(X_{i0}) = \frac{C_{i0H}^{* \; 1-\delta}}{1-\delta} \left[1 + \rho^{\frac{1}{\delta}} (\alpha_2 k_2)^{\frac{1-\delta}{\delta}} \left(A_{i1H}^* - F((1-\theta_s)S_{i0} + X_{i0}'B_i) \right)^{-\frac{(1-\alpha_2)(1-\delta)}{\delta}} \right]$$

$$(3-15)$$

其中，式（3-15）的右边第二项表示农户家庭在第 1 期以最优净资产和社会网络资本的高回报生产估计的边际收益。类似于欧拉方程，该方程描述了农户家庭的均衡行为，使得均衡中农户家庭在第 1 期累积的资产存量为

$$A_{i1H}^*(X_{i0}) = \left((\rho\alpha_2 k_2) \left(\frac{C_{i0H}^*(X_{i0})}{C_{i1H}^*(X_{i0})} \right)^{\delta} \right)^{\frac{1}{1-\alpha_2}} + F((1-\theta_s)S_{i0} + X_{i0}'B_i) \quad (3-16)$$

进而，农户家庭 i 在第 0 期的最优消费可表示为

$$C_{i0H}^*(X_{i0}) = Y(A_{i0}, S_{i0}) - X_{i0}'K_i -$$

$$\left[\left((\rho\alpha_2 k_2) \left(\frac{C_{i0H}^*(X_{i0})}{C_{i1H}^*(X_{i0})} \right)^{\delta} \right)^{\frac{1}{1-\alpha_2}} + F((1-\theta_s)S_{i0} + X_{i0}'B_i) - (1-\theta_A)A_{i0} \right]$$

$$(3-17)$$

这里等式右边的最后一项表示达到最优均衡所需的最优投资。明显，农户

家庭 i 在最优社会网络资本 (X_{i0}) 下实现高水平均衡 $U_{iH}^{*}(X_{i0})$，当且仅当 $C_{i0H}^{*}(X_{i0}) \geqslant \bar{C}$ 成立。否则，农户家庭将逐渐收敛于多维贫困低水平均衡 $U_{iL}^{*}(X_{i0})$：

$$C_{i0L}^{*}(X_{i0}) = Y(A_{i0}, S_{i0}) - X_{i0}'K_i - \left[\left((\rho\alpha_1 k_1)\left(\frac{C_{i0L}^{*}(X_{i0})}{C_{i1L}^{*}(X_{i0})}\right)^{\delta}\right)^{\frac{1}{1-\alpha_i}} - (1-\theta_A)A_{i0}\right]$$

(3-18)

事实上，我们更关心的是农户家庭对社会资本网络投资后，如何缓解多维贫困状况。考虑一个初始处于多维贫困的农户，即该农户的初始资本满足 $\underline{A(S_t)} \geqslant A_{i0}$。该农户可以慢慢积累资源并向高水平均衡靠近，如果他们要降低多维贫困水平，其建立的社会网络资本 (X_{i0}) 应满足 $C_{i0H}^{*}(X_{i0}) \geqslant \bar{C}$，即

$$k_1(A_{i0}) - X_{i0}'K_i - \left[\left((\rho\alpha_2 k_2)\left(\frac{C_{i0H}^{*}(X_{i0})}{C_{i1H}^{*}(X_{i0})}\right)^{\delta}\right)^{\frac{1}{1-\alpha_i}} + F((1-\theta_s)S_{i0} + X_{i0}'B_i) - (1-\theta_A)A_{i0}\right] \geqslant \bar{C}$$

(3-19)

于是，从式（3-19）可知，多维贫困农户家庭可以通过三种不同的途径达到高水平均衡（缓解多维贫困水平）。第一，多维贫困农户可以通过自我储蓄的方式实现福利增加。一个拥有较大社会网络资本禀赋 (S_{i0}) 的农户家庭减少了其达到门槛值 $\underline{A(S_{i0})}$（其中 $F'(\cdot)<0$）所需的储蓄，因此，其在未来会达到高水平均衡。换句话说，拥有良好社会网络资本禀赋的农户可以通过自我储蓄降低多维贫困水平。第二，初始多维贫困的农户可以通过建立新的社会资本网络，在未来产生足够的资本，从而推动农户家庭在下一期的福利水平达到使用高回报技术的门槛值 $\underline{A(S_{i1})}$，不必积累资本本身。第三，农户家庭既可以投资于社会联系以降低缓解多维贫困所需的门槛，也可以投资私人资本以增加其初始禀赋进而获得缓解多维贫困所需的最低门槛水平。

由此可见，后两种途径表明农户家庭多维贫困门槛值不仅取决于初始禀赋 (A_{i0}, S_{i0})，而且与多维贫困群体拥有建立社会资本网络的机会相关，这可以产生让其缓解多维贫困所必要的社会网络资本。因此，决定穷人建立生产性社会资本网络的能力的因素，例如经济中更广泛的财富分配以及在特定社会中可行的最大社会距离，也会影响初始穷人的长期福祉。与标准贫困陷阱模型不同的是，个体的初始条件决定了一个人的福利增长前景，在社会互动可以调节投资行为的环境中，整个经济体的初始条件现在很重要。

直观地，式（3-19）表明存在给定禀赋网络结构的缓解农户多维贫困的门槛值 $A_0^{*}(S_{i0}/X_{i0} = \underline{0})$，使得对于初始多维贫困的家庭满足：

$$A_0^*(S_{i0}/X_{i0} = \underline{0}) \leqslant A_{i0} < \underline{A(S_{i0})},$$

且 $C_{i0H}^*(X_{i0} = \underline{0}) \geqslant \bar{C}$ 等价于:

$$k_1 \, (A_{i0})^{\alpha_1} - \left[\left((\rho \alpha_2 k_2) \left(\frac{C_{i0H}^*(X_{i0})}{C_{i1H}^*(X_{i0})} \right)^\delta \right)^{\frac{1}{1-\alpha_1}} + F((1-\theta_s)S_{i0}) - (1-\theta_A)A_{i0} \right] \geqslant \bar{C}$$

$$(3-20)$$

这样的农户家庭不需要建立新的社会资本网络(X_{i0})就可以逐渐缓解多维贫困状况。于是,对于他们而言,吸引他们建立新的社会资本网络的条件是,当且仅当建立降低固定成本的社会资本网络所增加的福利至少可以抵消建立联系时产生的成本,即如果他可以产生正净跨期福利收益。因此,建立可行的社会资本网络应该满足 $C_{i0H}^*(X_0) > C_{i0H}^*(X_{i0} = \underline{0})$, 即

$$\left[\left((\rho \alpha_2 k_2) \left(\frac{C_{i0H}^*(X_{i0})}{C_{i1H}^*(X_{i0})} \right)^\delta \right)^{\frac{1}{1-\alpha_1}} + F((1-\theta_s)S_{i0}) \right] -$$

$$\left[\left((\rho \alpha_2 k_2) \left(\frac{C_{i0H}^*(X_{i0})}{C_{i1H}^*(X_{i0})} \right)^\delta \right)^{\frac{1}{1-\alpha_1}} + F((1-\theta_s)S_{i0} + X'_{i0}B_i) \right] \geqslant X'_{i0}K_i$$

$$(3-21)$$

明显,如果实体资本投资所节省的相关成本超过建立这样一个社会资本网络所需要的成本,那么农户家庭将投资于社交资本网络。

同时,其他初始多维贫困的农户家庭($A_{i0} < A_0^*(S_{i0}/X_{i0} = \underline{0}) < \underline{A(S_{i0})}$)若没有建立新的社会资本网络就不能达到高水平均衡,因此,他们必须积累额外的社会资本网络以使得未来采用高回报技术达到最优。对处于 $A_{i0} < \underline{A(S_{i0})}$ 中的初始多维贫困农户家庭,我们可以进一步确定社会资本网络缓解多维贫困方面互补或替代生产性资本的初始资本位置。因为那些禀赋处于 $A_0^* < A_{i0} < \underline{A(S_{i0})}$ 中的农户即使没有继承或建立社会资本网络也可以缓解多维贫困,所以只有在有效替代生产性资本积累的情形下投资 X_{i0} 才是最优的,即在缓解多维贫困上如果建立社会资本网络比家庭的资本投资更便宜。对于这样的农户家庭,社会资本网络减少了达到高水平均衡所需的储蓄,从而增加了农户效用。在这种情况下,社会资本网络在促进生产力和福利增长方面是传统资本积累的替代品。然而,对于 $A_{i0} < \underline{A(S_{i0})}$ 且禀赋为 $A_0^* > A_{i0}$ 的初始多维贫困农户家庭,社会资本网络是传统资本积累的互补品,因此,有必要降低缓解多维贫困的门槛值,使得农户家庭在未来能够缓解多维贫困水平。这里又有两种不同的情形:其一,对于那些拥有丰富的社会资本网络且禀赋处于 $A_0^*(S_{i0}/X_{i0} = \underline{0}) \leqslant A_{i0} < A_0^*$ 中的农户,即使其社会资本网络以 θ_S 的速率贬值,他们现存的社会资

本网络也足以使传统的资本积累在第 1 期达到高水平均衡；其二，对于禀赋处于 $A_{i0} < A_0^*(S_{i0}/X_{i0} = \underline{0}) < \underline{A_0^*}$ 的农户家庭就需要建立新的社会资本网络，即投资 X_{i0}，增加他们的初始社会资本网络禀赋，从而补充缓解多维贫困所需要资本积累。因此，缓解他们的多维贫困依赖于建立生产性社会资本网络的能力和机会。

此外，对于任何农户家庭，仍然存在一种不满足式（3-21）的均衡，且他们将永远也不会考虑和其他农户建立社会网络，要么是因为初始禀赋（A_{i0}，S_{i0}）不充足，也可能因为没有可以产生充足社会资本网络的可行网络 X_{i0}，从而不足以让其达到高水平均衡。因为建立社会联系是昂贵的，农户家庭可能永远不会从中受益，非常贫穷的农户的最优选择是逃离社会资本网络，进而选择自我强化的社会孤立。这种情形满足：

$$U_{iL}^*(X_{i0} = \underline{0}) > U_{iL}^*(\widetilde{X_{i0}}), \quad \forall \ \widetilde{X_{i0}} \neq \underline{0}。 \tag{3-22}$$

这体现了这样一种观念，即对于许多贫困农户来说，不同于 Mogues 和卡特（2005）以及 Adato 等人（2006）在谈到后种族隔离时期的南非时所说的那样，实际上社会资本网络并不能提供一条摆脱长期多维贫困的可行路径。

由上述理论模型可知，贫困农户可能拥有的社会资本较少，而且可利用的社会资本质量以及社会资本投资获得的收益都较差，因此，社会资本投资对农户多维贫困的影响存在显著的门槛效应。

于是，基于以上论述，本书提出第二个研究假设。

研究假设 2：社会资本改善农户多维贫困具有显著的"门槛"效应，即当农户社会资本存量越过门槛值后，才能显著缓解农户多维贫困（广度、深度和强度）水平。

3.4 社会资本影响农户多维贫困的传导作用机理

前面两小节分别从"线性"和"非线性"视角论述了社会资本影响农户家庭多维贫困的直接作用机理。但是，若仅仅讨论社会资本与农户多维贫困的直接关系，并不能全面揭示社会资本与农户多维贫困的作用机理。因此，本书还就社会资本影响农户家庭多维贫困的传导作用机理进行探究。事实上，二者之间的传导机理是一种间接关系，那么，社会资本是否对农户家庭多维贫困产生间接作用呢？如果会，其作用机理如何？这些问题都值得我们进一步研究。

据我们所知，现有研究中阐释这种间接关系的流行方式是采用中介效应法，即社会资本到底通过什么变量（因素）影响农户家庭多维贫困，也即传导机制。这一做法也借鉴了财政货币政策的传导机制理论，本书认为社会资本在发挥作用的过程中，可能会通过影响某种中间变量进而影响农户家庭多维贫困的传导过程机理。于是，本小节试图采用中介效应法的方式阐释社会资本影响农户家庭多维贫困的传导作用机理。为直观，我们将二者的作用关系展示于图 3.6 中。

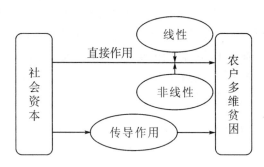

图 3.6 社会资本与农户多维贫困的作用关系

基于已有研究文献和经验事实，本书认为农村劳动力非农就业、信贷约束、社会保险等变量可能成为社会资本影响农户家庭多维贫困的中介变量。

（1）随着经济制度改革的深入推进，我国区域间、城乡间劳动力自由流动越发频繁（张伟明 等，2016）。但是，由于我国劳动力市场发育不够完善，社会网络存在"差序格局"，社会资本在农村劳动力就业中起着不可估量的作用（李培林，1996），同时，农村劳动力的非农就业为农户家庭带来了较高的非农收入，并且劳动力从农村向城市转移后获取了健康、法律、卫生等城市生活方面的知识，因此，本书认为社会资本可能通过促进农村劳动力非农就业间接影响农户多维贫困状况。刘一伟等人（2018）指出，社会资本对农村居民贫困和非农就业均有显著的影响；董金秋（2011）研究了家庭成员外出务工与家庭资本之间的关系，他指出，二者之间呈现出显著的正相关关系，即社会资本可以显著促进家庭剩余劳动力的外流，而外出务工可以增加农户的收入；方黎明等人（2013）的研究也指出，社会资本对农户非农就业具有显著的影响。此外，有研究指出，现阶段非农就业收入是农户家庭的主要收入来源，而农业收入几乎不再增长（刘一伟和刁力，2018）。因此，上述研究进一步证实了我们的猜测，即非农就业可能是社会资本影响农户多维贫困的中介变量。

（2）长期以来，金融市场不完善和融资环境受限制，包括我国在内的大多数发展中国家，尤其是该国的贫困农户遭受严重的信贷约束（Foltz，2004；

李庆海 等，2017），这使得贫困农户处于"因为穷，所以穷"的贫困恶性循环中。换句话说，信贷约束也是影响农户贫困的重要因素之一。通常，农户不仅仅受到正规金融信贷约束，也会受到非正规金融信贷约束。虽然近些年我国政府制定了一系列农村金融政策试图缓解信贷约束，但是对农户面临的信贷约束状况改善不大（张宁 等，2014；李庆海 等，2012、2017）。我国作为传统的关系型社会，社会资本对于正规和非正规信贷约束有重要影响。因此，我们有理由相信，信贷约束也可能成为社会资本影响农户多维贫困的中介变量。事实上，谭燕芝等（2017）基于社会网络视角实证发现，非正规金融发展是社会网络影响农户多维贫困的中介变量；张宁和张兵（2015）研究发现，农村非正规金融发展规模可以显著提高农户纯收入的占比，即农村非正规金融通过为低收入农户提供金融服务而降低农户内部收入差距并缓解农户贫困。这些结论也进一步让我们相信，信贷约束也可能是社会资本影响农户多维贫困的中介变量。

（3）通常，由于我国农村正式制度还存在一些不完善和缺失的地方，现有研究一致认为，社会资本作为一种非正式制度，在某种程度上是一些正式制度的有效补充或替代品。但是，社会资本到底是哪些正式制度的互补品或替代品这一观点并未达成一致意见。因此，本书也试图找到一种受社会资本影响较大的正式制度，探究其是否可以作为社会资本影响农户多维贫困的传导变量。通过研究文献，我们发现，社会保险是实务界和学术界长期重点关注的反贫困因素之一。事实上，社会保险作为社会保障制度的重要成分之一，其对农户家庭反贫困起着重要作用（刘一伟，2017）。据我们所知，《贝弗里奇报告——社会保险和相关服务》在社会保障制度的发展史上具有划时代的意义，其指出改进国家的社会保险制度并建立相应的社会救助体系是化解贫困的必由之路。我国政府于 20 世纪末建立了最低生活保障制度，于 21 世纪初又提出了建立社会救助体系的构想，这意味着我国试图建立一个包含医疗、教育、住房、生活标准等多维度的社会保障网（姚建平，2008）。2014 年，我国政府明确提出"整合城乡居民基本养老保险和基本医疗保险制度"，并希望用该制度覆盖中国所有老年人，让"老有所养、病有所医"成为现实（郑功成，2016）。毫无疑问，社会保险已成为反贫困的重要实现路径。但是，我国农村的社会保险制度仍然有待进一步加强和完善。明显，社会资本在某种程度上可以影响农户参与社会保险的意愿。因此，本书也认为社会保险可能成为社会资本影响农户多维贫困的中介变量。

综上所述，本书认为社会资本可能通过影响农村劳动力非农就业、信贷约束、社会保险等变量进而作用于农户家庭多维贫困，即社会资本影响农户多维贫困的中介效应可能存在且中介变量可能是农村劳动力非农就业、信贷约束、社会保险等。下面具体探究上述各变量在社会资本影响农户多维贫困中的作用机理，其逻辑关系如图 3.7 所示。

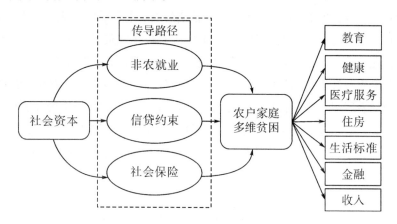

图 3.7　社会资本影响农户多维贫困的传导路径

3.4.1　社会资本、非农就业与农户多维贫困的作用机理

（1）社会资本与农村劳动力非农就业。

学术界已有大量文献就社会资本与非农就业的关系进行了研究，并且已基本达成共识，即社会资本可以显著促进农村劳动力非农就业。随着中国农村地区社会结构的变迁，农村劳动力的社会流动性显著增强（王文涛，2017）。截至 2020 年，我国处于经济社会转型升级期，劳动力市场机制并不十分健全，政府职能有时候不能发挥应有的作用，社会资本作为与政府、市场并列的资源流动渠道发挥着重要的作用（张其仔，1999），以血缘、亲缘和地缘组成的社会关系网络在农村劳动力流动的非农就业中起着不可估量的作用。格兰诺维特（1973）研究指出，寻找工作的事情是嵌入于社会关系结构中的，非正式的社会关系网络可以使劳动力匹配于工作岗位。该研究强调了个体的社会网络关系在求职和就业过程中也起着重要作用，因此，我们的研究不应该仅仅考虑人力资本等因素在个人求职和就业中的作用。同理，社会资本作为一种以社会网络为载体的社会性资源（蒋乃华和卜智勇，2007），其在我国农村劳动力非农就业过程中发挥着重要作用。具体而言，社会资本可以降低农村劳动力的职业搜

寻成本而促进非农就业，也可以通过信息传播增加农村劳动力的就业信息和就业机会进而促进非农就业。

①社会资本降低职业搜寻成本促进非农就业。

虽然经过改革开放四十多年的发展，我国各项事业取得了长足进步；但是，我国现阶段的劳动力市场体制机制依然不够健全。在此情况下，社会资本的存在从某种程度上替代了不完善的正式制度，为农村劳动力搜寻工作节省了时间和成本。首先，社会网络资源降低了农村劳动力对就业信息的检索和甄别的时间和成本。在当今信息爆炸尤其是大数据时代，大量无用和虚假的广告信息充斥在不健全的劳动力市场上，如何对信息进行识别无疑是一项浩瀚的工程。如果农村劳动力依靠自身的力量搜集信息并进行识别，可能会耗费他们大量的时间和高额的成本，并且花费时间和成本后也不一定能找到适合自己的工作，这无疑给农村劳动力造成巨大困扰。然而通过社会关系资源就可以有效缩小搜寻和识别范围，进而减少农村劳动力的信息检索和甄别的时间和成本。其次，农村劳动力在外出就业时运用社会网络关系，可以很大程度上减少他们的工作搜寻成本，通过社会关系可以让他们直接与就业单位接触，进而获得就业机会。此外，即便农村劳动力所拥有的社会网络不能帮助其直接获得工作，但是利用社会网络直接提供的信息同样可以降低其搜寻工作的"试错"成本，从而增加农村劳动力外出就业的意愿（胡金华，2010）。社会资本可以为劳动力职业搜寻提供便利，防止农村劳动力由于缺乏就业信息而不能实现合理流动。与正规职业搜寻的方式相比，社会关系网就业信息提供的效率相对较低。但对农村贫困人口而言，社会关系网提供的就业信息更及时有效（刘一伟、刁力，2018）。

②社会资本增加就业信息传播促进非农就业。

众所周知，农村劳动力非农就业的关键是获取就业信息。自然地，信息传播成为农村劳动力非农就业的重要环节。就业信息的传播不但可以为农村劳动力提供就业机会，而且可以给农村劳动力提供多种选择，进而为农村劳动力提供匹配的非农就业岗位。但是，就业信息不对称往往贯穿于整个劳动力市场，就业信息的获取通常需要付出较高的成本。一般而言，劳动力市场上买方与卖方所掌握的信息是不对称的，这就构成了劳动力市场的信息不对称，这也是造成市场失灵的根源，进而出现市场资源低效率配置情况，对社会而言，这本身就是一种效率的损失和浪费。通常，农村劳动力市场上的信息不对称主要从以下两方面表现：第一，对农村劳动力而言，他们受自身的知识、技能等方面的限制，未必了解用人单位的真实情况，且他们对用工需求单位所给出的承诺的可信度也知之甚少；第二，就用工单位而言，仅凭熟人的介绍，用工单位对农村劳动力自身的文化水平、能力等并不十分了解，而且用工单位对农村劳动力的真实就业期望也不完全了解。这二者之间产生的信息不对称，不仅会造成就业资源的低配、错配，甚至会浪费原本紧张的就业资源。为解决信息不对称问题，充分利用社会关系网络是较为有效的方式。农村劳动力通过自身的社会网络关系获得就业信息，就可以较为全面而真实地获取用工单位的信息，进而降低求职风险；同时，用工单位也会利用其社会关系网络传播信息，增加对雇佣员工的了解和信任，这就极大程度地弥补了双方信息不对称的缺陷（胡金华，2010）。可以说，社会资本通过信息传播在一定程度上弥补了劳动力市场上信息不对称的缺陷，为农村劳动力提供了非正式的求职渠道，促进了农村劳动力的非农就业。

②社会资本通过信息传播增加非农就业机会。

就业信息的传播和获取是农村劳动力增加非农就业的重要途径，社会资本在就业信息的传播过程中扮演着不可忽视的角色。然而，劳动力市场上存在着雇员能力的信息不对称问题（米夏尔，1973），这严重影响着就业信息在用工单位和雇员之间的有效传播。通常，农村劳动力会凭已有的教育水平、工作经验搜寻非农就业信息，而教育的表现形式（文凭、工作经验、培训经历等）是区分农村劳动力生产率的主要信号。遗憾的是，目前，这一重要信号在我国往往处于失灵状态。对于有非农就业需求的农村劳动力来说，通过已有社会关系网络获取潜在的就业信息，仅为获取非农就业的一个必要条件。用工单位在面对较多的同质农村劳动力信息时，很难进行区分和选择，因此用工通常具有较大的随意性。此时，若能基于血缘、亲缘和地缘形成的社会关系网络资源将待业者引荐给用工单位，以社会关系网络作为一种隐形担保就显得极其重要。换言之，社会网络的信息传播功能就显得相当重要了，谁善于将社会网络信号转化为自己的一种强信号，从而区别于其他求职者，谁就更能获得工作机会（胡金华，2010）。此外，蒋乃华、卞智勇（2007）也指出，社会资本可能会促进劳动力就业信息的传播，从而增加就业机会。

综上所述，社会资本可以通过降低农村劳动力职业搜寻成本，从而促进非农就业，也可以通过促进信息传播增加农村劳动力获取就业信息和就业机会进而促进非农就业，为直观，我们将社会资本影响农村劳动力非农就业的作用机制展示于图3.8中。

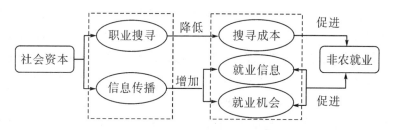

图 3.8　社会资本与非农就业作用机制

（2）非农就业与农户家庭多维贫困。

中国是典型的城乡"二元"社会，伴随着市场经济体制改革，我国的社会结构发生了深刻的变革。其中，农村劳动力流动对我国经济社会的发展与变迁影响尤为深远，而农村劳动力流动必然涉及非农就业问题。众所周知，我国农村经济资源和社会资源相对稀缺，如果农村剩余劳动力不能通过非农就业等方式得到有效转移，势必会造成劳动力资源的浪费，进而加剧农村地区的贫困状况（刘一伟 等，2018）。因此，农村劳动力非农就业与贫困问题密切相关。

①农村劳动力非农就业与非农收入。

长期以来，农业收入占我国农村居民人均总收入的比重呈持续下降态势。受土地、水及其他自然资源的限制，仅仅依靠农业增长来提高农民收入、降低贫困是不可持续的，更重要的是要通过非农就业来有效配置农村剩余劳动力（Zhang 和 Wan，2006）。研究指出，通过非农就业获取较高非农收入是诱导农村劳动力流动的主要原因之一（李石新 等，2011）。因此，农村劳动力非农就业与收入之间的关系一直是研究者重点关注的对象。随着我国改革的持续推进、户籍制度的变革以及在流出地推力、流入地引力、流入地拉力、流入地斥力和劳动者的个人能力等因素的综合作用下（郑春勇，2016），农村劳动力外出务工已经成为一种常态。部分研究者认为，农村劳动力非农就业对农户家庭的收入贫困起着显著的缓解作用。如部分研究者指出，农村地区的劳动力通过非农就业获得的非农收入是农民收入多元化、熨平消费波动和风险管理的一个非常重要的"稳定器（device）"（鲁本和伯格，2004）。薛美霞、钟甫宁（2010）指出，非农收入可以降低由于农业生产的高风险而产生的收入和消费变动。农户非农就业能有效促进农村剩余劳动力转移，拓宽农户的收入渠道，从而缓解农村地区的贫困问题。同时，若贫困农户转移出去，则有效地减少了贫困农户的数量，进而降低了农户的贫困发生率。刘一伟等人（2018）的研究也指出，劳动力非农就业不仅给农村居民带来了较高的经济资本，而且打破了原有固化的社会阶层，缓和了收入不平等问题，优化了绝对收入状况，进而实现了社会经济地位向上流动，防止农村居民贫困的代际传递性。此外，章元等人（2012）提出缓解农户贫困与提高农村居民非农就业的有效措施，并认为消除我国贫困的核心在于推进工业化，这是因为工业化的发展可以为农村剩余劳动力提供大量的就业岗位，从而提高农户的收入水平，进一步使其摆脱贫困陷阱。

②农村劳动力非农就业与健康状况。

健康是人们全面发展的前提，因此，大量文献研究了健康与农村劳动力非农就业的关系。例如，魏众（2004）将健康从社会福利范畴扩展到人力资本范畴，进一步探究了健康与非农就业的关系，他指出，健康状况显著影响劳动参与和非农就业机会，同时，健康并不是劳动力市场表现的重要因素，但其在获取非农就业收入乃至增加家庭收入方面仍具有重要作用。刘靖（2008）探讨了农村地区劳动参与行为对孩童健康状况的影响，研究指出，母亲额外单位的劳动时间的增加可以显著负向影响孩子的健康状况，且同样的母亲非劳动时间的增加对于孩童健康的负面影响大于农业劳动时间增加的影响程度。由此可见，农村劳动力非农就业与健康状况之间会相互影响。一方面，农村劳动力健康状况越好，越有利于非农就业参与（庞丽华 等，2003）；另一方面，非农就业对农村劳动力健康有显著影响，如魏宁等人（2013）利用中国健康与营养调查数据实证分析发现，非农就业有损低龄农村劳动力（18~45 岁）的健康，造成这种状况的原因可能是农村劳动力非农就业的工作环境较差、劳动强度较大、医疗保障缺乏等。有大量研究文献表明，农村劳动力非农就业扩大了农户和城乡居民的收入差距，导致低收入者的心理负担加大，进而对居民的健康产生显著的负面影响（周广肃 等，2014；许经勇，2012）。曹枚等（2011）研究发现，劳动力流动背景下新型农村合作医疗制度的保障能力不足，但这对高龄农村劳动力（45 岁以上）的健康影响不显著，这可能是由于高龄组农村劳动力的一种主观选择，即当其从事非农就业时健康状况较好，并且选择了工作环境好、劳动强度小的工作，这种工作不会对健康产生负向作用。此外，郑晓东等（2017）探究了农村劳动力非农就业与老年人健康之间的关系，研究指出，由于教育、户籍制度等原因，农村劳动力的子女通常不能随迁，于是产生的农村留守儿童群体一直是社会关注的焦点。通常，这部分留守儿童的抚养和照料责任会落到其祖父母（留守老人）身上，在我国传统文化背景下，大量研究表明，照料孙辈对老年人的健康有促进作用。周晶等（2016）研究指出，基于我国"含饴弄孙"等传统思想，祖辈照料孙辈是有益于老人身心健康的，这既可以丰富老人的晚年生活，又可以加深老人与子女的代际联结紧密性，"用进废退"假说也强调照料孙子女在一定程度上是对老年人体力和智力的锻炼，有助于老年人提高自身的认知能力、改善其躯体健康状况。邓力源等（2018）研究发现，良好的健康状况对我国农村居民参与非农就业和获取非农就业收入具有显著正向影响，健康人力资本对我国农村居民非农就业和非农就业收入具有显著性别差异，对农村男性居民非农就业和非农就业收入的正向影响更为显著。综上所述，非农就业与农村劳动力健康贫困是密切相关的，而健康作为一种人力资本，自然与农村劳动力贫困紧密相连。

③农村劳动力非农就业与教育培训。

教育作为人力资本投入的一项重要内容，其对农村劳动力非农就业的影响不容忽视（王姣慧，2013）。根据人力资本理论，劳动者通过教育、培训与其他投资形式所形成的人力资本是决定个人收入水平的重要因素（舒尔茨，1963；贝克，1964）。众所周知，我国尤其是广大农村地区人多地少，物质资源不够丰富，而投资于人力资本是实现劳动者自身价值和提高家庭收入水平和社会地位的主要路径之一（黄斌 等，2013）。但是，众所周知，大部分农村劳动力教育水平不高、专业技能较低，这严重影响了农村劳动力获取非农就业的机会和非农收入水平。同时，有研究指出，阻碍农民非农就业的主要原因之一是农民没有受到正当的非农职业教育和培训，主要体现为他们进行现代化非农职业培训的基本知识和技能尤为欠缺（李君甫，2004）。文洪星等（2018）指出，非农就业通过改善家庭收入增长性、弱化收入不确定性、强化城镇居民消费对农村居民消费的示范性，促进了农村居民家庭消费增长，但也会增加教育支出的不确定性，进而影响农村劳动力的职业教育。长期以来，由于农村劳动力的教育和技能与用人单位需求不匹配，这使得政府和用人单位不得不采取有效手段致力于改善农村劳动力的教育水平和技能，其中最主要的方式之一就是教育培训。因而，促进农民非农就业的有效手段就是对农民进行职业教育和培训，并通过劳动力市场或者适当的劳动中介服务使他们顺利就业。总的来说，很多农村劳动力通过非农就业获得教育培训的机会，显著提高了自身的文化水平和技能水平，进而缓解了自身的贫困状况。

④农村劳动力非农就业与农业资源重组。

中国急剧的社会变迁和快速的工业化、城镇化进程伴随着人口流动布局、社会分层和劳动力市场结构的巨大变化（肖严华，2016）。农村剩余劳动力从限制流动到完全自由流动，使得农村剩余劳动力大量从农业就业转移到非农就业，这为农村土地资源流转、其他农业要素重组提供了可能。农地流转是实现土地资源优化配置的重要途径（周春芳，2012）。同时，农村劳动力非农就业促进了农村产业结构调整，为家庭农场、专业大户、农民合作社等新型农业经营主体的规模化发展提供了可能，而新型农业经营主体为农户获取打工收入、为返乡农民提供就业机会产生重要影响，这对农户家庭贫困起到积极作用。历史表明，我国农民具有显著驾驭非农就业机会的能力。不仅如此，我国农业结构也由于非农就业而不断发生变化。改革开放以来，我国加速推进工业化和城镇化，这为农村剩余劳动力创造了大量非农就业机会和较高的收入水平的条件。马若孟（2013）的研究指出，"在县城、城市和通商口岸的工业和商业有足够的发展，可以向农民提供非农业就业。很多人被吸引到这些中心从事短时期工作，或者加入城市劳动大军，做工厂工人或从事不熟练劳动。"此外，曹幸穗（1996）对华北和苏南佃农产生差异的原因进行了深入研究，他发现，主要的驱动因素是苏南地区工商业的发展。正是工商业的发展，促使农户获取了较多的非农就业机会，进而获取积累足够财富为转入大城镇创造条件，同时，这些人反过来购入农村的土地，成为"不在村地主"。然而，这类"地主"往往是把购买的土地进行转租或者雇工经营，自己并不会亲自耕种，雇农的增多也与非农就业机会相关。非农就业机会的增加使土地的相对价值减少，从而使得一些有较稳定非农收入的农户下定决心脱离农业，变卖其土地而移入城镇。事实上，经济学家曾指出，劳动力从生产率低的农业部门向生产率高的非农部门流动是经济增长的重要机制之一（伍山林，2016）。此外，农民工在务工中积累了资本、先进的技术等，一部分农民将这些积累带回迁出地，帮助当地发展产业，带动农村走产业致富之路，进而缓解了农村劳动力的贫困状况。

综上所述，农村劳动力非农就业通过获取非农收入、改善健康状况、获得教育培训以及农业资源重组等对农户家庭多维贫困产生影响。更直观地，我们将上述农村劳动力非农就业影响农户多维贫困的作用机制过程展示于图3.9中。

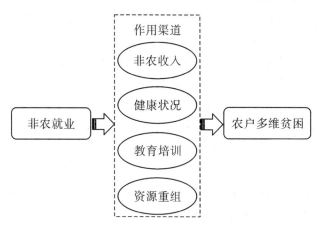

图3.9 非农就业与农户家庭多维贫困作用机制

（3）社会资本、非农就业与农户多维贫困。

众所周知，乡土社会的中国特别重视以家庭为纽带的血缘、亲缘和地缘等关系（王莉 等，2005），这种关系形成的社会资本在农户家庭中起着举足轻重的作用。大量研究已证实，社会资本是影响农村劳动力非农就业的重要因素，而且研究结论基本达成共识，即社会资本可以显著促进农村劳动力非农就业水平。同样，农村劳动力非农就业可以通过获取较高非农收入、改善健康状况、获得教育技能培训等途径缓解农户多维贫困状况。但是，社会资本如何通过农村劳动力非农就业影响农户多维贫困呢？或者说非农就业是社会资本影响农户多维贫困的中介变量的原因是什么？

①农户家庭多维贫困不仅体现为农户收入低下，更表现为农户基本可行能力被剥夺。事实上，农户家庭尤其是贫困农户家庭严重缺乏创收能力和创收机会，也缺乏必要的基础金融服务和基本的健康医疗保障。然而农户家庭的收入水平与社会资本强调的社会互动具有内在联系，因为社会网络、信任和社会参与等形式的社会互动中蕴含着社会资源的交流与共享，而社会资源的增加会为劳动者创收提供更多的可能（刘一伟 等，2018）。同时，社会资本可以为劳动力职业搜寻提供便利，防止农村劳动力由于缺乏就业信息而不能实现合理流动。与正规职业搜寻的方式相比，社会关系网就业信息提供的效率相对较低。但对农村贫困人口而言，社会关系网提供的就业信息却更及时有效。当然，劳动力流动可能导致社会资本在时间与空间上的损耗，然而如果农村外出务工者能够在新的环境中构建新的社会网络，这在某种程度上弥补了流动造成的社会资本"损失"，从而为解决农村贫困起到了积极作用（陈晖，2008）。

②随着我国经济制度和市场化进程的不断推进，社会资本网络可以降低信息不对称而产生的道德风险，从而有助于非农就业信息的传播和流动，进一步增加农户非农就业的概率。通常，决定外出就业的农户会基于已有亲人或朋友外出就业的职业和地点进行流动，因为这样的社会网络会大大节省农户搜寻就业信息的成本，并且会为其提供物质和精神上的帮助。换句话说，社会网络资本较为丰富或稳固的农户更容易做出外出非农就业的决策。同时，如果已有亲戚朋友通过非农就业获取了丰厚的报酬，农户会产生好奇或崇拜心理并模仿亲友而从事非农就业，期望改善自身贫穷落后的面貌。此外，许多非农就业的农户会在迁入地重新建立社会关系网络并持续积累社会资本，不仅可以为自身获取情感支持和精神满足，也可以为决定外流的迁出地农户提供便利（如非农就业信息、城市生活知识等）。研究表明，社会资本可以显著促进农户非农就业，从而提高农户的非农收入水平，农户还可以不断拓宽视野，学习劳动技

能，获得必要的健康、生活知识，从而降低自身的多维贫困水平。毫无疑问，社会资本可以提高农户非农就业的稳定性和持续性。因此，社会资本和非农就业不仅有助于减缓农户短期贫困，也有利于解决农户脱贫后返贫的问题。

反过来，农村劳动力非农就业过程中也会对农户家庭社会资本产生影响。自然地，社会资本与农村劳动力流动会显著影响农户家庭的贫困状况。社会资本与农村劳动力流动对农户家庭多维贫困影响的作用机理可用图 3.10 描述。

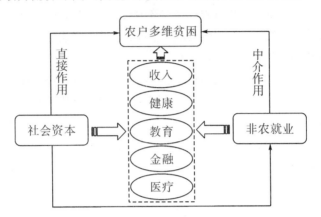

图 3.10　社会资本与非农就业影响农户多维贫困的机理

通常，影响农村劳动力流动决策的可能原因包含经济、制度和社会网络等。社会网络是社会资本的核心内容，其作为一种非正式制度为外出劳动者提供信息、社会支持等。同时，社会资本可以促使外出劳动者建立信任、互惠、互助的人际网络关系。外出劳动者通过社会网络关系获取就业信息，降低信息成本，获得安全感和成就感等，进而不断获得并建立新的社会网络关系。正是社会资本与农村劳动非农就业的这种交互作用对农户家庭的收入、教育、健康、金融以及医疗保险等产生显著影响。事实上，基于多维贫困的概念内涵，收入、教育、健康和金融服务等因素正是构成农户家庭多维贫困影响因素的关键指标。社会资本与农村劳动力非农就业的"合力"作用，更能促进农户家庭收入增加，使其获得城市生活的教育、健康等基本知识；同时，随着农户家庭物质条件的提高，他们会更加重视社会福利的获取，进而对农户多维贫困产生影响。总之，农村劳动力流动会显著影响社会资本对农户家庭多维贫困的作用。

3.4.2　社会资本、信贷约束与农户多维贫困的作用机理

（1）社会资本与信贷约束。

我国是一个二元金融结构较为突出的国家，农村地区，尤其是贫困农户受

到较为严重的金融排斥。金融抑制会使农民陷入"因为穷、所以穷"的贫困恶性循环中（张鑫 等，2015）。通常，农户家庭在发展生产、改善生活等方面都会面临资金不足的困扰。例如，农户家庭在扩大生产经营规模、住房建设、子女入学、疾病医治、婚丧嫁娶等方面可能都存在自我储蓄资金不足的情况（梁爽 等，2014）。刘西川（2007）指出，发展中国家农村金融市场的基本问题是正规金融机构不能有效地满足农户信贷需求的市场失灵问题。大量研究表明，信贷约束会降低农户的福利水平，不同渠道信贷约束对农户福利的影响程度各不相同。其中，正规金融信贷约束使得农户的生产经营性收入、生产性固定资产和非基本消费支出分别平均降低 16.1%、14.2% 和 17.6%；非正规金融信贷约束使得农户的生产经营性收入、生产性固定资产和非基本消费支出分别平均降低 13.5%、12.1% 和 14.7%（李成友 等，2018）。毫无疑问，这势必造成农户家庭损失福利，进而陷入贫困状态。换句话说，信贷约束也是造成农户家庭多维贫困的重要影响因素。自然地，缓解农户家庭的信贷约束和提高农户贷款可得性对于降低农户多维贫困起着重要作用。事实上，至 2013 年起，《农户贷款管理办法》① 开始实施，银行业信贷支农力度与农户贷款额度不断增加，有力发挥了农村金融的经济杠杆作用并改善了农村金融服务的水平（周小刚和陈熹，2017）。同时，我国农村作为以亲缘、地缘和血缘组成的乡土人情社会，社会资本在金融市场中发挥着不可估量的作用。有研究表明，社会资本可以缓解农户家庭信贷约束（徐璋勇和杨贺，2014；李庆海 等，2017），其具体作用机制及路径如图 3.11 所示。

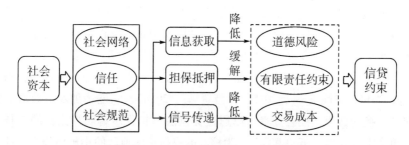

图 3.11　社会资本影响农户信贷约束的作用机理及路径

①社会资本促进信息获取而缓解信贷约束。社会资本作为一种特殊的资本，其包括社会网络、信任与社会规范等（普特南 等，1993），除了具备一般的资本属性，也拥有区别于资本的制度等其他属性（翟浩森，2017）。因此，

---

① 中国银行监督管理委员会于 2013 年 1 月 1 日开始实施《农户贷款管理办法》。

社会资本对于农户家庭是一种关键的生产性资源，可以有效弥补物质资本和人力资本的不足（徐慧贤、肖一鸣，2018），同时，也能够借助不同的社会交往活动加强农户和金融机构之间的交流和沟通，促进借贷双方信息的获取，降低由于信息不对称而造成的道德风险，进而缓解农户家庭信贷约束。这里的信息获取包含两方面：其一是社会资本不仅可以帮助农户获取稀缺资源、精神以及情感支持，还能帮助农户接触并获取丰富的信息和知识（张博 等，2015），从而提高农户认识和理解信贷政策和信贷所需门槛条件，提高农户获取信贷的机会和概率；其二是社会资本可以帮助金融机构（正规金融机构和非正规金融机构）以较低的成本获取农户家庭的信息。实际上，农户之所以得不到足够的信贷支持而陷入多维贫困，其原因之一就是金融机构对农户的信息缺乏足够的了解，担心由于信息不对称而遭遇大概率违约，对金融机构造成不可挽回的损失。但是，社会资本引入信贷市场后，完全可以发挥信贷市场对多维贫困农户的甄别并约束其行动的功能，有效缓解信贷市场长期存在的信息不对称现象。而且社会资本网络中农户之间互动时间长、感情深厚、关系紧密，容易形成稳固的社会关系网络和信任的制度文化，促进借贷双方形成紧密的关系，有效降低信息不对称造成的道德风险，进而极大缓解多维贫困农户的信贷约束（Kysucky V 等，2016）。总之，社会资本是经济系统构建和运行的"润滑剂"（周小刚 等，2017），有助于多维贫困农户通过获取有效信息降低信息不对称造成的道德风险进而缓解农户信贷约束。

②社会资本作为抵押担保品缓解信贷约束。通常，贫困地区尤其是贫困农户家庭缺乏抵押担保品，金融机构也缺乏贫困农户的信用水平信息（周晔馨和叶静怡，2014），这导致有借款需求的贫困农户很容易被信贷市场排斥，从而进一步加剧农户的多维贫困程度甚至是贫困的代际传递。大量研究表明，社会资本除了可以信息共享外，更是一种隐性的担保品（卡兰 等，2009；周晔馨 等，2014；王性玉 等，2015；徐慧贤 等，2018），它能增加农户获取信贷的机会。换句话说，社会资本可以通过提供隐形担保缓解农户家庭的信贷约束。事实上，在以"五户联保"① 为核心的农村贫困地区的小额信贷中，社会资本中的亲情和友情就成为无形抵押品，有效减少了农户违约行为的发生。相比而言，农户长期生活于较为封闭的空间，其社会网络关系较为狭小，因此，个人的名声、家族声誉、社会评价等社会资本对农户家庭的生活会产生较大影

---

① 五户联保是指中国信用合作社和中国邮政储蓄银行推出的小额贷款业务的担保模式。

响，农户自然会高度重视，从而形成一种道德约束，农户家庭不会轻易违背（褚保金 等，2009；徐慧贤 等，2018）。由此可见，农户家庭可以将长期以来形成的个人声誉、口碑等作为一种隐形担保品，让金融机构实时了解农户的信息，从而缓解农户家庭尤其是贫困农户家庭的信贷约束。研究表明，越来越多的金融机构将有信贷需求的农户声誉或其归属的社会网络资本作为抵押担保品，替代传统的物质或金融抵押品。如桑芬塔拉克和汤桑（2009）基于泰国的研究指出，亲属网络提供了成员的信用级别、风险偏好以及偿还能力等信息，使其成员能获得正规信贷，且可以优化配置网络外的资源；"格莱珉模式"的成功也可以归功于社会资本网络，通过垂直和水平的方式构建和拓展贫困人口的社会网络，进而提高信息传递质量，降低信贷风险和道德约束（李庆海 等，2018）。因此，社会资本在农户家庭融资过程中起到一种隐形担保作用，这增加了农户获取信贷的机会，进而为缓解农户多维贫困奠定了基础。

③社会资本除了具有信息共享和隐形担保的功能外，其还可以发挥信贷信号传递的作用。徐慧贤、肖一鸣（2018）指出，在缺乏抵押品的农村信贷中，农户社会网络资本可以充当还款意愿和还款能力的信号。实际上，社会网络资本包含了农户家庭的信息（如声誉、信用水平、社会评价等），毫无疑问，这些信息在农户借贷过程中扮演着信号传递的角色，传递出农户的还款能力和信用水平等（王性玉 等，2015），金融机构获取这些信息，会对缓解信息不对称造成的逆向选择和道德风险有很大作用。同时，金融机构也可以利用该社会网络信息实时监督借款方，从而降低了金融机构的监督成本，促进信贷交易双方朝着帕累托最优方向前进。此外，社会资本在非正规金融信贷中也发挥着重要作用，与正规金融机构的合约执行约束机制不同，非正规金融机构的合约能顺利执行的主要约束来自民间，而借贷双方的信息就来源于以亲缘、地缘和人缘形成的网络关系（林毅夫 等，2005）。张晓明等（2007）的研究表明，在外部监督以及社会压力下，以社会资本参与风险控制，可以降低交易成本，提高还款率。叶敬忠等（2004）研究也指出，拥有较高社会资本的农户更容易从正规金融机构获得信贷。王性玉等（2015）采用博弈分析框架探究了社会资本在农户信贷过程中的信号传递机制，他们指出，当社会资本处于一定区间内时，农户与金融机构间的信号传递博弈达到分离均衡，此时社会资本可以准确地传递出农户的风险类型，否则会出现混同均衡，无法传递有价值的信号。由此可见，社会资本可以通过信贷信号传递降低交易成本，进而缓解农户信贷约束。巴斯特拉尔（2000）指出，社会资本中各种关系网络以及与之相联系形

成的价值观等可以减少不确定性带来的成本，从而便于贫困农户获取正规信贷，进而改进发展中地区信贷约束状况，帮助贫困农户利用新的投资和发展机会摆脱长期贫困。

综上所述，社会资本由于其特有的性质，不仅具有信息获取、隐形抵押担保和抵押的功能，还具有信贷信号传递的作用。社会资本能有效地缓解信息不对称所导致的逆向选择和道德风险问题，也能缓解有限责任约束并降低借贷双方交易成本，进而缓解农户信贷约束。此外，也有研究从其他视角探究了社会资本对农户信贷约束的缓解作用。总体上，社会资本能缓解信贷约束是学界普遍的观点，如李庆海等（2017）采用2013年江苏省和山东省的农户调查数据，运用四元Probit模型探究了正式和非正式社会资本对正规和非正规信贷约束的作用，研究结论表明，不同形式的社会资本均能缓解农户的正规和非正规信贷约束；袁月兴、杨帅和温铁军（2012）在对山西省蒲韩乡村合作与台湾地区农会的比较研究中也指出社会资本能有效缓解农户信贷约束。

（2）信贷约束与农户家庭多维贫困。

多维贫困本质上是人们"可行能力"的缺失，因此，信贷等基础金融服务也是个体特别是贫困个体应该获取的基本能力（谢家智 等，2017）。换句话说，信贷约束也是致使农户家庭多维贫困的原因之一。事实上，对于信贷约束问题的研究，可将信贷约束分为正规信贷约束和非正规信贷约束①，且有学者从信贷供给和农户信贷需求方面阐释我国信贷约束严重的原因（余泉生、周亚虹，2014）。传统上，信贷约束指农户受到正规金融的信贷配给不足。如李锐等（2007）计算得出我国农村金融抑制的程度高达70.92%；黄祖辉等（2009）从农户信贷需求和信贷供给视角，解释了农户正规信贷市场参与率低下的原因；余泉生等（2014）通过分析农村信贷约束程度及其对农户福祉的影响发现，农村中生产领域的农业生产和个体工商业经营以及消费领域的住房和医疗消费所受的信贷约束程度最高。总体上，信贷约束可以影响农户家庭收入、住房消费、医疗支出、子女教育等方面，进而影响农户家庭的多维贫困状况，如图3.12所示。

---

① 正规信贷约束是指农户不能从正规金融机构（如农村商业银行、农村信用社等）获得包括信贷等基本金融服务；非正规信贷约束是指农户不能从亲戚、朋友、民间金融机构等获得包括信贷等基本金融服务。

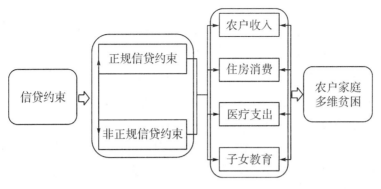

图 3.12　信贷约束影响农户多维贫困的作用机理

　　大量研究表明，信贷约束能显著影响农户收入，但是关于缓解信贷约束是否可以显著促进农户增收这一问题，学界并未达成一致意见。其中，大部分研究者认为缓解信贷约束特别是缓解正规信贷约束可以显著改善农户收入水平，如张宁、张兵（2015）研究发现，农村非正规金融发展规模可以显著促进最低的 1/5 农户纯收入占比的增长，即农村非正规金融通过为低收入农户提供金融服务而降低农户内部收入差距，并缓解农户收入贫困。但是，也有部分研究者认为缓解信贷约束无助于农户增收。如科查尔（1997）实证检验了农户正规信贷的执行效果，研究表明农户信贷对农户福利并无作用；王书华等（2014）研究指出，农户收入水平与正规金融机构的信贷约束存在着相互影响的动态作用机制，信贷约束的门槛效应使得农户信贷约束与收入增长存在着动态恶性循环；王小华（2015）认为降低信用约束并不能实现农民增收，而对其具有明显的负向影响。尽管如此，遭受信贷约束的农户，收入水平一般不会太高（邵敏 等，2013）。对于信贷约束与住房消费的研究，学界认为，住房消费是农户家庭面临信贷约束的重要来源（陈健 等，2012；刘一楠，2017）。事实上，住房消费是农户家庭中较大的消费支出，通常农户特别是贫困农户由于其收入偏低或收入不确定等因素而得不到正规的信贷支持，进而加剧农户的住房贫困。同时，由于信贷约束的流动性约束（姜正和陈震，2014），疾病风险导致的医疗支出不确定、子女教育成本的提高等都会加重农户家庭的贫困水平；余艳炯（2008）也指出，农户家庭在无信贷约束情形下，其最终福利状况优于完全信贷约束的情形。总体上，在信贷约束下，农户家庭的生产性能力会受到较大限制，从而影响农户的福利水平，进而导致农户家庭贫困脆弱性加深。因此，本书认为信贷约束可以显著加剧农户家庭的多维贫困状况。

（3）社会资本、信贷约束与农户家庭多维贫困。

综上所述，社会资本由于其特有的性质，不仅具有信息获取、隐形抵押担保和抵押的功能，还具有信贷信号传递的作用，其能有效降低信息不对称导致的逆向选择和道德风险问题，也能缓解有限责任约束并降低借贷双方交易成本，进而缓解农户信贷约束。同时，农户可以通过缓解信贷约束，增加收入水平、缓解农业投入、住房消费等生产生活性约束，提高医疗支出水平并加大子女教育投资，进而缓解农户家庭多维贫困状况。总之，社会资本可能通过缓解信贷约束进而显著影响农户家庭多维贫困，为直观，我们将三者的作用路径展示于图 3.13。

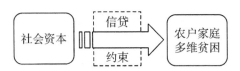

图 3.13　社会资本、信贷约束与农户家庭多维贫困的作用路径

3.4.3　社会资本、社会保险与农户多维贫困的作用机理

（1）社会资本与社会保险①。

众所周知，我国农村社会是基于血缘、亲缘和地缘等组成的关系社会网络，农户对自身村域的认同感和归属感较为强烈，且农村的各种资源都会基于已有的社会关系网络进行配置流动（赵宁，2018）。社会保险作为政府实施的重要正式保障制度，其对农户特别是贫困农户的重要作用不言而喻。但是，长期以来，我国农村正式制度不完善，导致农户不仅面临着严重的流动性约束，更承受着巨大的不确定性收益风险（埃斯特林和普雷韦泽，2013；刘思亚，2016）。社会资本作为一种非正式制度，在农户的长期交往中形成了相互信任、互惠互利的稳定社会关系，有效补充或替代了正式制度缺失带来的福利损失。总体上，社会资本通过互动、互惠和互信效应等影响社会保险（见图 3.14）。

---

①　社会保险的主要项目包括养老保险、医疗保险、失业保险、工伤保险、生育保险。

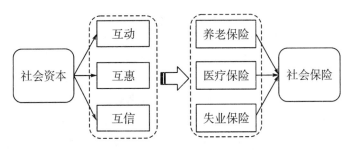

图 3.14 社会资本影响社会保险的作用机理

①社会资本的互动效应影响社会保险。

通常，社会资本不仅包括关系网络，还包含社会互动。这种社会互动关系主要体现于家人、朋友、亲戚、邻里、村集体、医疗机构、养老机构以及各种社会组织机构之间。首先，互动关系会影响农户家庭养老保险。实际上，无论是从家庭内部还是家庭外部来看，老人与不同的对象互动都有助于其身心健康。老人在与家人的互动过程中获得来自家庭成员的经济帮助、生活照料和精神慰藉等；而老人通过村集体、养老机构等外部载体实现与外界的互动，农村老人通过这种关系网络，在知识、信息、资源和情感方面与家庭成员及其外界进行交流与联系，满足自身的养老需求（赵宁，2018）。有研究证实了参与互动的农户可以对其是否参加养老保险起到示范作用，农民参与互动水平与参加养老保险的概率正相关（吴玉锋 等，2013）。其次，互动关系会影响农户家庭医疗保险。实际上，农户可以通过与医疗机构、地方政府等的互动及时获取疾病信息、医疗保险成本等，从而减少农户的时间和信息获取成本。同时，农户从参与互动中能够互相了解和学习参与医疗保险的知识，交流参与医疗保险的经验，从而对农村居民医疗保险的参保行为选择产生影响（龙翠红 等，2016）。李艳珍（2017）研究指出，社会互动对居民家庭是否参保商业健康保险及其保费支出均有显著影响。最后，互动关系会影响农户家庭失业保险。失业农民通过与亲戚、朋友以及保险机构等互动，可以获就业、培训等信息，为再就业获取机会。王春超（2010）研究指出，在一定的政策约束下，农村社区内农户之间在就业行为上通常会形成社会互动。综上，社会资本的互动效应对农户家庭养老保险、医疗保险以及失业保险的参保行为会产生积极影响。

②社会资本的互惠效应影响社会保险。

社会资本的本质体现为人际关系网络（赵宁，2018）。在我国农村，这种人际关系具体表现为一种互惠效应，邻里之间形成互帮互助、互惠互利的稳定关系。如农户家庭在婚丧嫁娶时，往往是通过互帮互助而形成一种互惠规范。

同时，农户之间的互惠效应还表现为借钱、借物、借工以及信息交流等。同样，社会资本的互惠效应也会对农户养老保险、医疗保险、失业保险等产生影响。吴玉锋等（2013）研究指出，村域社会资本通过互惠对农民参加养老保险形成挤入和挤出两种效应，其中，互惠的挤入效应主要体现为农户在抵御风险中互助共济、在缴费行为中互相支持。而互惠的挤出效应主要体现为互惠为亲戚朋友间化解风险提供一种非正式保险支持，从而在某种程度上弱化了农户对正式养老保险的需求。按照上述逻辑，这种互惠效应对医疗保险等其他社会保险也可能产生出不同的效应。换句话说，现有研究对社会资本的互惠效应是否显著影响农户的社会保险并未达成一致意见。如张里程等人（2004）研究发现，社会资本的互惠指数对农民参与医疗保险的医院并无显著影响；龙翠红等（2016）则证实了农村居民的参与网络和互惠规范均与其医疗保险参保行为显著正相关；吴玉锋（2012）的研究也指出，不管是基于政府推行自愿参与的社会保险，还是基于市场推行的商业保险，农村社会资本通过互动、信任、互惠和规范都对农户的参保决策具有正效应。不管怎样，社会资本可以通过互惠效应影响农户家庭社会保险的参保行为。

③社会资本的互信效应影响社会保险。

社会信任也是社会资本的核心变量，能促进农户进行社会合作。通常，农村居民间的互相信任是维持和巩固其社会关系的基础，且社会资本可以促进农民对保险的信任，降低制度交易的成本（吴玉锋 等，2013）。在传统文化、民俗习惯等非正式制度的基础上，由于社会成员之间的相互信任，农村老人可以基于自己的品格、能力、信誉等获得来自外部的养老支持（赵宁，2018）。社会信任是社会养老保障制度得以建立和运行的基石，维护社会信任对于社会养老保障制度安全运行意义重大（王璐航，2015）。总体上，现有研究普遍认为，社会信任对农村居民参与社会保险具有积极影响作用。如吴玉峰（2011）、吴玉峰和孙金玲（2015）等人研究认为，信任对农民参与农村社会养老保险具有正向影响；宋涛等（2012）也指出农民的普遍信任水平与其购买商业养老保险的意愿正相关；张川川等（2016）研究发现，政府信任水平对个体的社会公共政策参与存在显著影响，认为中央和本地政府不可信的农村居民参与新型农村合作医疗保险的概率显著更低；秦淑贞（2018）研究指出，养老保险的参保比例与人均支出额、失业保险的参保比例与人均缴费额二者都对就业产生正向拉动作用。综上，社会资本可以通过互信对农村居民的社会保险产生积极影响。

（2）社会保险与农户家庭多维贫困。

社会保险作为社会保障制度的重要成分，其对农户家庭反贫困起着重要作用（刘一伟，2017）。《贝弗里奇报告——社会保险和相关服务》在社会保障制度的发展史上具有划时代的意义，其指出改进国家的社会保险制度并建立相应的社会救助体系是化解贫困的必由之路。总体上，社会保险可以通过收入分配、健康以及就业等影响农户家庭多维贫困（如图 3.15 所示）。

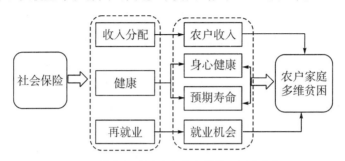

图 3.15　社会保险影响农户多维贫困的作用机理

①社会保险通过调节农户收入分配影响农户家庭多维贫困。

社会保险是农户收入再分配的重要手段之一，如刘一伟（2018）研究指出社会保险制度具有再分配功能，其理应在收入差距不断扩大的过程中起到调节作用，但目前中国的社会保险制度还存在不完善之处，其覆盖面仍然有限。总体而言，学界普遍认为社会保险可以改善农户收入再分配，缩小农户收入差距，进而缓解农户收入贫困。许志涛（2014）研究指出，养老保险制度能够调节不同所有制企业之间的收入分配差距，公平差异化的工资增长率有利于强化正向收入再分配效应；刘欢（2018）研究发现，总体上社会保障对老年收入再分配效应是正向的，且养老金待遇、医疗保障、社会救助水平对城乡老年人口的收入再分配效应均发挥重要作用。正是社会保险的收入分配调节功能，使得农户获得了分享经济增长成果的机会和能力（张伟宾和汪三贵，2013），从而显著缩小收入差距，降低了农户发生贫困的概率（阿拉巴奇，2010）。齐良书（2011）评估了新农合①的增收、再分配和减贫效果，发现新农合对微观的农户层面和宏观的省区层面均有显著的减贫效果；新农合可以调节村庄内部的收入分配，但不能调节省区的收入分配；且新农合在运用外部环境作为支撑情形下对中低收入农民的增收效应显著。刘一伟（2017）利用中国老年健康影响因素（CLHLS2011）大样本微观跟踪调查数据实证发现，养老保险和医疗

---

① 新农合是指新型农村合作医疗，2003 年开始试点，2010 基本覆盖全国农村居民。

保险不同程度地缓解了农村老年人的多维贫困，且社会保险可以弱化不同贫困之间的叠加作用。由此可见，社会保险可以通过调节收入再分配来缓解农户的多维贫困。

②社会保险通过提高健康水平缓解农户家庭多维贫困。

毫无疑问，社会保险是提升农户健康水平的助推器。事实上，许多贫困农户往往在艰苦的工作环境下从事着又脏又累的体力劳动，其身体和心理都面临着巨大的挑战。但是，社会保险特别是养老保险和医疗保险的全覆盖，不仅为他们提供了身体健康安全网，还减轻了他们的心理负担，从而为缓解农户贫困提供可能。总体上，社会保险可以通过影响农户身心健康、预期寿命等来影响农户多维贫困状况。周钦等（2018）指出，养老保险作为稳定的收入来源，可以显著改善居民心理健康；潘杰（2013）研究发现，医疗保险制度可以提高参保居民尤其是弱势群体的健康水平。刘一伟（2017）利用 CGSS 数据实证研究发现，社会保障支出对缓解居民的经济贫困、健康贫困以及精神贫困提供了可能。他进一步研究指出，社会保障支出通过提高健康水平缓解居民健康贫困，社会保障也通过提升居民幸福感和娱乐消费水平改善居民精神贫困。此外，社会保险在提高农户预期寿命上也有重要作用。如黄枫和甘犁（2010）通过对拥有医疗保险和没有医疗保险的老人进行对比研究发现，享受医疗保险的老人的预期寿命比后者多 5 岁，且医疗支出对健康的边际效应较高。郑莉莉（2018）研究也指出，社会医疗保险覆盖率可以正向影响健康，且从短期来看，医疗保险覆盖率对居民的预期寿命产生显著的正向影响。

③社会保险通过影响农户就业机会影响农户多维贫困。

对于社会保险农户就业，很多研究认为就业状况对农户是否参与社会保险影响较大（谢勇和李放，2009；郭菲和张展新，2013），且工作越稳定，农户参与社会保险的可能性越大。事实上，社会保险和就业是我国面临的两大重要民生问题，是一个不可分割的有机整体（郑功成，2004）。在工业化和城镇化加速背景下，失地农民增多，人口流动加剧，必然导致部分农村居民失业或处于失业边缘。在我国农村，土地是农民的生活保障，让农民失去土地必然要解决其生计和就业问题。失业保险为失业农民提供了基本生活保障，在解决农民失业中起到重要作用。总体上，社会保险可以通过农户就业机会获取影响农户多维贫困。聂爱霞（2008）采用厦门市失业抽样调查数据实证研究发现，失业保险金对失业劳动者再就业机会获取存在显著影响。慈勤英等（2006）研究发现，失业者的再就业行为和选择受到再就业福利、失业责任认知等因素的影响，再就业福利的获取（再就业培训、失业保险等）有助于失业者寻找工作实现再就业。就业是民生之本，失业农民获取再就业后促进获得稳定的收入来源，从而缓解其贫困状况。

（3）社会资本、社会保险与农户家庭多维贫困。

在基于血缘、亲缘和地缘组成的我国农村乡土社会中，社会资本可能通过社会保险影响农户家庭多维贫困，其作用机理如图 3.16 所示。

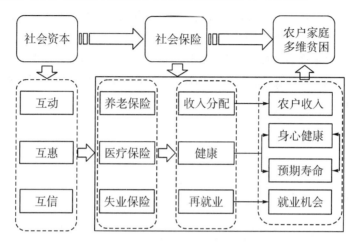

图 3.16　社会资本、社会保险与农户家庭多维贫困的作用机制

从图 3.16 中可以看出，社会资本可以通过互动效应、互惠效应和互信效应影响社会保险。通常，学界普遍认为社会资本的互动效应和互信效应对社会保险具有积极影响；但是关于社会资本的互惠效应是否一定正向影响社会保险这一问题并未达成一致意见。然后，社会保险可以通过收入再分配、健康以及再就业影响农户家庭多维贫困。一般地，社会保险对农户收入再分配具有正向影响，从而缩小农户收入差距，进而降低农户贫困的概率（张川川 等，2014；杨宜勇、张强，2016）。同时，社会保险尤其是养老保险和医疗保险可以改善农户的心理健康并提高其身体健康水平、延长其预期寿命，进而缓解农户的健康贫困和精神贫困状况。此外，社会保险还能保障失业农户的基本生活，并为其提供再就业机会，从而为其获取稳定的收入来源提供可能，进而降低农户贫困发生率。总之，社会资本可以通过影响社会保险进而影响农户多维贫困。

综上所述，社会资本可能通过非农就业、信贷约束和社会保险影响农户家庭多维贫困状况。于是，本书基于上述机理提出研究假设 3。

研究假设 3：在经济社会转型背景下，社会资本可以显著影响农村劳动力非农就业水平、农户家庭信贷约束水平和社会保险水平，且社会资本影响农户多维贫困的中介效应成立，可能的中介变量为非农就业、信贷约束或社会保险。

3.5　本章小结

本章在厘清核心概念的基础上，着重分析了社会资本影响农户家庭多维贫困的作用机理。其中，本书分别从直接影响和间接影响两方面揭示了社会资本对农户多维贫困的影响机理，且从"线性"和"非线性"两个视角阐释了社会资本对农户家庭多维贫困的直接作用机制。对于间接影响，本书分析了社会资本通过影响非农就业、信贷约束和社会保险间接影响农户家庭多维贫困状况的作用机制。

4 农村贫困的特征事实
与影响因素分析

长期以来，贫困始终是全世界共同面临的困难和挑战。我国政府历来高度重视农村贫困和反贫困问题，改革开放以来，我国的减贫事业取得了举世瞩目的成就。本章主要阐述我国农村贫困的特征事实与现状，以及影响我国农村贫困的主要因素，并分析我国农村反贫困政策的历史演变过程，厘清我国农村反贫困治理方式的转变和反贫困政策存在的问题，为本书后续的研究提供坚实的现实依据。

4.1 农村贫困的特征事实分析

4.1.1 贫困人口规模

改革开放以来，我国政府实施了一系列减贫措施，使得我国的减贫事业取得了历史性突破。但是，我国农村的贫困人口规模依然较大，且贫困人口的贫困程度深、分布广。

我国官方现行识别贫困人口的方式是基于人均年纯收入。1978 年以来，根据人们的生活需求以及物价水平等不断变化，相应地，我国贫困人口及其贫困发生率也不断动态变化。表 4.1 展示了在不同贫困标准下 1978—2019 年我国农村贫困人口数量的变动情况。

表 4.1　不同贫困标准下我国农村贫困人口数量和贫困发生率变化①

贫困标准/元	年份	1978 年标准/万人	贫困发生率/%	2008 年标准/万人	贫困发生率/%	2010 年标准/万人	贫困发生率/%
100	1978	25 000	30.7	—	—	77 039	97.5
—	1980	22 000	26.8	—	—	76 542	96.2
206	1985	12 500	14.8	—	—	66 101	78.3
213	1986	13 100	15.5	—	—	—	—
227	1987	12 200	14.3	—	—	—	—
236	1988	9 600	11.1	—	—	—	—
259	1989	10 200	11.6	—	—	—	—
300	1990	8 500	9.4	—	—	65 849	73.5
304	1991	9 400	10.4	—	—	—	—
317	1992	8 000	8.8	—	—	—	—
350	1993	7 500	8.3	—	—	—	—
440	1994	7 000	7.7	—	—	—	—
530	1995	6 540	7.1	—	—	55 463	60.5
580	1996	5 800	6.3	—	—	—	—
640	1997	4 962	5.4	—	—	—	—
635	1998	4 210	4.6	—	—	—	—
625	1999	3 412	3.7	—	—	—	—
625	2000	3 209	3.5	9 422	10.2	46 224	49.8
872	2001	2 927	3.2	9 030	9.8	—	—
869	2002	2 820	3.0	8 645	9.2	—	—
882	2003	2 900	3.1	8 517	9.1	—	—
924	2004	2 610	2.8	7 587	8.1	—	—
944	2005	2 365	2.5	6 432	6.8	28 662	30.2
958	2006	2 148	2.3	5 698	6.0	—	—
1 067	2007	1 479	1.6	4 320	4.6	—	—
1 067	2008	—	—	4 007	4.2	—	—
1 196	2009	—	—	3 597	3.8	—	—
1 274	2010	—	—	2 688	2.8	16 567	17.2

①　关于不同标准的解释见表 1.1。

表4.1(续)

贫困标准/元	年份	1978年标准/万人	贫困发生率/%	2008年标准/万人	贫困发生率/%	2010年标准/万人	贫困发生率/%
2 300	2011	—	—	—	—	12 238	12.7
2 625	2012	—	—	—	—	9 899	10.2
2 736	2013	—	—	—	—	8 249	8.5
2 800	2014	—	—	—	—	7 017	7.2
2 968	2015	—	—	—	—	5 575	5.7
3 146	2016	—	—	—	—	4 335	4.5
3 335	2017	—	—	—	—	3 046	3.1
3 535	2018	—	—	—	—	1 660	1.7
3 747	2019	—	—	—	—	550	0.6

数据来源：2018年《中国统计年鉴》和历年《中国农村贫困监测报告》以及国家统计局网站。

从表4.1中可以看出，在1978年的贫困标准下，我国农村贫困人数从1978年的25 000万人减少至2007年的1 479万人，绝对贫困人口数减少了20 521万人，贫困发生率从26.8%下降到1.6%，下降了25.2个百分点；在2008年贫困标准下，我国农村贫困人口数从2000年的9 422万减少至2010年的2 688万，贫困人口数减少了6 734万人，贫困发生率从10.2%下降至2.8%，下降了7.4个百分点；同理，依据2011年贫困标准，我国农村贫困人口数从2011年的12 238万减少至2019年的550万，贫困人口数减少了9 192万人，贫困发生率从12.7%降为0.6%，下降了12.1个百分点。明显地，虽然居民消费价格指数等因素的影响使得我国历年扶贫标准呈现动态增长趋势，但在不同的贫困标准下，我国的贫困人口均大幅下降（见图4.1）。

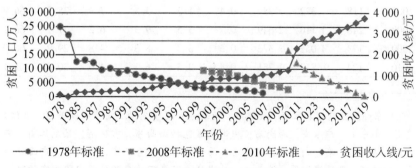

图4.1　1978—2019年我国贫困标准与农村贫困人口数量变化趋势

总体上，经过改革开放四十多年的发展与反贫困斗争，我国的经济得到了快速增长，农村地区尤其是贫困农民的规模大幅降低，我国的减贫事业取得了举世瞩目的成就。

4.1.2 贫困人口分布

我国特殊的地理位置和不同的气候条件等因素，使得我国不同区域发展极为不均衡，农村贫困人口的分布呈现出不同的特点。总体上，我国贫困人口的数量呈现出西高东低的态势，且西部地区贫困发生率远高于东部地区，现阶段我国贫困人口主要集中于西部地区和连片特困区。众所周知，1978年以前，我国2.5亿贫困人口分布于全国各个区域，区域差异并不突出。但是，随着我国经济社会的不断发展，我国农村贫困人口的分布状况也不断变化，其主要表现在以下三个方面。

（1）区域分布：总体上，我国东、中、西部各地区贫困人口和贫困发生率大幅下降，且农村地区贫困人口逐渐向西部地区集中，西部地区贫困人口占农村贫困人口总量的50%以上。

表4.2 我国农村东、中、西部地区[①]贫困人口分布变化

年份	贫困人口数量/万人			贫困发生率/%			占农村人口比重/%		
	东部	中部	西部	东部	中部	西部	东部	中部	西部
2000	487	1 090	1 632	1.3	3.4	7.3	15.2	34.0	50.8
2001	393	997	1 537	1.0	3.1	6.8	13.4	34.0	52.5
2002	465	887	1 468	1.2	2.7	6.5	16.5	31.5	52.0
2003	448	1 030	1 422	1.2	3.2	6.2	15.5	35.5	49.0
2004	374	931	1 305	1.0	2.8	5.7	14.3	35.7	50.0
2005	276	668	1 421	0.7	2.4	5.0	11.7	28.2	60.1
2006	218	560	1 370	0.5	2.0	4.8	10.1	26.1	63.8
2007	118	372	989	0.4	1.3	3.5	7.9	25.2	66.9
2008	248	1 110	2 649	0.7	3.5	9.3	6.2	27.7	66.1
2009	173	1 052	2 372	0.5	3.3	8.3	4.8	29.2	66.0
2010	124	813	1 751	0.4	2.5	6.1	4.6	30.3	65.1

---

① 东部地区包括北京市、天津市、河北省、辽宁省、上海市、江苏省、浙江省、福建省、山东省、广东省、海南省；中部地区包括山西省、吉林省、黑龙江省、安徽省、江西省、河南省、湖南省、湖北省；西部地区包括重庆市、四川省、广西壮族自治区、云南省、西藏自治区、陕西省、甘肃省、宁夏回族自治区、内蒙古自治区、青海省、新疆维吾尔自治区、贵州省。

表4.2(续)

年份	贫困人口数量/万人			贫困发生率/%			占农村人口比重/%		
	东部	中部	西部	东部	中部	西部	东部	中部	西部
2011	1 655	4 238	6 345	4.7	12.8	23.4	13.5	34.6	51.9
2012	1 367	3 446	5 086	3.9	10.5	17.6	13.8	34.8	51.4
2013	1 171	2 869	4 209	3.3	8.7	14.6	13.5	34.4	52.1
2014	956	2 461	3 600	2.7	7.5	12.4	13.6	35.1	51.3
2015	653	2 007	2 914	1.8	6.2	10.0	11.7	36.0	52.3
2016	490	1 594	2 251	1.4	4.9	7.8	11.3	36.8	51.9
2017	300	1 112	1 634	0.9	3.4	5.7	9.8	36.5	53.7

数据来源：2013 年数据来源于《中国扶贫》2014 年第 8 期，其余年份数据来源于历年《中国农村贫困监测报告》。

注：2011 年及以后的数据都是采用 2011 年的扶贫标准后计算所得，而 2008—2010 年的数据是采用 2008 年的扶贫标准计算所得，2000—2007 年的数据是采用 2000 年的扶贫标准计算所得。

表 4.2 展示了 2000—2017 年我国东、中、西部地区农村贫困人口数量、贫困发生率以及各地区贫困人口数量占当年总贫困人口数量的比重的变化情况。根据不同的贫困标准，本书将表 4.2 中反映的贫困事实分为三个阶段。

第一，2000—2007 年的贫困阶段。该阶段东部地区的贫困人口数量从 487 万减少为 118 万，贫困发生率从 1.7% 减少为 0.5%，其农村贫困人口占农村人口的比重从 15.2% 减少为 7.9%；中部地区贫困人口数量从 1 090 万减少为 372 万，贫困发生率从 3.4% 减少为 1.7%，其农村贫困人口占农村人口的比重从 34.0% 减少为 25.2%；西部地区贫困人口数量从 1 632 万减少为 989 万，贫困发生率从 7.3% 减少为 3.5%，但是，其农村贫困人口占农村人口的比重从 50.8% 动态增长为 66.9%，这也反映了我国农村地区贫困人口逐渐向西部地区集中的趋势。直观地，本书将 2000—2007 年我国东、中、西部地区贫困人口数量和贫困发生率反映于图 4.2 中。

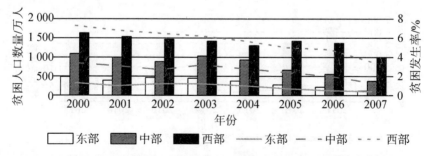

图 4.2　2000—2007 年我国农村东、中、西部地区贫困人口数量和贫困发生率

第二，2008—2010 年的贫困阶段。该阶段东部地区的贫困人口数量从 248 万减少为 124 万，贫困发生率从 0.7%减少为 0.4%，其农村贫困人口占农村人口的比重从 6.2%减少为 4.6%；中部地区的贫困人口数量从 1 110 万减少为 813 万，贫困发生率从 3.5%减少为 2.5%，其农村贫困人口占农村人口的比重从 27.7%增长为 30.3%；西部地区的贫困人口数量从 2 649 万减少为 1 751 万，贫困发生率从 9.3%减少为 6.1%，其农村贫困人口占农村人口的比重从 66.1%增长为 65.1%。明显，这一阶段西部地区仍然是我国贫困人口的主要集中地区。进一步，本书将 2008—2010 年我国东、中、西部地区贫困人口数量和贫困发生率反映于图 4.3 中。

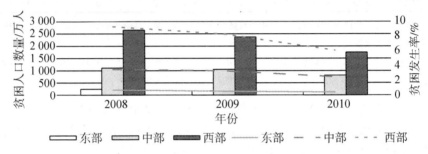

图 4.3　2008—2010 年我国农村东、中、西部地区贫困人口数量和贫困发生率

第三，2011—2017 年的贫困阶段。该阶段东部地区的贫困人口数量从 1 655 万减少为 300 万，贫困发生率从 4.7%减少为 0.9%，其农村贫困人口占农村人口的比重从 13.5%减少为 9.8%；中部地区的贫困人口数量从 4 238 万减少为 1 112 万，贫困发生率从 12.8%减少为 3.4%，其农村贫困人口占农村人口的比重从 34.6%增长为 36.5%；西部地区的贫困人口数量从 6 345 万减少为 1 634 万，贫困发生率从 23.4%减少为 5.7%，其农村贫困人口占农村人口的比重从 51.9%增长为 53.7%。因此，这一阶段的贫困人口依然呈现为向西部地区集中的趋势。同理，本书将 2011—2017 年我国东、中、西部地区贫困人口数量和贫困发生率反映于图 4.4 中。

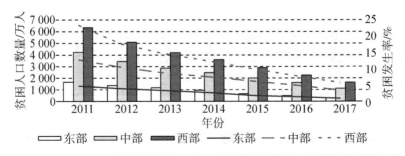

图 4.4　2011—2017 年我国农村东、中、西部地区贫困人口数量和贫困发生率

（2）连片特困区：连片特困区是我国农村贫困人口的主要集中地，也是我国扶贫开发的主战场，连片特困区的贫困人口贫困程度更深、扶贫难度更大、任务更重。

根据 2011 年《扶贫开发纲要》文件，我国将原来的 18 个贫困片区①重新划分为了 14 个集中连片特困区，即六盘山区、秦巴山区、武陵山区、乌蒙山区、滇桂黔石漠化区、滇西边境山区、大兴安岭南麓山区、燕山—太行山区、吕梁山区、大别山区、罗霄山区等区域的连片贫困地区和已明确实施特殊政策的西藏、青海、四川、云南、甘肃四省藏族与其他民族共同聚居的民族自治区、新疆南疆三地州等。

表 4.3 展示了 2011—2016 年我国 14 个连片特困区的贫困人口情况。从表 4.3 可以发现，就整体而言，连片特困区的贫困人口占农村贫困人口的比重为 50% 左右，其中，2011 年占比为 49.3%、2012 年占比为 51.2%、2013 年占比为 50.2%、2014 年占比为 50.1%、2015 年占比为 51.6%、2016 年占比为 50.3。因此，我国连片特困区的贫困人口数量依然较多。就各地区而言，截至 2016 年，六盘山区、秦巴山区、武陵山区、滇黔桂石漠化区、乌蒙山区、滇西边境山区等地区的贫困人口超过 150 万人，其余地区的贫困人口低于 100 万人。明显，2011—2016 年，秦巴山区贫困人口从 815 万人减少为 256 万人，减少了 559 万人，平均每年减少 11.4%；六盘山区贫困人口从 642 万人减少为 215 万人，减少了 427 万人，平均每年减少 11.1%。同理，我们通过计算可以发现，其余各地区平均每年的贫困人口降低 10%②左右。

表 4.3　2011—2016 年我国连片特困区贫困人口　　　　单位：万人

片区	2011 年	2012 年	2013 年	2014 年	2015 年	2016 年	减贫率/%
全部片区	6 035	5 067	4 141	3 518	2 875	2 182	10.64
六盘山区	642	532	439	349	280	215	11.09
秦巴山区	815	684	559	444	346	256	11.43
武陵山区	793	671	543	475	379	285	10.68

---

① 原来的贫困区是指国务院 1986 年根据地域分布规律和特点确定的位于东部地区的沂蒙山贫困区与闽西南、闽东北贫困区，位于中部地区努鲁儿虎山贫困区、太行山贫困区、吕梁山贫困区、秦岭大巴山贫困区、武陵山贫困区、井冈山和赣南贫困区、大别山贫困区，位于西部地区的定西贫困区、西海固贫困区、陕北贫困区、西藏贫困区、滇东南贫困区、横断山贫困区、九万大山贫困区、乌蒙山贫困区、桂西北贫困区。

② 这里的减贫率是指 2011—2016 年贫困人口的平均减少率，见表 4.3 最后一列。

表4.3(续)

片区	2011年	2012年	2013年	2014年	2015年	2016年	减贫率/%
乌蒙山区	765	664	507	442	373	272	10.74
滇黔桂区	816	685	574	488	398	312	10.29
滇西边境	424	335	274	240	192	152	10.69
南麓山区	129	108	85	74	59	46	10.72
燕山—太行山区	223	192	165	150	122	99	9.27
吕梁山区	104	87	76	67	57	47	9.13
大别山区	647	566	477	392	341	252	10.18
罗霄山区	206	175	149	134	102	73	10.76
西藏地区	106	85	72	61	48	34	11.32
四省藏族与其他民族共同聚居的民族自治区	206	161	117	103	88	68	11.17
新疆南疆三地州	159	122	104	99	90	73	9.01

数据来源：2017年《中国农村贫困监测报告》。

为了更加直观地观察连片特困区的贫困人口变化情况，本书将2011—2016年我国连片特困区贫困人口的变化绘制于图4.5中。

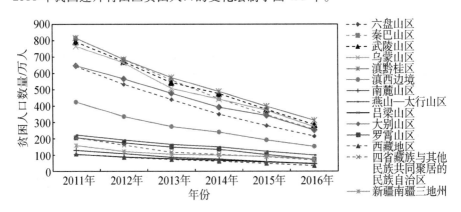

图4.5 2011—2016年我国连片特困区贫困人口和减贫率

表4.4展示了2011—2016年我国连片特困区贫困发生率情况。分析表4.4可知，从2011年至2016年，我国连片特困区的贫困发生率均呈大幅下降趋势。总体上，连片特困区的贫困发生率从2011年的29%下降为2016年的10.5%，平均每年降低10.63%。分地区来看，西藏地区和四省藏族与其他民

族共同聚居的民族自治区的贫困发生率减少30%以上，六盘山区、乌蒙山区、新疆南疆三地州等地区的贫困发生率减少量位于20%~30%，滇黔桂石漠化区、黔西边境山区、武陵山区、南麓山区、吕梁山区、秦巴山区等地区的贫困发生率减少量位于15%~20%，燕山—太行山区、大别山区、罗霄山区等地区的贫困发生率减少量位于10%~15%。此外，我们还计算了2011—2016年连片特困区平均贫困发生率降低量，见表4.4最后一列。从中我们可以看出，各地区贫困发生率平均降低量为10%左右。

表4.4　2011—2016年我国连片特困区贫困发生率　　　单位:%

片区	2011年	2012年	2013年	2014年	2015年	2016年	平均降低量
全部片区	29.0	24.4	20.0	17.1	13.9	10.5	
六盘山区	35.0	28.9	24.1	19.2	16.2	12.4	10.76
秦巴山区	27.6	23.1	19.5	16.4	12.3	9.1	11.17
武陵山区	26.3	22.3	18.0	16.9	12.9	9.7	
乌蒙山区	38.2	33.0	25.2	21.5	18.4	13.5	10.78
滇黔桂区	31.5	26.3	21.9	18.5	15.1	11.9	10.37
滇西边境	31.6	24.8	20.5	19.1	15.5	12.2	10.23
南麓山区	24.1	21.1	16.6	14.0	11.1	8.7	10.65
燕山—太行山区	24.3	20.9	17.9	16.8	13.5	11.0	9.12
吕梁山区	30.5	24.9	21.7	19.5	16.4	13.4	9.34
大别山区	20.7	18.2	15.2	12.0	10.4	7.6	10.55
罗霄山区	22.0	18.8	15.6	14.3	10.4	7.5	10.98
西藏地区	43.9	35.2	28.8	23.7	18.6	13.2	11.66
四省藏族与其他民族共同聚居的民族自治区	42.8	38.6	27.6	24.6	16.5	12.7	11.72
新疆南疆三地州	38.7	33.6	20.0	18.8	15.7	12.7	11.20

数据来源：2017年《中国农村贫困监测报告》。

进而，为更直观地观察连片特困区贫困发生率的变化情况，本书将2011—2016年我国连片特困区的贫困发生率绘制于图4.6中。

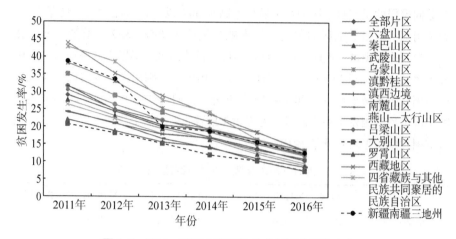

图 4.6　2011—2016 年我国连片特困区贫困发生率

（3）分省份：在现行贫困标准下，东部各省份贫困人口数量普遍较少，尤其是北京市、天津市、上海市等省份已基本实现脱贫，现有贫困人口主要集中在中、西部省份，尤其是西部省。

表 4.5 展示了 2010—2016 年我国各省份农村贫困人口的数量。分析表 4.5 可知，2010—2016 年，我国各省份农村贫困人口均大幅减少。其中，河南省、四川省、贵州省和云南省等省份的农村贫困人口减少量达 1 000 万以上，湖北省、安徽省、湖南省、广西壮族自治区、甘肃省等省份农村贫困人口减少 600 多万，湖北省和陕西省两个省份农村贫困人口减少 500 多万，辽宁省、吉林省、黑龙江省、福建省和海南省等省份农村贫困人口减少 100 多万，山西省、内蒙古自治区、江西省、山东省、广东省、重庆市和新疆维吾尔自治区等省份的农村贫困人口减少达 200 万以上，西藏自治区、青海省和宁夏回族自治区等省份农村贫困人口减少量低于 100 万，其余省份已基本没有农村贫困人口。

表 4.5　2010—2016 年我国各省份农村贫困人口变化情况 单位：万人

省份	2010 年	2011 年	2012 年	2013 年	2014 年	2015 年	2016 年
北京	1	2	1	0	0		
天津	0	5	1	0	0		
河北	872	561	437	366	320	241	188
山西	574	444	359	299	269	223	186
内蒙古	258	160	139	114	98	76	53

表4.5(续)

省份	2010年	2011年	2012年	2013年	2014年	2015年	2016年
辽宁	213	157	146	126	117	86	59
吉林	216	140	103	89	81	69	57
黑龙江	239	155	130	111	96	86	69
上海	0	0	0	0	0		
江苏	187	123	106	95	61		
浙江	148	94	83	72	45		
安徽	839	710	543	440	371	309	237
福建	167	114	87	73	50	36	23
江西	538	438	385	328	276	208	155
山东	544	345	313	264	231	172	140
河南	1 461	955	764	639	565	463	371
湖北	678	488	395	323	271	216	176
湖南	1 006	908	767	640	532	434	343
广东	314	166	128	115	82	47	
广西	1 012	950	755	634	540	452	341
海南	133	88	65	60	50	41	32
重庆	363	202	162	139	119	88	45
四川	1 409	912	724	602	509	400	306
贵州	1 521	1 149	923	745	623	507	402
云南	1 468	1 014	804	661	574	471	373
西藏	117	106	85	72	61	48	34
陕西	756	592	483	410	350	288	226
甘肃	862	722	596	496	417	325	262
青海	118	108	82	63	52	52	31
宁夏	77	77	60	51	45	37	30
新疆	469	353	273	222	212	180	147

数据来源：2017年《中国农村贫困监测报告》。

此外，为了更进一步分析各省份近些年农村贫困人口的变化情况，本书也将2010—2016年我国各省份农村贫困发生率列于表4.6中。

表 4.6 2010—2016 年我国各省份农村贫困发生率 单位:%

省份	2010 年	2011 年	2012 年	2013 年	2014 年	2015 年	2016 年
北京	0.3	0.3	0.2	0	0		
天津	2.0	1.2	0.2	0	0		
河北	15.8	10.1	7.8	6.5	5.6	4.3	3.3
山西	24.1	18.6	15.0	12.4	11.1	9.2	7.7
内蒙古	19.7	12.2	10.6	8.5	7.3	5.6	3.9
辽宁	9.1	6.8	6.3	5.4	5.1	3.8	2.6
吉林	14.7	9.5	7.0	5.9	5.4	4.6	3.8
黑龙江	12.7	8.3	6.9	5.9	5.1	4.6	3.7
上海	0.1	0	0	0	0		
江苏	3.8	2.5	2.1	2.0	1.3		
浙江	3.8	2.5	2.2	1.9	1.1		
安徽	15.7	13.2	10.1	8.2	6.9	5.8	4.4
福建	6.2	4.2	3.2	2.6	1.8	1.3	0.8
江西	15.8	12.6	11.1	9.2	7.7	5.8	4.3
山东	7.6	4.8	4.4	3.7	3.2	2.4	1.9
河南	18.1	11.8	9.4	7.9	7.0	5.8	4.6
湖北	16.9	12.1	9.8	8.0	6.6	5.3	4.3
湖南	17.9	16.0	13.5	11.2	9.3	7.6	6.0
广东	4.6	2.4	1.9	1.7	1.2	0.7	
广西	24.3	22.6	18.0	14.9	12.6	10.5	7.9
海南	23.8	15.5	11.4	10.3	8.5	6.9	5.5
重庆	15.1	8.5	6.8	6.0	5.3	3.9	2.0
四川	20.2	13.0	10.3	8.6	7.3	5.7	4.4
贵州	45.1	33.4	26.8	21.3	18.0	14.7	11.6
云南	40.0	27.3	21.7	17.8	15.5	12.7	10.1
西藏	49.2	43.9	35.2	28.8	23.7	18.6	13.2
陕西	27.3	21.4	17.5	15.1	13.0	10.7	8.4
甘肃	41.3	34.6	28.5	23.8	20.1	15.7	12.6
青海	31.5	28.5	21.6	16.4	13.4	10.9	8.1
宁夏	18.3	18.3	14.2	12.5	10.8	8.9	7.1
新疆	44.6	32.9	25.4	19.8	18.6	15.8	12.8

数据来源:2017 年《中国农村贫困监测报告》。

根据表 4.6，2010—2016 年，总体上，除了北京市、天津市、上海市、江苏省、浙江省等省份本身贫困发生率较低外，其余各省份的农村贫困发生率均呈大幅下降趋势。其中，西藏自治区的贫困发生率从 49.2% 下降为 13.2%，降低了 36.0%，是所有省份中下降幅度最大的省份；贵州省的贫困发生率从 45.1% 下降为 11.6%，降低了 33.5%；新疆维吾尔自治区的贫困发生率从 44.6% 下降为 12.8%，降低了 31.8%。此外，云南省、甘肃省的贫困发生率也降低了 30% 左右，海南省、广西壮族自治区、青海省、山西省、内蒙古自治区、四川省以及陕西等省份的贫困发生率降低了约 20%，河北省、黑龙江省、安徽省、江西省、河南省、湖北省、湖南省、重庆市和宁夏回族自治区等省份的贫困发生率大约下降 10%，其余省份的贫困发生率下降量低于 10%。由此可见，我国西部省份的贫困发生率下降幅度较大，有的省份下降量甚至超过 30%，而东部省份的贫困发生率下降量较低，很多东部省份的贫困发生率下降率不超过 10%，甚至很多东部省份已经实现完全脱贫。进而，本书也将 2010—2016 年各省份农村贫困发生率展示于图 4.7 中。

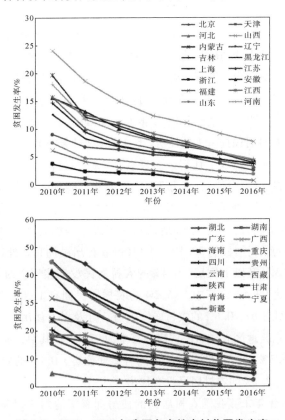

图 4.7 2010—2016 年我国各省份农村贫困发生率

综上所述，无论是整体还是各个省份，农村贫困人口均大幅下降，我国的减贫事业取得了举世瞩目的成就。但是，也不难看出，我国描述贫困人口时仅仅考虑了收入方面，而且仅从贫困发生率这一单个指标测度贫困人口的变化和分布，仅能反映贫困人口数量的变化（崔万田 等，2018），不能描述贫困深度和贫困人口内部福利不平等的情况。因此，我们还应该更深入地测度和分析贫困问题，从整体上把握农村贫困的内涵和外延，从而制定出相应的减贫措施。

4.1.3 农村居民生活标准现状

生活标准是衡量贫困尤其是多维贫困的重要载体。截至 2020 年，国家统计局对我国农村居民生活条件进行了两次普查，分别是在第二次（2006 年）和第三次（2016 年）全国农业普查时进行的，其中 2006 年年末对 22 108 万户农村居民进行了调查，2016 年年末对 23 027 万农户进行了调查。调查的内容主要包括农村居民的住房、饮用水、卫生设施、拥有耐用品数量以及做饭燃料等。

（1）住房。住房是人类生存和发展最基本、最必要的条件，也是家庭成员共同生活不可缺少的物质基础，其很大程度上反映了农村居民的物质富裕水平。在农村，住房面积、价值和质量直接反映了农村居民的富裕程度和生活质量高低（覃业曼，2018）。表 4.7 反映了 2006 年和 2016 年我国农村各地区居民住房拥有情况。明显，截至 2006 年年末，我国 99.3% 的农村居民拥有住房，其中 92.5% 的农村居民拥有 1 处住房，6.4% 的农村居民拥有 2 处住房，0.4% 的农村居民拥有 3 处及以上住房，而仅有 0.7% 的农村居民没有住房。此时，东部地区的农村居民住房拥有率为 99.2%，其中，89% 的农村居民拥有 1 处住房、9.6% 的农村居民拥有 2 处住房、0.6% 的农村居民拥有 3 处及以上住房、0.8% 的农村居民没有住房；中部地区农村居民住房拥有率为 99.6%，其中，拥有 1 处住房的农村居民为 93.4%、4.0% 的农村居民拥有 2 处住房、0.2% 的农村居民拥有 3 处及以上住房、0.4% 的农村居民没有住房；西部地区农村居民住房拥有率为 99.4%，其中，95.2% 的农村居民拥有 1 处住房、9.6% 的农村居民拥有 2 处住房、0.6% 的农村居民拥有 3 处及以上住房、0.6% 的农村居民没有住房；东北地区农村居民住房拥有率为 97.9%，其中，拥有 1 处住房的农村居民为 95.3%、2.5% 的农村居民拥有 2 处住房、0.1% 的农村居民拥有 3 处及以上住房、2.1% 的农村居民没有住房。

截至 2016 年年末，我国农村居民的住房拥有率达到 99.5%，其中，87% 的农村居民拥有 1 处住房、11.6% 的农村居民拥有 2 处住房、0.9 的农村居民拥有 3 处及以上住房、0.5 的农村居民没有住房。此时，我国东部地区农村居民拥有率为 99.7%，其中，82.7% 的农村居民拥有 1 处住房、15.6% 的农村居民拥有 2 处住房、1.4% 的农村居民拥有 3 处及以上住房；中部地区农村居民拥有率为 99.6%，其中，87.9% 的农村居民拥有 1 处住房、11% 的农村居民拥有 2 处住房、0.7% 的农村居民拥有 3 处及以上住房；西部地区农村居民住房拥有率为 99.1%，其中，89.5% 的农村居民拥有 1 处住房、9.2% 的农村居民拥有 2 处住房、0.5% 的农村居民拥有 3 处及以上住房；东北地区农村居民住房拥有率为 99.2%，其中 93.9% 的农村居民拥有 1 处住房、5% 的农村居民拥有 2 处住房、0.3% 的农村居民拥有 3 处及以上住房。

表 4.7　我国农村居民住房情况表①　　　　单位:%

年份	地区	拥有 1 处住房	拥有 2 处住房	拥有 3 处及以上住房	没有住房
	全国	92.5	6.4	0.4	0.7
	东部地区	89.0	9.6	0.6	0.8
2006	中部地区	93.4	5.9	0.3	0.4
	西部地区	95.2	4.0	0.2	0.6
	东北地区	95.3	2.5	0.1	2.1
	全国	87.0	11.6	0.9	0.5
	东部地区	82.7	15.6	1.4	0.3
2016	中部地区	87.9	11.0	0.7	0.4
	西部地区	89.5	9.2	0.5	0.9
	东北地区	93.9	5.0	0.3	0.8

数据来源：第二次和第三次全国农业普查公报。

明显，就 2016 年与 2006 年相比较而言，我国农村居民住房拥有率提高了，主要提高的是拥有 2 处和 3 处及以上住房的农村居民，尤其是拥有 2 处住房的农村居民数量有了较大幅度的增长，这也表明近些年我国农村居民的生活条件持续得到改善。为了比较，本书将 2006 年和 2016 年农村居民拥有住房情况描绘于图 4.8 中。

---

①　四大地区：东部地区包括北京市、天津市、河北省、上海市、江苏省、浙江省、福建省、山东省、广东省、海南省。中部地区包括山西省、安徽省、江西省、河南省、湖北省、湖南省。西部地区包括内蒙古自治区、广西壮族自治区、重庆市、四川省、贵州省、云南省、西藏自治区、陕西省、甘肃省、青海省、宁夏回族自治区、新疆维吾尔自治区。东北地区包括辽宁省、吉林省、黑龙江省。

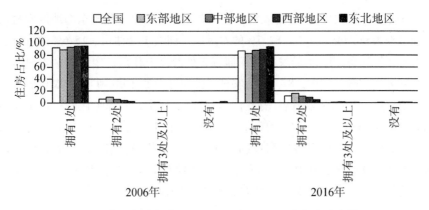

图 4.8　我国农村各地区居民 2006 年和 2016 年拥有住房情况

　　如果仅从住房拥有率来看，我国农村居民已基本摆脱了住房贫困。但是，从我国农村居民住房的构成情况（见表 4.8）来看，农村居民的住房仍然面临较大困难。分析表 4.8 可知，截至 2006 年年末，我国有 9.6% 的农村居民居住在竹草土坯中，其中西部地区 21.8% 的农村居民居住于竹草土坯中，东北地区有 15.3% 的农村居民居住于竹草土坯中。截至 2016 年年末，我国仍有 2.8% 的农村居民居住在竹草土坯中，其中，西部地区居住于竹草土坯中的农村居民占比减少为 5.9%，而东北地区居住于竹草土坯中的农村居民占比减少为 3.6%。因此，如果以农村居民是否居住于竹草土坯中为住房贫困，那么我国农村居民的住房困难仍应受到高度重视。

表 4.8　2006 年和 2016 年我国农村居民住房构成情况　　　　单位:%

年份	住房构成	全国	东部地区	中部地区	西部地区	东北地区
2006	钢筋混凝土	6.0	7.9	7.5	2.9	2.4
	砖混	39.4	43.2	47.9	29.5	23.4
	砖木	44.3	45.5	39.7	44.4	58.7
	竹草土坯	9.6	3.1	4.4	21.8	15.3
	其他	0.7	0.3	0.5	1.4	0.2
2016	钢筋混凝土	12.5	15.7	13.5	9.5	5.3
	砖混	57.2	57.9	65.3	50.6	47.8
	砖木	26.0	25.1	18.9	30.9	42.5
	竹草土坯	2.8	0.9	1.5	5.9	3.6
	其他	1.4	0.5	0.8	3.1	0.9

数据来源：第二次和第三次全国农业普查公报。

（2）卫生设施。卫生设施的情况直接与人的健康状况相关，改善环境卫生设施可以显著提高农村居民的健康人力资本（赵连阁 等，2018）。因此，卫生设施也是衡量农村居民生活条件是否改善的重要指标。表4.9反映了我国不同区域2006年年末和2016年年末农村居民的卫生设施情况。

表4.9　我国不同区域农村居民卫生设施情况表　　单位:%

年份	卫生设施	全国	东部地区	中部地区	西部地区	东北地区
2006	水冲式厕所	12.8	26.0	6.0	6.2	1.3
	旱厕	44.3	38.3	54.1	40.6	49.2
	简易厕所或无厕所	42.9	35.7	39.9	53.2	49.5
2016	水冲式卫生厕所	36.2	54.2	29.2	29.7	4.1
	水冲式非卫生厕所	3.1	2.1	4.1	3.8	0.2
	卫生旱厕	12.4	11.7	13.6	12.0	12.2
	普通旱厕	46.2	30.8	52.2	50.1	82.2
	无厕所	2.0	1.2	0.9	4.3	0.5

数据来源：第二次和第三次全国农业普查公报①。

从表4.9中我们可以发现，截至2006年年末，我国42.9%的农村居民无厕所或只有简易厕所，拥有旱厕的农村居民占44.3%，拥有水冲式厕所的农村居民仅占12.8%。其中，东部地区35.7%的农村居民无厕所或只有简易厕所、38.3%的农村居民拥有旱厕、26%的农村居民拥有水冲式厕所，中部地区39.9%的农村居民无厕所或只有简易厕所、54.1%的农村居民拥有旱厕、仅有6%的农村居民拥有水冲式厕所，西部地区中53.2%的农村居民无厕所或只有简易厕所、40.6%的农村居民拥有旱厕、仅有6.2%的农村居民拥有水冲式厕所，东北地区49.5%的农村居民无厕所或只有简易厕所、49.2%的农村居民拥有旱厕、只有1.3%的农村居民拥有水冲式厕所。

截至2016年年末，我国农村居民的卫生设施得到大幅改善。其中，仅有2%的农村居民无厕所，但是，仍然有46.2%的农村居民仅有普通旱厕，水冲式厕所的占比为39.3%。显然，东、中、西部以及东北地区的无厕所率均在4.5%以下，而普通旱厕拥有率占50%左右，尤其是东北地区农村居民普通旱

---

① 由于原始数据采用"四舍五入"法汇总，统计过程中可能存在细微偏差，本书中所有数据均依照原始数据未作修正。

厕拥有率达 82.2%。自然地，东北地区农村居民的水冲式厕所占有率非常低，仅占 4.3%。

　　明显，2016 年和 2006 年相比，我国农村居民的卫生设施情况得到了较好的改善，主要是各区域无厕所的比率大幅下降，且水冲式厕所占有率有了较快增长。但是，相较之下，现阶段我国农村居民的普通旱厕占有率仍然较高，因此，卫生设施的贫困仍然有待持续关注。同样，为了比较，本书将我国农村各地居民 2006 年和 2016 年卫生设施情况描绘于图 4.9 中。

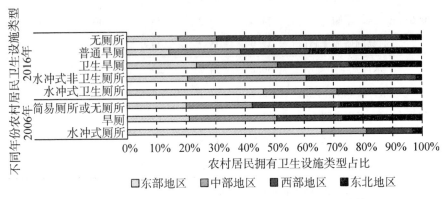

图 4.9　我国农村各地区居民 2006 年和 2016 年卫生设施情况

　　（3）饮用水。水是生命之源，饮用水更是与人们的生命健康息息相关。长期以来，我国农村居民都面临着严峻的安全饮用水问题，饮用水贫困问题一直是困扰农村居民的重要问题。表 4.10 展示了 2006 年年末与 2016 年年末我国各区域农村居民的饮用水来源情况。

　　从表 4.10 可以发现，截至 2006 年年末，我国农村居民的饮用水经过净化处理的占比仅为 23.1%，而未经过净化处理的占比为 76.9%，其中，饮用水为深井水的比例为 41.8%、为浅井水的比例为 27.8%、为江河湖水的比例为 2.8%、为池塘水和雨水的比例均为 1.4%、其他水占比 1.7%。同时，虽然东部地区净化处理过的饮用水占比达 44.2%，但是中、西部和东北地区净化处理过的饮用水占比依然较小，分别为 8.8%、13.3% 和 15%；而在未净化处理过的饮用水中，不论是东部地区，还是其他区域，深井水和浅井水占据绝对比例，尤其是东北地区饮用水中深井水和浅井水的占比达到 84.9%，而占比较低的东部地区也达到 52.9%。此外，在西部地区，将江河湖水作为饮用水的农村居民达到 6%，将雨水作为饮用水的农村居民达到 3.7%，这也表明饮用水的贫困问题依然严峻。

表 4.10　我国不同区域农村居民饮用水情况　　　　　　单位:%

年份	饮用水	全国	东部地区	中部地区	西部地区	东北地区
2006	净化处理过的饮用水	23.1	44.2	8.8	13.3	15.0
	深井水	41.8	37.6	53.4	27.5	75.9
	浅井水	27.8	15.3	31.7	43.6	9.0
	江河湖水	2.8	1.4	2.0	6.0	0.1
	池塘水	1.4	0.4	1.6	2.6	0.0
	雨水	1.4	0.1	1.1	3.7	0.0
	其他水	1.7	1.0	1.4	3.3	0.0
2016	净化处理的纯净水	47.7	62.3	43.9	38.2	36.1
	受保护的井水和泉水	41.6	33.5	42.8	45.8	58.5
	非受保护的井水和泉水	8.7	3.5	11.9	11.8	5.3
	江河湖泊水	0.6	0.1	0.4	1.3	0.0
	收集雨水	0.7	0.0	0.4	1.7	0.0
	桶装水	0.3	0.2	0.4	0.4	0.0
	其他水源	0.4	0.3	0.2	0.8	0.1

数据来源：第二次和第三次全国农业普查公报。

截至 2016 年年末，农村居民饮用水净化处理过的占比达到 47.7%，受保护的井水和泉水占比为 41.6%，也就是说，此时仅有 10.7% 的农村居民将未净化处理过和非受保护的井水和泉水作为饮用水。其中，东部地区农村居民饮用水为净化处理过以及受保护的井水和泉水的比例为 95.8%，非受保护的井水和泉水的比例为 3.5%，其他饮用水源占比为 4.2%；中部地区农村居民饮用水为净化处理过以及受保护的井水和泉水的比例为 86.7%，非受保护的井水和泉水的比例为 11.9%，其他饮用水源占比 1.4%；西部地区农村居民饮用水为净化处理过以及受保护的井水和泉水的比例为 84.0%，非受保护的井水和泉水的比例为 11.8%，其他饮用水源占比 4.2%；东北地区农村居民饮用水为净化处理过以及受保护的井水和泉水的比例为 94.6%，其他饮用水源占比 5.4%。

显然，经过 10 年的发展，我国农村居民的饮用水质量得到大幅提高，这与我国政府高度重视农村居民饮用水安全息息相关，如 2011 年中央 1 号文件专门就加快水利改革发展进行了规划和定位，2017 年中央 1 号文件进一步指出要开展农村地区饮用水等方面安全隐患排查治理工作。相较而言，2016 年年末，我国农村居民净化和处理过的饮用水比例增长较快，同时，受保护的井水和泉水的占比也大幅增长。但是,中西部地区农村居民饮用非受保护的井水和泉水的比例超过10%,仍然面临着严峻的饮用水安全问题。因此,我们还应继续关注农村居民的安全饮用水问题。为便于比较,本书也将我国不同区域农村居民2006年和2016年饮用水来源情况展示于图4.10中。

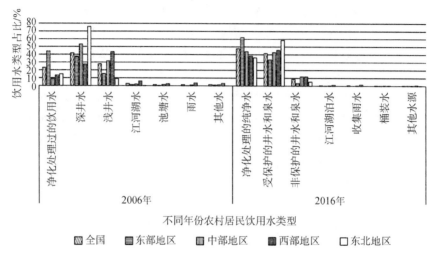

图 4.10　我国不同区域农村居民 2006 年和 2016 年饮用水来源情况

(4)做饭燃料。据国际能源署(IEA)估计,目前全球仍有12.6亿人无法获得电力服务,26.4亿人仍依赖传统生物质能进行炊事活动,其中95%的人口集中在亚洲和非洲地区(郝宇 等,2014)。这种持续存在的能源贫困不仅影响着居民健康和生活质量,更制约着国家的经济发展与社会进步,目前已成为全球共同面临的重要问题(赵雪雁 等,2018)。中国作为世界上最大的发展中国家,面临的做饭燃料贫困问题更为复杂和严峻,尤其是在农村地区,我国依然面临着更为严重的做饭燃料贫困问题。表4.11展示了2006年和2016年我国不同区域农村居民做饭燃料的情况。

从表4.11中可以看出,截至2006年年末,总体上,我国60.2%的农村居民采用柴草作为做饭燃料,26.1%的农村居民采用煤作为做饭燃料,11.9%的农村居民采用煤气、天然气作为做饭燃料,采用沼气和电力作为做饭燃料的农村居民占比均低于1%。明显,不论是东部地区,还是中、西部以及东北地区,采用柴草作为做饭燃料的农村居民占比最高,尤其是东北地区占比达到88.2%,最低的东部地区也达到53.1%;使用煤作为做饭燃料的农村居民占比次之,中部地区占比达到38.4%、西部地区为27.1%、东部地区为18.5%、东北地区为7.4%;采用煤气或天然气作为做饭燃料的农村居民占比第三,其中东部地区占比为27.2%、中部地区占比达到3.8%、西部地区为3.2%、东北地区为4%；而东中部地区和东北部地区采用沼气、电等清洁能源作为做饭燃料的农村居民占比均不高于1%。

截至2016年年末，整体上，使用柴草作为做饭燃料的农村居民仍然高达44.2%，采用煤作为做饭燃料的有23.9%，使用煤气或天然气的有49.3%，而同时使用电的农村居民达到58.6%，该阶段使用沼气和太阳能的农村居民比例仍然较低。分地区来看，不管是东部地区还是中、西部以及东北地区，采用柴草作为做饭燃料的农村居民的占比仍然较高，其中东部地区占比为27.4%、中部地区占比为40.1%、西部地区占比为58.6%、东北地区占比高达84.5%；其次，使用电作为做饭燃料的农村居民占比迅速提高，其中东部地区占比达到57.2%、中部地区占比为59.3%、西部地区占比为59.5%、东北地区占比为58.7%；同时，各区域采用煤、煤气和天然气的农村居民占比仍较大，尤其是东部地区采用煤气或天然气的占比高达69.5%、中部地区占比也达到58.2%，且各区域使用煤的农村居民占比基本都在20%以上。

表4.11　我国不同区域农村居民做饭燃料情况　　　　单位：%

年份	做饭燃料	全国	东部地区	中部地区	西部地区	东北地区
2006	柴草	60.2	53.1	56.9	66.2	88.2
	煤	26.1	18.5	38.4	27.1	7.4
	煤气、天然气	11.9	27.2	3.8	3.2	4.0
	沼气	0.7	0.2	0.7	1.3	0.1
	电	0.8	1.0	0.2	1.3	0.3
	其他	0.3	0.0	0.0	0.9	0.0
2016	柴草	44.2	27.4	40.1	58.6	84.5
	煤	23.9	29.4	16.3	24.8	27.4
	煤气、天然气	49.3	69.5	58.2	24.5	20.3
	沼气	0.7	0.3	0.7	1.2	0.1
	电	58.6	57.2	59.3	59.5	58.7
	太阳能	0.2	0.2	0.3	0.3	0.1
	其他	0.5	0.2	0.2	1.3	0.1

数据来源：第二次和第三次全国农业普查公报。

注：2016年的数据中各指标每户可选两项，所以分项之和大于100%。

相较而言，现阶段我国农村居民使用柴草作为做饭燃料的占比有所降低，使用电的农村居民占比迅速提高，使用煤气或天然气的农村居民占比也有较大幅度升高，而使用煤的农村居民占比除中、西部略有下降外，东部和东北地区使用煤的占比均有较大幅度提升。明显，我国农村居民采用非清洁能源（如柴草、煤等）作为做饭燃料的占比依然相当大。因此，做饭燃料的贫困问题也值得高度重视。此外，为便于比较，本书将2006年和2016年我国不同区域农村居民做饭燃料情况展示于图4.11中。

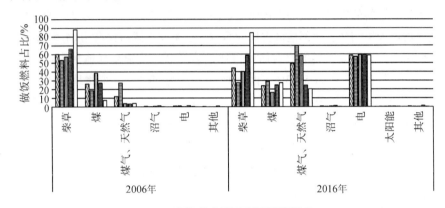

图 4.11　2006 年和 2016 年我国不同区域农村居民做饭燃料情况

（5）耐用品。耐用品在平滑经济周期波动的作用明显，西方国家大多把耐用品的生产与消费变化作为衡量经济波动的重要指标（张耿，2006）。我国作为农业大国，繁荣农村耐用消费品市场有利于保持国民经济平稳持续地增长（覃业曼，2018）。鉴于此，表4.12展示了2006年年末和2016年年末我国不同区域农村居民拥有耐用品的情况。

表 4.12　2006 年年末和 2016 年年末我国不同区域农村居民拥有耐用品情况

年份	耐用品	单位	全国	东部地区	中部地区	西部地区	东北地区
2006	彩电	台/百户	87.3	97.5	85.1	74.5	97.1
	固定电话	部/百户	51.9	68.2	45.9	35.1	64.4
	手机	部/百户	69.8	86.1	68.7	52.3	63.7
	电脑	台/百户	2.2	4.8	0.9	0.6	1.0
	摩托车	辆/百户	38.2	50.9	36.0	25.6	34.3
	生活用汽车	辆/百户	3.4	5.1	2.6	2.2	2.6

年份	耐用品	单位	全国	东部地区	中部地区	西部地区	东北地区
2016	小汽车	辆/百户	24.8	33.7	22.4	18.8	17.6
	摩托车、电瓶车	辆/百户	101.9	131.9	106.6	72.9	63.0
	淋浴热水器	台/百户	57.2	77.2	59.4	42.5	10.3
	空调	台/百户	52.8	86.8	58.5	20.5	2.2
	电冰箱	台/百户	85.9	94.9	87.1	75.1	86.2
	彩色电视机	台/百户	115.2	128.6	115.3	102.6	106.6
	电脑	台/百户	32.2	50.3	31.1	15.9	23.5
	手机	部/百户	244.3	247.9	247.4	243.1	214.0

数据来源：第二次和第三次全国农业普查公报。

从表4.12可以发现，截至2006年年末，总体上，我国农村居民每百户拥有彩电87.3台，每百户拥有固定电话51.9部，每百户拥有手机69.8部，每百户拥有电脑2.2台，每百户拥有摩托车38.2辆，每百户拥有生活小汽车3.4辆。在该阶段，不管是东部、中部地区，还是东北地区，彩电的拥有量较高，电脑和汽车的拥有量较低。

截至2016年年末，我国农村居民每百户拥有彩电115.2台，每百户拥有手机244.3部，每百户拥有摩托车或电瓶车101.9辆，每百户拥有电脑32.2台，每百户拥有生活小汽车24.8辆。在该阶段，农村居民也大量拥有淋浴热水器、空调和电冰箱等耐用消费品，其中每百户拥有淋浴热水器57.2台，每百户拥有空调52.8台，每百户拥有电冰箱85.9台。就东、中、西部地区以及东北地区来看，农村居民拥有耐用品量差异较大，尤其是空调拥有量（东部地区达到每百户86.8台、西部地区为每百户20.5台、东北地区甚至仅为每百户2.2台）、淋浴热水器拥有量（东部地区达到每百户77.2台、西部地区为每百户42.5台、东北地区仅为每百户10.3台）等。

明显，近些年整体上我国农村居民拥有耐用品消费量都呈正增长趋势（见图4.12）。相较而言，不仅耐用消费品的数量有了大幅度的增加，而且诸如空调、电冰箱等的大规模出现也使得农村耐用消费品的结构逐渐丰富和优化。虽然经过近十年的高速发展，我国农村居民耐用品消费量出现大幅增长，但是我国农村住户的耐用消费品仍然处于不足的状态，普及率仍有待提升，与城市居民相比差距较大，东、中、西部各区域拥有量的差异也值得高度重视。

图 4.12 我国农村居民 2006 年和 2016 年耐用品消费情况

综上所述，经过 10 年的发展，我国农村居民的生活条件得到大幅改善，尤其表现在住房、安全饮用水、做饭燃料、耐用品拥有量以及卫生设施等指标上。但是我们也应该看到，与城市相比，我国农村居民的生活条件仍然有待进一步提高。同时，我国东、西部农村居民的生活标准差异也较大。因此，如何缩小城乡和区域间生活水平差异是亟待解决的难题。

4.1.4 农村贫困的特征分析

经过改革开放四十多年的发展，我国的经济水平大幅提高，农村贫困人口大幅减少。截至 2020 年，我国农村贫困主要呈现如下特征：

（1）我国农村绝对贫困得到大幅缓解，但相对贫困问题日益凸显。

基于上述研究发现，在现行贫困标准下，截至 2017 年年末，我国农村绝对贫困人口减少为 3 046 万，贫困发生率仅为 3.1%，已基本实现极端贫困人口的消除。但是，我国在区域发展、农村内部收入分配以及城乡各项人类发展指标等方面的差距导致我国农村相对贫困问题日益凸显。经过四十多年的发展，我国东、中、西部各区域发展严重不平衡，2017 年东部地区的地区生产总值占全国 GDP 的 56.1%，中部地区的地区生产总值占全国 GDP 的 25.0%，而西部地区的地区生产总值占全国 GDP 的 18.9%[①]，这种区域发展不平衡严重负向影响着农村贫困人口的发展。同时，近些年，我国城乡收入差距不断扩大，我国的基尼系数从 2005 年的 0.485 上升到 2009 年的 0.490，再下降到 2012 年的 0.474（见图 4.13），这意味着我国不平等程度依然很高；特别地，我国农村的基尼系数从 2005 年的 0.372 动态增长为 2012 年的 0.381（见图

---

① 数据来源：https://finance.sina.com.cn/roll/2018 - 01 - 31/doc - ifyreuzn0413123. shtml。

4.13），这意味着我国农村的不平等程度在持续增加，这也更加凸显了我国农村的发展差距。此外，张琦等人（2015）也指出，贫困不仅仅体现在收入、消费上的城乡差距越来越大，更体现在城乡二元结构造成农民普遍的发展权利和发展机会的不平等，这导致农民能力匮乏、异常脆弱，易受到社会排斥，进而处于相对贫困的弱势地位。

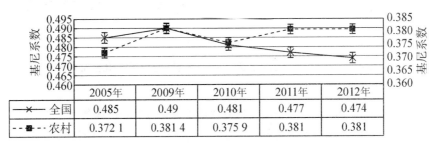

图 4.13 2005—2012 年全国和农村基尼系数趋势

数据来源：全国的基尼系数来源于国家统计局，农村的基尼系数来源于"胡志军，谭中. 我国居民收入基尼系数的估计及城乡阶层效应：基于城镇、农村收入 20 分组数据的研究［J］. 南方经济，2016（6）：38-50."。

随着改革的深入推进和发展，我国的贫困问题必然将以不同于绝对贫困或赤贫的情况发生演变，这将在 2020 年全面小康社会建成后更加凸显。换句话说，相对贫困问题在未来逐渐呈显性状态出现。

（2）我国农村收入贫困问题逐步降低，但多维贫困问题日渐突出。

事实上，我国长期以来都是基于收入维度来衡量贫困。从表 4.1 可知，我国的收入贫困发生率从 1978 年的 97.5%减少至 2017 年的 3.1%，降低了 94.4个百分点。但是，贫困不仅仅是收入低下，贫困还表现为教育、健康、医疗等福利的缺乏。从长期来看，收入贫困是可逆的，但是教育、健康等福利的缺失带来的贫困是不可逆的。据统计，截至 2016 年年末，我国各省份文盲人口占15 岁及以上人口的比重仍然较大（见图 4.14），尤其是西藏地区高达 41.12%，而西藏地区的人均 GDP 在所有省份中是较低的；相反，北京市的文盲比重仅为 1.56%，而北京地区的人均 GDP 在所有省份中是较高的。这表明教育程度直接影响着地区经济发展状况，进而意味着教育与贫困息息相关（周禹彤，2017）。因此，仅仅从收入视角探究贫困是远远不够的，还应该从教育、健康等多维度分析贫困问题。我们也应该看到，学界已逐渐将贫困的研究从单维度转向了多维度（郭熙保 等，2016），相较而言，多维贫困更能揭示贫困的本质和内涵。

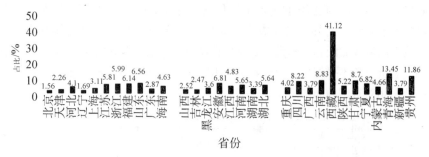

图 4.14　2016 年我国文盲人口占 15 岁及以上人口的比重抽样分布

数据来源：2017 年中国统计年鉴。

（3）我国农村贫困人口减少速率逐渐下降，且贫困群体贫困程度更深。

毋庸置疑，改革开放以来，我国的减贫事业取得了举世瞩目的成就，尤其是贫困人口从 1978 年的 2.5 亿减少为 2007 年的 1 479 万[①]，相应的贫困发生率从 30.7% 下降为 1.6%，平均每年下降 3.3 个百分点。但是，2015 年以来，按照现行贫困标准，我国农村贫困人口从 5 575 万下降为 2017 年的 3 046 万，我国的贫困减缓趋势逐渐下降。现阶段，我国还未脱贫的贫困人口主要以老、少、残等为主，他们的贫困程度更深、脱贫难度更大。薛美霞、钟甫宁（2010）的研究指出，1999 年以后我国贫困深度不断增加。贫困群体的贫困深度增加，主要是由于扶贫资金难以瞄准贫困人口、城乡之间各农村内部收入分配差距不断加大等。

（4）我国农村贫困人口逐渐向西部集中，贫困问题区域化特征明显。

改革开放以前，我国农村贫困人口虽然多，但其分布于全国各地，不存在明显的区域性特征。随着改革开放后经济的迅速发展，农村贫困人口的数量迅速减少，但由于区域经济发展的不平衡，区域间的发展差距越来越大，农村贫困人口的分布由全国性的贫困转变为了区域性的贫困（邵延学，2014）。从表4.2 可以发现，按 2000 年的贫困标准时，我国西部地区的贫困发生率从 2000年的 50.8% 上升为 2010 年的 65.1%；按 2011 年的贫困标准时，我国西部地区的贫困发生率从 2011 年的 51.9% 上升为 2017 年的 53.7%。因此，我国的贫困人口逐渐向西部地区集中，且西部地区的贫困人口占全国贫困人口的一半以上，2007 年占比甚至高达 66.9%。

[①]　该数据是基于 1978 年贫困标准所列（详见表 4.1）。

（5）我国农村贫困问题逐步向城市蔓延，贫困问题趋向复杂性。

众所周知，人多地少是我国农村地区呈现出的基本事实。随着改革开放和市场化进程的快速推进，大量的农村剩余劳动力从农村向城市流动，"农民工"成为我国独特的一道风景线。截至 2017 年年末，我国农民工总量达到 28 652 万人，其中，进城农民工达到 13 710 万人①。原中华人民共和国建设部的调查表明，务工人员收入普遍偏低，用于住房消费的支出有限，其人均居住面积普遍较小，生活设施不配套，且不同程度存在安全隐患问题；重庆市务工人员所租住的房屋中有 46% 存在不同程度的阴暗、潮湿现象和安全隐患，其中 17% 的房屋没有自来水，61% 的房屋不附带卫生间，57% 的房屋不附带厨房（原中华人民共和国建设部调研组，2006）。同时，由于体制机制等原因，农民工为城市建设做出了很大贡献，却被排除在社会财富再分配的体系之外，难以和城市居民获得同样的养老保险、医疗保险、最低生活保障和子女教育等基本权利，进而使他们依然游离在城市边缘，难以实现与输入地的融合（李强，2002；刘传江 等，2004）。因此，大部分农民工很难平等享受城市的教育、医疗、保险等福利待遇，他们只能生活在城市的最底层，在城市做脏活、累活，长此以往，农民工的健康等指标受到严重损害，从而陷入贫困，使得农村贫困问题逐渐向城市蔓延。林毅夫（2002）指出，解决我国农村贫困问题的根本思路是将农村劳动力转移到具有比较优势的劳动密集型工业中去。随着新一代农民工的持久性迁移，如果不能及时给迁移的农民工提供平等的发展权利和机会，不尽快完善农民工福利待遇制度，必将导致农民工在城市没有归属感和安全感，从而使农村贫困问题城市化、复杂化。

4.2 农村贫困的影响因素分析

贫困问题是全社会面临的一个共同难题。随着科学技术的快速发展，市场化、城市化、工业化、全球化的全面扩展，社会在创造巨额财富的同时，贫困问题也相伴而生。因此，贫困问题不仅仅是自然灾害、瘟疫事件带来的，更是制度化等因素造成的复杂现象。总体上，贫困的成因包含自然资本、物质资本、文化资本、人力资本以及社会资本（见图 4.15）等的缺乏。

---

① 数据来源：《2017 年农民工监测调查报告》。

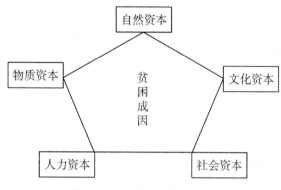

图 4.15　农村居民贫困成因

4.2.1　自然资本贫困

人类起源于自然，生存于自然，发展于自然。贫困与自然息息相关，我国现阶段贫困人口大多集中于自然条件恶劣、自然资源短缺等生态脆弱的区域。事实上，从全球范围看，凡是生态脆弱的地方，都是贫困最严重的地方（刘奇，2015）。据《全国生态脆弱区保护规划纲要》统计，我国95%以上的绝对贫困人口分布在生态环境极度脆弱的老少边穷地区。这类地区通常表现为以下两个方面。

第一，地理位置偏僻、基础设施落后、技术停滞以及产品的商品率较低。一定限度的信息与物质交流是技术发展和实现商品经济的必要条件，但贫困地区特定的生存环境和自然约束，导致其在与外部和内部进行信息和物质交流时都会花费高额的交易成本。由于贫困地区与社会经济中心距离较远，交通通信极度欠缺，要实现外部交流，就必须投入大量信息搜寻、产品运输、契约执行等产生的成本。高额的交易成本严重影响了贫困地区的信息与物质交流，从而使这些地区长期处于封闭或半封闭状态，贫困人口大量聚集于此。同时，由于交通的闭塞，贫困地区内部交流联络也相当困难。我国西部一些贫困地区（如西藏自治区、新疆维吾尔自治区、青海省等），生产技术的落后和自然环境的恶劣以及单位土地面积人口承载力较低，使得贫困人口在空间上较为分散，增加了相互之间信息和物质的交换成本。

第二，资源匮乏、灾害频繁、生产和生存成本高昂。我国特殊的地理环境和气候条件导致我国极易发生自然灾害，从而使我国农村因灾致贫返贫的现象成为常态。从图4.16可以看出，进入21世纪以来，我国平均每年依然有上亿亩耕地（1亩≈666.7平方米）遭受洪涝、干旱、风雹等自然灾害的侵袭，而且灾害的频率不断加大，灾害的程度也呈现出动态递增的趋势，尤其是旱灾。我国农村地区贫困人口抵御灾害的能力较低，自然灾害的增多，使得农户贫困程度加重，返贫率呈非线性增长。

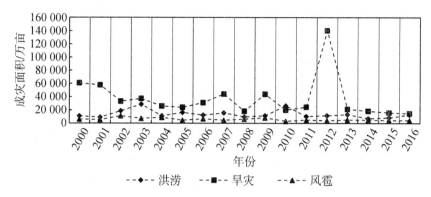

图 4.16　2000—2016 年我国农业自然灾害成灾面积

数据来源：中国种植业信息网自然灾害数据库。

据相关资料显示，贫困地区发生自然灾害的频率大约是其他地区的 5 倍，"吃不慌，穿不慌，一场大雨就泡汤"成为贫困地区农户的真实写照。同时，我国每年发生的各种自然灾害给八大生态脆弱区造成约 2 000 亿元的直接经济损失，自然灾害损失率每年递增约 9%，普遍高于这些生态脆弱地区生产总值的增速（刘奇，2015）。自然资源的稀缺、灾害的高频发生，使得农户致贫返贫现象加重，甚至有的地方农户生存也受到严重挑战。

4.2.2　物质资本贫困

对物质资本贫困的探讨起源于 20 世纪 50 年代，这一时期学者普遍将贫困的成因归结为缺乏资本和投资。西方发展经济学提出了反贫困战略理论与模式，其主要任务是探究发展中国家贫困成因与摆脱贫困的出路，形成了诸如纳克斯（Nurkes，1953）的贫困恶性循环理论、纳尔逊（Nelson，1956）的低水平均衡陷阱理论、莱本施泰因（Leibenstein，1957）的"临界最小努力"理论以及廖尔达尔（1957）的循环累积因果关系理论等（向德平 等，2016）。

第一，贫困恶性循环理论。该理论指出发展中国家之所以穷，不是因为国内资源匮乏，而是由于其收入水平低下，处于一种恶性循环中。纳克斯从供给和需求两方面阐释了贫困恶性循环理论（见图 4.17）。

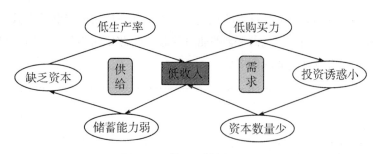

图 4.17 贫困恶性循环理论

资料来源：秦宪文. 发展经济学 [M]. 北京：经济科学出版社，2006.

明显，从图 4.18 可知，供给端会陷入"低收入→储蓄能力弱→缺乏资本→低生产率→低收入"的恶性循环，需求端会陷入"低收入→低购买力→投资诱惑小→资本数量少→低收入"的恶性循环。贫困恶性循环理论的核心在于发展中国家要解决贫困问题，必须大力发展经济，扩大投资，促进资本形成，只有具备了充足的资本，才能促使循环转恶为良。

第二，低水平均衡陷阱理论。1956 年，纳尔逊发表了《不发达国家的一种低水平均衡陷阱》一文，着重阐述了人均资本与人均收入、人均收入与人口增长之间的关系，并综合探讨了人均收入与人口增长的不同速率与国家资本增长的相关关系，进而形成了低水平均衡陷阱理论。该理论指出，若某个国家的人均收入较低，且人口持续增长，那么由于人口的增长，国民收入即使在增加，也会被人口的增长抵消，除非人均收入足以维持生计，并且国民收入的增长速率大于人口增长速率，这个国家才会逃离该陷阱。

第三，"临界最小努力"理论。莱本施泰因在其著作《经济落后与增长》中提出了"临界最小努力"理论，他指出要较大力度投资、保证做够的投资率才有可能化解欠发达国家低收入与贫困之间的恶性循环。由于欠发达国家的人口增长速度快，摆脱贫困必须使国民收入的增速高于人口的增速从而使人均水平得到明显提高，该投资率水平即为临界最小努力。

第四，循环累积因果关系理论。该理论主要是指社会经济各要素之间存在相互影响和制约的关系，其中一种社会经济因素的变化会引起与之相关的后一种经济要素的变化，而这反过来会加强前一种经济要素的力量，使之遵循着最初的经济发展方向，这种发展是不均衡的，而且是一种循环累积关系。剖析欠发达国家的贫困成因，廖尔达尔认为欠发达国家收入水平较低，劳动者无法享有较好的医疗卫生条件和教育机会，这导致人们的综合素质和质量低下，进而使得劳动生产率较低，最终导致整个社会的经济收入仍然低下。因此，廖尔达尔指出，要解决欠发达国家的贫困问题，必须加大资本的积累和投入。

4.2.3　人力资本贫困

随着世界各国经济的增长，研究者发现了运用物质资本和劳动增长不能解释"索洛剩余"① 现象。20世纪60年代，舒尔茨和贝克尔将人力资本引入经济学分析中，极大地刺激了工业化国家的经济发展，且对发展中国家反贫困战略的实践产生了广泛而深刻的影响（向德平 等，2016）。事实上，虽然人力资本理论体系形成于20世纪60年代，但人力资本的思想已萌芽许久。舒尔茨研究美国农业发现，20世纪上半叶导致农业产量和农业生产率快速增长的原因并不是土地和劳动力的增加，而是人的能力和技术水平提高。舒尔茨指出，人所获得的能力是尚未得到解释的生产力提高的一个原因。同时，舒尔茨认为人力资本是相对于物质资本而存在的一种资本形态，其包括人所拥有的知识、健康、技能和经验等。舒尔茨指出，欠发达国家发展落后的根本原因并非物质资本的短缺，而是对人力资本投资意识的缺乏和人力资本存量的匮乏。

可见，人力资本的多寡某种程度上决定了个体是否贫困或一个地区或国家的发展好坏（方竹兰，2003）。因此，仅从货币资本、物质资本考察贫困问题是远远不够的，在反贫困的道路上我们还应该注重对人力资本的投资。人力资本投资的主要内容包括：健康保险设施与各种服务开支、劳动力流动、教育以及培训等。在以上内容中，舒尔茨认为教育支出的水平应该作为评判人力资本质量的重要标准（向德平 等，2016）。就我国整体而言，各阶段入学率已达到较高水平（见图4.18）。明显，从图4.18中可以看出，1978—2017年，我国的中学毛入学率和高等教育毛入学率有了质的飞跃。尤其是初中毛入学率从1978年的66.4%增长为2017年的103.5%，增长了37.1个百分点，这与我国近些年普遍实行义务教育是密不可分的。

---

① 索洛剩余（Solow residual）是指除劳动和资本投资贡献外，由综合要素生产率带来的产出的增长。索洛剩余是诺贝尔经济学奖得主、麻省理工学院的罗伯特索洛（Robert Solow）的早期著名研究，使用的是1909—1949年美国的情况。计算公式为：$\Delta\alpha = \Delta Y - \alpha\Delta K - (1-\alpha)\Delta L$，$\Delta Y$ 是产出增长率，ΔK 是物质资本存量增长率，ΔL 是劳动投入增长率，参数 α 是资本在总产出中所占的份额，$(1-\alpha)$ 即为劳动在产出中所占的份额，而 $\Delta\alpha$ 就是综合要素生产增长率带来的产出余量。这个模型可用来计算或者预测产出的变化（利用偏导来计算这些因素的关系：劳动对产出，资本对产出，技术对产出的影响）。不过，这种方法显然存在着不足，它有可能将资本、劳动之外的因素都当作技术进步等方面来处理。

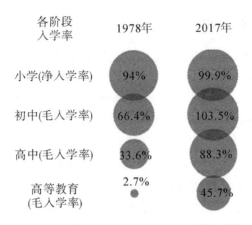

各阶段 入学率	1978年	2017年
小学(净入学率)	94%	99.9%
初中(毛入学率)	66.4%	103.5%
高中(毛入学率)	33.6%	88.3%
高等教育 (毛入学率)	2.7%	45.7%

图 4.18　我国 1978 年和 2017 年各阶段入学率

资料来源：http://www.moe.gov.cn/jyb_xwfb/s5147/201808/t20180809_344901.html.

此外，进入 21 世纪后，我国教育总经费呈逐年增长趋势，从 2000 年的 3 849.08 亿元增长为 2017 年的 42 562.01 亿元，平均每年增长 15.3%；而且至 2012 年我国教育经费支出占 GDP 的比重超过 4%后，已连续 5 年我国教育经费支出占 GDP 的比重均超过 4%。但是，我国农村的教育经费支出占比从 2000 年的 1.54%增长为 2009 年的 5.07%后，又逐渐下降为 2016 年的 3.29%（见图 4.19），这表明我国农村教育支出长期处于较低水平，这也使得我国农村人力资本相对欠缺，进而使得农村人口更容易陷入贫困状态。

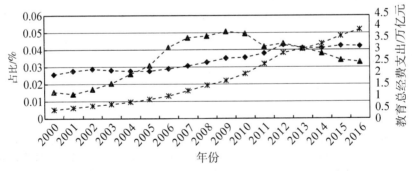

图 4.19　我国 2000—2016 年教育经费支出与占比

数据来源：教育经费支出和 GDP 数据来源于 2017 年《中国统计年鉴》；农村教育支出占比表示农村教育经费支出与教育总经费支出之比，其中农村教育经费支出采用农村在校学生人数与农村生均经费之积，农村在校学生人数数据来源于历年《中国农村统计年鉴》，而农村生均经费数据来源于历年《全国教育经费执行情况统计公报》。

综上所述，人力资本水平的低下仍然是我国农村贫困的重要成因之一。舒尔茨提出的人力资本理论对于反贫困具有重要意义，但是，人力资本仅仅从社会经济发展的资源要素的视角进行探究，人被当作资源要素，具有工具理性的特点，这从某种程度而言是对人与其他非人资源区别的忽略，即忽略了人在运用其他非人资源时的存在状态——社会关系（方竹兰，2003）。此外，林毅夫等（2017）指出，在日益全球化的世界，随着货物、服务、知识和技能频繁地自由移动，一个国家的人力资本水平和经济增长之间的关系并非简单的线性关系，实践比理论描述更为复杂。

4.2.4 文化资本①贫困

文化资本是深化家庭背景影响教育获得研究的重要变量（肖日葵，2016）。实际上，在20世纪80年代，文化资本由皮埃尔·布迪厄率先提出，他认为资本的存在形式包含了经济资本、社会资本和文化资本等。其中，经济资本以金钱为标签且被产权制度化；社会资本以社会声誉为标签且被社会契约制度化；而文化资本以文凭和学衔为标签，且被学位形式制度化（曲如晓 等，2016）。

事实上，文化资本更加注重对人们精神层面和智力层面的探究。就我国农村而言，因为农村居民家庭劳动力的文化程度普遍还不是很高（见表4.13），所以我国农村贫困人口中很大一部分人存在"等""靠""要"的懒散思想。

表4.13 我国农村居民家庭劳动力文化程度占比　　　　单位:%

年份	不识字或识字很少	小学程度	初中程度	高中程度	中专程度	大专及大专以上
2000	8.09	32.22	48.07	9.31	1.83	0.48
2001	7.87	31.14	48.88	9.65	1.94	0.51
2002	7.59	30.63	49.33	9.81	2.09	0.56
2003	7.39	29.94	50.24	9.68	2.11	0.64
2004	7.46	29.2	50.38	10.05	2.13	0.77
2005	6.87	27.23	52.22	10.25	2.37	1.06
2006	6.65	26.37	52.81	10.52	2.4	1.25

① 文化资本以文化能力（精神和身体组成的知识、教养、技能等）、文化产品（书籍、绘画、古董、文物等）、文化制度（学历文凭、资格证书、行业执照等）三种形式存在。

表4.13(续)

年份	不识字或识字很少	小学程度	初中程度	高中程度	中专程度	大专及大专以上
2007	6.34	25.76	52.91	11.01	2.54	1.45
2008	6.15	25.3	52.81	11.4	2.66	1.68
2009	5.94	24.67	52.68	11.74	2.87	2.1
2010	5.73	24.44	52.44	12.05	2.93	2.41
2011	5.47	26.51	52.97	9.86	2.54	2.65
2012	5.3	26.07	53.03	10.01	2.66	2.93
2013	4.7	32.3	51.0	10.7	–	1.4
2014	4.4	31.8	51.5	10.9	–	1.4
2015	3.8	30.7	53.1	11.1	–	1.4
2016	3.3	29.9	54.6	10.7	–	1.4
2017	3.2	29.8	54.7	10.8	–	1.5

数据来源：2001—2013 年《中国农村统计年鉴》和 2017 年《中国住户调查年鉴》。

注：由于 2011—2017 年《中国农村统计年鉴》中关于农村居民家庭劳动力文化程度的数据一样，都是列出 2011 年和 2012 年的情况，所以《中国农村统计年鉴》只能统计到 2012 年及以前的农村居民家庭劳动力文化程度，而 2012 年以后数据来源于《中国住户调查统计年鉴》且该数据表示农村居民家庭户主的文化程度。

　　明显，从表 4.13 中我们可以发现，截至 2012 年，我国仍然有 5.3% 的农村居民家庭劳动力不识字或识字很少，初中及以下文化程度的占比基本稳定在 85%~88%，而高中及以上文化程度的劳动力仅占 10% 左右。同时，2013—2017 年的数据表明，我国农村居民家庭中，户主的文化程度也主要集中在初中和中小学，占比达到 80%，而高中以上文化程度尤其是大学文化程度的户主占比极低。因此，我国农村居民劳动力文化程度依然有待进一步提升。正是由于文化程度的普遍不高，以及历史制度等因素，我国农村居民的文化资本相对缺乏，导致贫困人口脱贫的内生动力不足，严重阻滞了脱贫攻坚的进程。近些年，"寒门难出贵子"的话题引起了社会的广泛关注，其归根结底还是文化资本的匮乏所造成。余秀兰等（2018）指出，在我国，虽然文化资本更容易被精英阶层俘获，且其可以再生，但是文化资本本身并不存在阶级性和排斥性，寒门学子依然有许多路径完善和补充家庭文化资本的不足。要想寒门出"贵子"，贫寒家庭既要积极弥补家庭文化资本的不足，又要努力激发贫寒家庭自身的文化资本，同时国家及社会也要提供多方面的支持。因此，打破阶层的固化，实现阶层自下而上流动，文化资本的提升是一个重要工具。

4.2.5 社会资本贫困

虽然物质资本、人力资本等的提升对贫困人口产生显著的正向影响。但是，仅仅从物质资本、人力资本等视角探究贫困的影响因素是远远不够的。社会资本是公认的继物质资本和人力资本后的第三大资本，其在贫困中扮演着重要角色。

众所周知，我国农村是基于亲缘、血缘和地缘组成的乡土关系社会，社会资本在贫困农村的作用不言而喻。但是，通常我国农村越是贫困的人口，其社会资本越是相对缺乏。当前我国农村地区的社会资本匮乏，主要表现为以下两点。

第一，我国农村深度贫困地区相对封闭。事实上，我国农村是以血缘、亲缘和地缘形成的关系网络社会，这种传统的农村关系网络能极大地束缚和限制农户的交往和活动范围，形成较强的自我封闭性；同时，熟人之间虽然频繁交往，但是很难再生新的信息和资源，造成贫困地区社会生活单一化，这种固化的、自我封闭的网络关系很大程度致使低水平的社会流动。此外，贫困农户的对外关系网络具有局限性，这是由于空间闭塞而导致的地理空间阻隔和信息传输不畅，进一步加剧信息流动障碍。

第二，社会信任普遍较低。众所周知，信任作为社会资本的主要内容之一，长期以来都备受关注和推崇。现阶段，信任通常被看作是一种社会关系结构，可用于降低社会交往的复杂性。信任既可以充当人们交往的桥梁，也能作为合作与社会发展的先决变量。

根据 CFPS 数据测算，我国农户家庭的社会资本存量平均值为 1 170.08。但是，50% 的农户家庭社会资本存量仅为 657.16，占总体平均值的 56%；且农户家庭的社会资本存量差距也较大，最小值为 0.24，而最大值达到 17 504.92。从图 4.20 可以看出，我国农户家庭社会资本存量呈左偏分布，这表明我国农户家庭尤其是贫困家庭的社会资本较为缺乏。

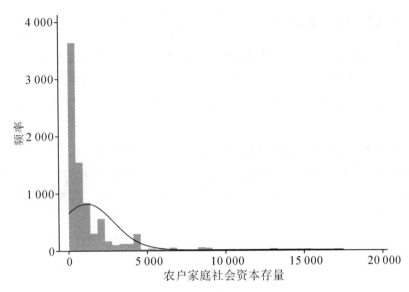

图 4.20 我国农户家庭社会资本存量的密度函数

数据来源：2014 年 CFPS 数据库。

总之，我国农户家庭社会资本的缺乏也会阻碍农户的脱贫进程。通常，社会资本可以从结构和认知视角来考察（李晓红 等，2006）。在劳动力市场分割中，贫困人口从二级市场进入一级市场的主要障碍之一是结构型社会资本的分割。从微观层面看，贫困群体在劳动力市场中参与的网络大多属于二级市场，该网络中所凝结的稀缺资源较少，贫困群体通过信息分享、互惠互利的集体行动和制定决策等社会资本所获得收益较低，社会资本所能创造的正外部性较少。同时，在劳动力市场分割制度的形成与固化过程中，社会资本产生了一定的负外部性。在组织中，社会资本作用机制的良好运行能够减少人们在经济活动中的违约成本和交易成本。但是，这些制度的固化在很大程度上造成了从二级市场向一级市场流动的障碍，这对于穷人的发展十分不利（向德平 等，2016）。

4.3 我国农村的扶贫政策回顾

4.3.1 农村贫困与反贫困政策梳理

长期以来，我国政府都高度重视贫困问题。尤其是改革开放以后，我国政府提出了一系列减贫措施。现有研究都是根据反贫困的特点、方式等将我国的减贫政策分成不同的阶段，而本书根据代表性减贫政策提出的年限将改革开放以来的反贫困历史分为四个阶段。

（1）第一阶段：体制改革反贫困阶段（1978—1985 年）。

该阶段采取以"输血"为主的救济式反贫困策略，且该时期的扶贫制度具有明显的区域性和政治色彩。改革开放后，针对我国农村当时的实际情况，政府提出了以解决农村贫困人口的温饱问题为主要目标。随后，我国政府进行了一系列针对农村的体制改革，如逐步实行联产承包责任制和统分结合的双层经营体制、以市场化为导向的市场化体制、农村劳动力由禁止流动到逐步自由流动等，这些措施的实践充分地调动了农民的积极性，有效实现了农村贫困人口脱贫。我国于 1984 年发布《中共中央、国务院关于帮助贫困地区尽快改变面貌的通知》，确立了开发式扶贫战略，这标志着我国扶贫战略第一次发生重大转变。

截至 1985 年，我国贫困人口从 1978 年的 2.5 亿人下降为 1985 年的 1.25 亿人，贫困发生率从 1978 年的 30.7% 降低为 1985 年的 14.8%。明显，该阶段主要由政府引领着扶贫开发工作，其主要特征是以"输血"为主的政策性扶贫（王博 等，2018）。

（2）第二阶段：区域开发反贫困阶段（1986—1993 年）。

该阶段采取以经济要素为主的开发式扶贫战略，主要通过发展经济来提高贫困人口自我发展和自我积累的能力。随着改革开放的逐步深入，虽然我国农村多数地区的收入水平显著提高，但仍有少数地区受经济、自然、地理等条件的限制，收入水平仍然处于低位，沿海地区和中、西部地区发展差距逐渐拉大，农村地区改革的边际效益逐渐下降。为了打破僵局，我国政府实施了有计划、有组织、大规模的扶贫开发工作（周强，2018）。1986 年，国家开始着手建立从中央到地方的垂直式扶贫开发组织体系，同时继续实施区域性专项扶贫工作，设立"三西扶贫资金""支持欠发达地区经济发展资金"以及"以工代赈"等专项资金，逐步探索金融信贷扶贫等可以帮助贫困农户脱贫的措施。可见，在这一阶段，中国进行了大规模、有计划、有组织的扶贫开发，这意味着我国的减贫措施由以往的"输血式"帮扶转向了"造血式"帮扶（王博等，2018）。据统计，该阶段我国农村贫困人口降低为 8 000 万，贫困发生率仅为 8.72%。

（3）第三阶段：八七扶贫攻坚实施阶段（1994—2000 年）。

该阶段扶贫战略以纵横联合、内外兼顾的全面参与式，使开发式扶贫与救助式扶贫相结合，形成"内外造血式"扶贫开发新机制。随着改革的深入推进和扶贫战略的不断有效实施，我国经济快速增长，贫困人口数量大幅减少。但是由于致贫因素存在复杂性和多样性，该时期贫困人口呈现典型的区域分布，贫困人口主要向中、西部地区集聚。而且，贫困地区的贫困范围广、贫困程度深、脱贫难度大，任务艰巨。鉴于此，1994年3月，我国政府正式实施了《国家八七扶贫攻坚计划》，向人民做出承诺：发挥国家和社会各界力量，大约花费7年的工夫，基本实现农村剩余的8 000万贫困人口达到温饱水平。同时，仍采用开发式扶贫措施，保持已有脱贫人口不返贫；着力提高贫困地区农户的福利待遇水平，尤其要从基础设施建设、教育、医疗等方面入手；重新制定国家级贫困县标准，将592个贫困县纳入国家"八七"扶贫攻坚计划国家级贫困县；在政策上对中、西部扶贫工作进行新的部署，制定了资金、任务、权利和责任"四到省"的原则。据统计，截至2000年年末，按照当时的贫困标准，我国农村绝对贫困人口降为3 000万，贫困发生率仅为3%，已基本让农村贫困人口达到了温饱水平。

（4）第四阶段：农村扶贫开发纲要实施阶段（2001—2020年）。

该时期的减贫战略以"造血"的发展式为主，主要通过以提高贫困人口的自我发展能力、提高其内生性减贫动力来实现贫困人口的脱贫，进一步将我国全面建成小康社会。实际上，该时期的扶贫政策又可以分为两个阶段：

第一个阶段是2001—2010年。为进一步改善农村的贫困状况，我国政府于2001年颁布了《扶贫开发纲要》，随着《扶贫开发纲要》的实施，中国农村反贫困进入解决和巩固温饱并重的阶段。按照社会主义新农村建设的要求，要实现农村"四通"①，解决好农户家庭看病和上学问题。这一时期，政府对反贫困工作进行了大量调整。首先是在扶贫对象上，将以前以贫困地区、贫困县等区域为重点瞄准对象转向以贫困家庭、贫困人口为瞄准对象。其次是在扶贫战略上，政府不断完善扶贫开发工作，多方面综合推进扶贫战略布局，着力统筹城乡经济社会发展的同时，重点打造"工业反哺农业、城市支持农村、多予少取放活"等综合扶贫方针政策。此外，国家还在贫困地区相继开展了一系列"惠农、强农、富农"的政策。例如，2003年开始试点并于2010年基本实现全覆盖的"新型农村合作医疗"制度，以及2001年率先在农村贫困地

---

① 四通是指行政村通"广播电视""公交公路"，自然村通"电灯"和"电话"。

区实施并于 2007 年推向全国的"两免一补①"教育政策。同时，政府还实施了多项减贫的专项计划。② 经过这一阶段的不懈努力，据统计，按照 2000 年的贫困标准计算，我国的贫困人口到 2010 年已减少为 2 688 万，贫困发生率仅为 2.8%。

第二个阶段是 2011—2020 年。全面建成小康社会是这一阶段的主要目标。该阶段的扶贫开发工作是国家战略的重中之重，我国扶贫在这一阶段已经进入"啃硬骨头、攻城拔寨"的关键期。我国政府于 2011 年开始实施《扶贫开发纲要》计划，紧接着，2013 年 11 月习近平总书记在十八洞村考察并提出"精准扶贫"的概念，于是，"精准扶贫、精准脱贫"成为这一阶段扶贫开发的主旋律。在党的十九大报告中，习近平总书记向人民庄严承诺："确保到 2020 年我国现行标准下农村贫困人口实现脱贫，贫困县全部摘帽，解决区域性整体贫困，做到脱真贫、真脱贫。"在新的扶贫开发纲要中，也明确了我国现阶段的扶贫任务和目标，即稳定实现"两不愁三保障"③。精准扶贫的提出解决了"扶持谁"的问题，但是"怎么扶"也必须要有切实可行的方案，为此，习近平总书记提出了"五个一批"④ 的脱贫方案。经过发展，我国的贫困发生率降低为 2017 年的 3.1%，贫困地区人口的就业、教育、医疗、文化、住房等福利得到了大幅改善。

综上所述，我国改革开放以来的反贫困战略从以"输血"的救济式为主转变为以"造血"的开发式为主，通过扶贫与扶志、扶智相结合等多种综合手段提升贫困主体的发展能力和内生动力，从"要我脱贫"向"我要脱贫"转变。

---

① 两免一补是指免学费、免书本费、逐步补助寄宿生生活费。该政策最早于 2001 年针对贫困家庭处于义务教育阶段的学生，即中央财政负责提供免费教科书，地方财政负责免除杂费和补助寄宿生生活费等。

② 如整村推进、产业扶贫、移民搬迁、劳动力转移与培训、雨露计划等专项扶贫政策，并在农业、交通、水利和电力等行业同时推进。

③ "两不愁"是指不愁吃、不愁穿；"三保障"是指保障其义务教育、基本医疗和住房。

④ "五个一批"是 2015 年 10 月，习近平主席在减贫与发展高层论坛上首次提出的脱贫措施，其主要包含发展生产脱贫一批、异地搬迁脱贫一批、生态补偿脱贫一批、发展教育脱贫一批、社会保障兜底一批。明显，"五个一批"涵盖了发展生产、扶持就业、异地搬迁、教育、医疗、住房安全等各项内容，是解决扶贫的具体措施。

4.3.2　农村反贫困方式的变迁过程

长期以来，我国政府高度重视贫困问题并积极探索贫困治理方式，从粗放式扶贫到精准扶贫的转变，全方位地改变了我国农村贫困治理的理念方式。在农村反贫困顶层设计的制定和实施过程中，反贫困视角、反贫困角色以及发展模式都面临着理念方式方法的转变（如图 4.21）。

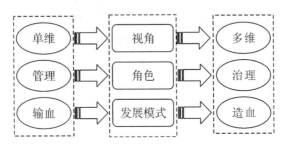

图 4.21　我国农村反贫困理念方式的变迁

（1）从"单维"反贫困向"多维"反贫困视角变迁。

事实上，农户收入水平不高是 20 世纪我国农村的基本现实。因此，扶贫开发的任务长期是以解决农村贫困人口的温饱问题、提高农村贫困人口的收入水平等为主的。自然地，该阶段的反贫困政策主要从收入单一维度出发，采用"输血"的救济式等扶贫方式。不可否认，这种方式在最初的反贫困中发挥了很好的作用。但是，随着改革的深入推进和我国经济水平的大幅提升，单维反贫困政策的边际效应逐渐下降，远远不能满足当前农村贫困人口的需要。于是，进入 21 世纪后，我国政府的反贫困政策逐渐以发展贫困人口的能力为主，逐步建立完备的社会保障体系，尤其是更加关注贫困人口的教育、健康、医疗、文化、就业等方面的福利是否得到改善和满足。因此，我国的反贫困政策逐渐从单一的收入维度视角向多维度视角转变。这种转变既是适应我国社会经济发展的需要，也是我国贫困人口脱贫的本质要求。

（2）从反贫困"管理"向"治理"过程的角色变迁。

众所周知，贫困问题的致贫因素具有复杂性和多维性，贫困问题的治理需要多元协作。郭晓鸣（2016）指出，扶贫应该形成从单一主体到"政府、市场、社会"三位一体的格局，应该建立创新参与机制、创新整合机制、创新合作机制、创新协同机制。在过度强调竞争取向的现行治理结构下，现有反贫困治理体制，由于过多考虑部门利益和缺乏协调机制，很容易出现部门分割，影响扶贫计划的实施（田恒，2017）。从协同治理视角出发，注重观念协同、制度协同、主体协同、部门协同和督评协同等在扶贫工作中的功能，有助于推动政府反贫困工作的进一步发展（杨雪英，2017）。但是，相关扶贫机构的协调能力往往有限，无法有效协调和调动各种资源参与扶贫开发，以至于整个社会在扶贫资源利用上的协调性不高。2016 年 10 月，我国政府实施的《脱贫攻坚责任实施办法》指出，"脱贫攻坚按照党中央统筹、省负总责、市县抓落实的工作机制，构建任务清晰、各负其责、合力攻坚的责任体系"。国务院扶贫开发领导小组负责全国脱贫攻坚的综合协调，进一步明确了扶贫系统作为协调者的角色转变（中国精准扶贫发展报告，2017）。

于是，这就要求扶贫部门的角色进行转变。传统上，扶贫部门主要是作为扶贫工作的管理者来开展工作，但是现在扶贫部门成为各级党委政府牵头协调反贫困战略实施的责任单位。如果各级治贫主体仍按以往的思路开展工作，必然跟不上时代发展的步伐。而且扶贫理论和实践中普遍存在一系列重大问题尚未破题，贫困的动态性、复杂性、脆弱性，要求扶贫必须建立稳定的机制和制度，充分整合社会资源，强化社会协同和科学治理结构。虽然我国农村扶贫工作取得了积极进展，但是，扶贫开发工作面临着制度间缺乏良性互动、扶贫主体间缺乏协同参与、职能部门间缺乏协同联动、扶贫资源缺乏有效整合及扶贫工作绩效评估碎片化等问题，这些问题影响了扶贫的效果。虽然协同治理理论的研究得到重视，但是扶贫工作的实践还仅仅停留在概念阶段。因此，这就要求反贫困角色从以往的管理积极向反贫困协同治理进行转变。

（3）从"输血"向"造血"反贫困的发展模式变迁。

贫困治理的终极目标是助力贫困人口和贫困地区摆脱贫困，获得发展的动力和机会。事实上，我国政府在相当长一段时期内均采取了以"输血"为主的救济式扶贫策略。这种发展模式是向贫困地区或贫困人口直接输送物资或给予货币改善其生活生产条件，忽视了对贫困主体能力的培养。明显，这种扶贫方式是外源性的，主体缺乏发展动力，主要依靠政府和社会等外部力量的助力减贫，导致贫困人口只能依赖扶贫资金的"输血"维持低水平均衡状态。于是，为保障扶贫成果的稳定性和可持续性，贫困治理必须转变反贫困的发展模式，变"输血"为"造血"，提升贫困人口的内生发展动力，通过扶贫与扶志、扶智相结合，助力贫困人口自我能力的提高。当然，对于失去劳动能力的贫困人口，还应该以"输血"的救济式为主。因此，改善贫困人口和贫困地区的面貌，应该从"输血"向"造血"发展模式转变，同时也应该将二者充分结合，保障所有贫困人口的基本权益。

4.3.3　农村反贫困政策存在的问题

（1）农村反贫困政策大多从收入视角出发，从多维度视角制定反贫困政策较少。

长期以来，我国的扶贫标准基于人均收入（见表4.1），只要个体的年人均纯收入低于事先设定的贫困标准，就认定该个体为贫困。因此，我国政府在制定反贫困政策时，主要考虑了人均收入水平，尤其是21世纪以前的反贫困政策，基本采用以"输血"为主的救济式方式，但这仅仅能反映贫困人口某一时间点的情况，由于缺乏自我发展能力，贫困人口很脆弱，往往因为生病或上学等原因就会使得家庭或个体重新返贫。因此，仅仅从收入视角制定反贫困政策是远远不够的。进入21世纪后，我国政府实施了全新的扶贫战略，除了政府的救助以外，更注重个体能力的发展和积累，也逐步建立起完善的社会保障体系，促进贫困地区和贫困人口在教育、医疗、卫生设施、文化等方面的福利改善。但是，总体上，我国还未制定专门的多维减贫政策。

（2）政府主导农村反贫困政策较多，民间与社会力量参与反贫困的政策偏少。

明显，反贫困是我国政府的重要战略之一。自中华人民共和国成立以来，我国政府不断制定并实施反贫困政策，取得了举世瞩目的减贫成就。但同时，政府主导的反贫困政策依然存在一些缺陷。实际上，政府主导的扶贫方式是一种"自上而下"的推进模式，该模式可能造成扶贫资源"精英俘获"、资源分布失衡以及贫困群体利益诉求渠道不畅等问题。换句话说，我国目前的扶贫开发工作更多的是政府的单向行为，这势必影响贫困农户的内生发展动力和生产积极性（张新文 等，2011）。同时，虽然我国政府通过行政手段配置扶贫资源取得了一定的成效，但是随着时代的进步，这一模式已经开始显现问题，它并不能完全解决当前的贫困问题，反而容易造成政策的低效率。而且，在监管不严或监管缺位时，这一模式容易使部分机构或人员为谋取利益而产生寻租行为。

此外，我国民间和社会力量反贫困的政策很少，难以与政府形成"合力"，不能有效推动政府和民间共同减贫的协同效应。总之，仅靠政府主导的反贫困易使部分贫困人口产生依赖思想，脱贫的内生动力不足，好吃懒做，"等、靠、要"思想毒瘤很难根除。

（3）农村反贫困政策中以消除绝对贫困为主，相对贫困的治理政策较少。

我国近些年在实施诸如"精准扶贫、精准脱贫"等一系列反贫困措施后，农村绝对贫困人口减少为 2018 年的 1 660 万，贫困发生率仅为 1.7%①，在 2020 年后，我国的绝对贫困人口将基本消除。由此可见，我国的减贫事业取得了前所未有的成效。随着绝对贫困人口的消亡，转而呈现的是相对贫困人口的日益凸显。这与我国区域间、城乡间发展不平衡有很大关系。事实上，相对贫困和绝对贫困是存在相互转化的，在现阶段的扶贫标准下，可能部分农户摆脱了绝对贫困而成为相对贫困人口；一旦贫困标准的提高或教育、健康等方面问题出现，又会使得部分农户成为绝对贫困人口。然而，我国现阶段的反贫困政策基本都是针对消除绝对贫困而制定的，这远远不能满足反相对贫困的要求。因此，制定针对性的消除相对贫困的措施迫在眉睫。

4.4　本章小结

本章主要对我国农村的贫困现状与反贫困政策进行分析。首先从贫困人口规模、贫困人口的分布、农村居民贫困现状以及农村贫困的特点等方面对我国农村贫困的现状特征进行分析；其次从自然资本、物质资本、人力资本、文化资本和社会资本等方面分析了我国农村贫困的影响因素；最后回顾了我国改革开放以来的反贫困政策，并分析了我国农村反贫困治理方式和反贫困政策存在的问题，为本书的开展提供了现实依据和坚实的基础。

---

① 数据来源：国家统计局。

5 农户多维贫困的测度与分析

多维贫困理论与方法更有助于对贫困的精准识别和量化。本章主要对我国农户家庭多维贫困水平进行测度。事实上，精准测度的前提是精准识别，精准识别的前提是指标体系的针对性和全面性以及识别方法的适用性和先进性。基于此，本章首先基于我国农村实际构建农户家庭多维贫困指标体系；其次运用阿尔基尔和福斯特（A-F）（2011）提出的双界限法静态识别农户家庭多维贫困，再结合福斯特（2009）提出的持续时间法（during apporach）动态识别农户多维贫困（阿尔基尔，2017）；最后构建农户家庭的多维贫困指数体系。此外，本章还对多维贫困指标权重的选取方法进行探究，以期为精准测度农户家庭多维贫困水平奠定基础。

5.1 农户多维贫困的指标体系构建

5.1.1 指标体系构建原则

阿马蒂亚·森（2004）指出，贫困不仅仅是收入贫困，也包括公共卫生设施等客观指标和对福利的主观感受。因此，多维贫困的维度和指标选取侧重于个体的能力和主观感受，但学术界至今尚无统一选取标准。本书主要基于以下原则构建多维贫困指标体系：

第一，借鉴国内外学者常用的变量。事实上，现有的多维贫困指标体系均是在人类发展指数（HDI）、人类贫困指数（HPI）基础上发展而来的。其中HDI 和 MPI 都选取了健康、教育和生活水平三个维度，但后者的具体指标由前者的 3 个扩展到了 10 个；而 HPI 是由衡量生存、知识和体面生活的指标构成的（利普特，2000）。基于此，国内外学者在此基础上发展了人类贫困指标体系，并逐渐形成了现有的多维贫困指标体系。如近些年流行的 A-F 多维贫困

社会资本与农户多维贫困：作用机制与影响效应

指数选取健康、教育和生活标准 3 个维度 10 个指标（阿尔基尔和福斯特，2011）；杨晶（2014）选取 5 个维度 13 个指标；郭熙保等（2016）选取 6 个维度 13 个指标。具体的，我们将国内外具有代表性的多维贫困指标体系列于表5.1。明显，从表 5.1 可知，他们常用教育、健康、医疗、生活质量、收入、住房、资产等维度，只是具体指标有所差别。实际上，国内外研究者构建的多维贫困指标体系大多是在阿尔基尔和福斯特所做的工作上扩展而成的，同时，不同程度地结合了本国或地区的现实情况。

第二，参考《扶贫开发纲要》提出的扶贫目标和任务。《扶贫开发纲要》提出，到 2020 年实现贫困对象"两不愁、三保障"[①]，贫困地区农民人均纯收入增长幅度高于全国平均水平，基本公共服务主要领域指标接近全国平均水平，扭转发展差距扩大趋势。同时，《扶贫开发纲要》提出了阶段性主要任务，包括饮水安全、生产生活用电、教育、医疗卫生、公共文化、社会保障等。

第三，依据 CFPS 调查问卷的数据可得性。需要特别指出的是，现有多维贫困研究的文献中缺乏金融维度。大量的理论和实证研究表明，金融服务在发展能力和生活质量的改善方面，发挥着越来越重要的作用。我国是一个二元金融结构较为突出的国家，农村地区，特别是贫困农户受到较为严重的金融排斥。金融抑制会使农民陷入"之所以穷是因为穷"的恶性循环（张鑫、谢家智，2015）。因此，本书将"金融"纳入多维贫困指标体系。

表 5.1　国内外已有的多维贫困指标体系

作者	维度	具体指标	年份
王小林，阿尔基尔	—	住房、饮用水、卫生设施、电、资产、土地、教育、健康保险	2009
李佳路	收入、消费、健康、教育、环境卫生、脆弱性	食品支出、饮用水贫困、水源污染、饮水困难、有病不能及时就医、没参加合作医疗、劳动力教育贫困、7~15 岁儿童失学、2009 年种植业因灾损失 5~8 成	2010
皱薇，方迎风	生活质量、教育	饮用水、卫生设施、卫生状况、照明、做饭燃料、房屋、耐用品、受教育水平	2011
方迎风	人力资本、环境卫生、资产、收入	受教育水平、健康状况、医疗保险、饮用水、卫生设施、卫生状况、照明、做饭燃料、房屋、耐用品、个体收入	2012

[①] 不愁吃、不愁穿，保障其义务教育、基本医疗和住房需求。

表5.1(续)

作者	维度	具体指标	年份
高艳云	教育、健康、生活标准	受教育年限、适龄儿童在学情况、医疗保险、电、卫生设施、饮用水、做饭燃料、电器资产、住房	2012
王春超,叶琴	收入、健康、教育、医保	人均年纯收入、身高体重、自评健康、最高受教育程度、是否有医疗保险	2014
张全红,周强	健康、教育、生活水平	营养、儿童死亡率、受教育年限、适龄儿童就学、做饭燃料、卫生设施、水、电、地板材质、资产	2014
杨晶	收入、教育、医疗健康、生活质量、社会保障	家户人均收入、儿童辍学率、成人识字率、医疗服务、医疗保险、健康状况、生活用电、卫生设施、生活燃料、交通、住房条件、社会保险	2014
郭熙保,周强	教育、健康、医疗服务	人均受教育、子女入学、身高体重、子女营养、及时就医、医疗保险	2016
联合国开发计划署(UNDP)	健康、教育、生活水平	预期寿命40岁及以下占总人口比例、成人不识字率、不能获得医疗服务的比例、不能享用安全应用水的人口比例、5岁以下儿童营养不良比例	1997
阿尔基尔等	健康、教育、生活标准	营养、儿童死亡率、受教育年限、入学率、做饭燃料、卫生、水、电、地板、资产	2011
格利茨(Gerlitz)等	教育、健康、物质福利、能量、水和卫生设施、社会资本、服务可得	识字率、入学率、疾病、医疗费用、食品消费、电器资产、住宅、电、做饭燃料、饮用水、卫生设施、超市、医院、公共汽车站	2015
德胡里(Dehury)等	健康、教育、经济、工作和就业、家庭环境	死亡率、营养、入学率、受教育年限、消费支出、职业、就业、水、卫生设施、做饭燃料	2015
里宾(Rippin)	健康、教育、就业、住房、流动性、收入	健康条件、健康危害、受教育年限、毕业、就业、住房条件、房屋必要设施、生活空间、交通、可支配收入	2017
穆尚格拉(Mushongera)等	生活标准、食品安全、经济活动、教育	住宅、住房条件、水、卫生设施、能量、通信资产、食物、失业、受教育年限	2017

资料来源:作者根据文献整理绘制。

5.1.2 指标的选择与说明

（1）指标选择。

根据上述原则，本书选取 9 个维度共 13 个指标，构建出如表 5.2 所示的农户家庭多维贫困指标体系，并将各指标的贫困线标准列于表中。

表 5.2 农户家庭多维贫困指标体系及贫困线标准

维度	指标	贫困线标准
收入	人均纯收入	农户家庭人均纯收入低于国家贫困线标准（2014 年标准）
健康	健康状况	自评健康状况较差及以下
教育	人均受教育年限	人均受教育年限低于义务教育规定的年限
医疗	医疗保险	农户家庭任意成员没有参加新型农村合作医疗保险
生活标准	做饭用水	农户家庭没有自来水
	做饭燃料	农户家庭没有使用清洁燃料
	通电情况	农户家庭没有通电或经常性停电
	卫生设施	农户家庭没有室内冲水厕所
资产	实物资产	农户家庭没有任何电器资产
住房	住房面积	农户家庭人均住房面积低于 12 平方米①
	住房条件	至少存在一种住房困难
土地	土地状况	农户家庭无耕地、林地、牧场、水塘中任意一种
金融	金融服务	农户家庭没有获得正规金融及以上服务②

（2）指标说明。

第一，收入。一直以来，我国扶贫标准都是采用收入来衡量的，而且我国农村的收入贫困依然严重；同时，《扶贫开发纲要》强调，到 2020 年要稳定实现贫困地区农民人均纯收入增长幅度高于全国平均水平。因此，我们将收入作为衡量农户家庭多维贫困的维度。

第二，健康。健康是个体获取社会资源、实现自我发展的人力资本，是家庭乃至整个社会良性运行的重要保障（翟绍果，2018），其不仅能够提高个体

---

① 数据来源于《2020 年中国居民居住目标预测研究报告》。

② 正规金融机构借贷（包括银行存款，但不包括国债和理财产品）、代偿银行房贷、代偿银行其他贷款（除了房贷）以及其他金融资产（包括股票、基金、国债、信托产品、外汇产品、期货以及期权等）。

的生产效率，还能延长个体从事市场和非市场活动的时间总量（尤亮 等，2018）。同时，从表5.1中可知，健康维度是大多数学者经常选用的维度，且免于疾病是人们的基本权利。此外，很多农户家庭是因病或身体不健康而陷入贫困的，健康冲击会加重贫困人口的脆弱性（方迎风 等，2013）。因此，健康状况作为多维贫困的维度是必要的。

第三，教育。教育是人们的智力资本，扶贫要同扶志、扶智相结合。教育关系着农户家庭是否有能力通过发展产业等方式脱贫，教育可以增强农户家庭成员的内生发展动力。同时，《扶贫开发纲要》也指出发展教育是现阶段扶贫的主要任务。程名望等（2014）指出，教育所体现的人力资本对减贫具有显著影响。因此，教育也被我们纳入多维贫困指标体系。

第四，医疗。医疗保险是农户家庭"有病能看、有病敢看"的基本保障，《扶贫开发纲要》中医疗卫生任务主要体现在普及医疗服务、提高医疗水平以及稳定新型农村合作医疗保险等方面。因此，医疗也很有必要纳入多维贫困指标体系。

第五，生活标准。和教育、健康等维度一样，生活标准也是学者经常选取的维度。本书选取做饭用水、做饭燃料、通电情况和卫生设施衡量农户家庭的生活标准。

第六，资产。随着时代的发展，实物资产（这里主要是耐用消费品①）也是农户家庭的必备产物。如20世纪七八十年代人们追求"楼上楼下、电灯电话"，现今人们逐渐配置电视机、摩托车、三轮车、汽车等，这既是时代的进步，也是农户家庭生活富裕的象征。因此，我们将该指标作为衡量农户家庭多维贫困的指标之一。

第七，住房。住房是农户家庭的稳定居住场所，是人们劳作后身心得到休憩的地方。因此，住房也被我们纳入多维贫困指标体系。

第八，土地。土地是农户家庭生活的最基本保障，能为农民提供稳定的就业途径（朱启臻，2015）；同时，土地具有生产资料的功能，且具有外部效益，对于贫困农户家庭而言，土地的这种多功能性和外部效益更加凸显（夏玉莲、匡远配，2017）。于是，我们也将土地纳入多维贫困指标体系。

第九，金融。增加该维度一方面是基于对多维贫困理论内涵的诠释，另一方面更是基于对中国农村贫困的国情考量。正如阿马蒂亚·森（1999）指出，贫困不仅仅表现为收入低下，而更应该是人的基本可行能力被剥夺。我们认

———————————

① "耐用消费品"是指单位价格在1 000元以上、自然使用寿命在2年以上的产品。

为，这些基本可行能力不仅包括接受教育、免于饥饿、免于疾病等，还应该包括基础金融服务。事实上，造成农户家庭贫困的原因很多，而贫困人口缺少适宜、有效的金融服务就是其主要原因之一（徐涛，2013）。诸多学者对我国农村金融排斥进行大量研究，普遍认为我国农户特别是贫困农户受到严重的金融排斥（王修华 等，2013）。基础金融服务的缺失导致了各种形式的权利剥夺，使农户家庭陷入贫困的恶性循环，及时、有效地获得满足生产、生活需要的基础金融服务，是这些人走出贫困恶性陷阱、实现自我发展的重要途径（潘素梅 等，2013）。同时，张宁等（2015）指出农村非正规金融主要服务于低收入农户，其对收入最低的五分之一农户纯收入占比的增长具有显著的促进作用，即农村非正规金融通过为低收入农户提供金融服务而对农户内部收入差距的扩大及贫困具有缓解作用。但许多贫困农户因为无法从正规的金融机构获得贷款，也无力承担非正规渠道的高额利息负担，被长期排斥于金融服务之外，因此他们的脱贫之路变得愈发漫长；部分有项目的农民也因为无法获得有效的资金支持而创业失败，从而变得越发贫困。发达国家二元金融结构问题不突出，农村金融服务的排斥问题得到了极大缓解，因此，发达国家金融服务通常不构成农户贫困的主要因素。但是，我国的农村金融发展较为滞后，金融服务成为农村地区，特别是贫困农户贫困的重要因素。总之，金融服务的缺失是致贫的源泉，也是贫困发生的结果。因此，本书的研究将金融因素纳入多维贫困指标体系之中。

5.2　农户多维贫困的识别与量化

本小节将从静态和动态两方面对农户家庭多维贫困进行识别和量化。所谓静态，就是识别和量化某一年农户家庭的多维贫困状况；而动态是指识别和量化农户家庭连续多年的多维贫困状况，这可以对农户家庭的多维贫困水平进行动态比较，进而判别农户家庭是否处于长期多维贫困。

5.2.1　农户多维贫困的静态识别与量化

阿玛提亚·森（2001）指出，贫困的测量包含识别和加总两个步骤，多维贫困的识别是加总的前提。事实上，多维贫困的识别方法主要有并集法、交集法（阿特金森，2003）以及双界限法（阿尔基尔和福斯特，2011）。其中，并集法是指农户在任意一个指标上被剥夺就被视为贫困户；交集法是指农户在所有指标上都贫困才被视为贫困户。这两种方法简单易理解，但是识别贫困并不精准。例如，阿尔基尔和赛斯（2009）的一项研究采用 10 个维度识别印度贫困人群，用并集方法识别，贫困人口占总人口 97%；而用交集方法识别，贫困人口仅占 0.1%。相较于前两者，近些年，运用双界限法识别多维贫困最流行，其包含 2 个临界值，即第一个是各指标上的临界值，用来判断个体在该指标上是否贫困；第二个是缺失得分的临界值，用来判断个体是否属于多维贫困。明显，双界限法是介于并集法和交集法之间的一种方法。基于此，本书采用双界限法识别农户家庭多维贫困，其步骤如下：

（1）静态识别多维贫困。

假设我国农村有 N 个农户家庭样本，每个样本由 D 个指标来评估其贫困水平。令 $Y_{N \times D}$ 表示所有样本值构成的矩阵，且设 $y_{ij} \in Y_{N \times D}$ 表示农户家庭 i 在维度 j 上的取值（$i = 1, 2, \cdots, N; j = 1, 2, \cdots, D$）。

首先，对每个维度设定一个贫困标准 z_j。若 $y_{ij} < z_j$，则农户家庭 i 在维度 j 上贫困；否则，不贫困。为便于计算，令 $g_{ij}^0 = \begin{cases} 1, & y_{ij} < z_j \\ 0, & 其他 \end{cases}$，于是样本矩阵 $Y_{N \times D}$ 可以变换成剥夺矩阵 $g^0 = [g_{ij}^0]$。此外，剥夺矩阵 g^0 可以由规范化差距剥夺矩阵 $g^1 = [g_{ij}^1]$ 进行弥补，这里 $g_{ij}^1 = g_{ij}^0 \dfrac{z_j - y_{ij}}{z_j}$。换句话说，$g_{ij}^1$ 表示农户家庭 i 在维度 j 上的贫困差距。更一般地，对任意的 α，可定义矩阵 $g^\alpha = [g_{ij}^\alpha]$ 且 $g_{ij}^\alpha = \left(g_{ij}^0 \dfrac{z_j - y_{ij}}{z_j} \right)^\alpha$，本书主要考虑 $\alpha = 0, 1, 2$ 的情形。

其次，运用人工神经网络法确定各指标权重 w_j，并计算农户家庭 i 在所有维度上的总剥夺得分，即 $c_i = \sum\limits_{j=1}^{D} w_j g_{ij}^\alpha$。

最后，设定临界值 k，判断农户家庭是否为多维贫困。如果 $c_i \geq k$，则该农户家庭属于多维贫困；否则，不属于多维贫困。进一步，令 $c_i(k) = \begin{cases} c_i, & c_i \geq k \\ 0, & 其他 \end{cases}$，于是剥夺矩阵 g^α 可以转换成审查剥夺矩阵 $g^\alpha(k) = [g_{ij}^\alpha(k)]$ 且 $g_{ij}^\alpha(k) = g_{ij}^\alpha c_i(k)$。

（2）静态多维贫困指数构建。

在对农户多维贫困进行识别的基础上，为了进一步评估农户多维贫困水平，各维度贫困需要加总成综合指数。本书基于 A-F 理论构建多维贫困指数的指标体系。

①多维贫困发生率（H）：表示发生多维贫困的人口比率，其计算方法如下：

$$H = \sum_{i=1}^{N} c_i(k)/N = q/N \tag{5-1}$$

其中，q 为发生多维贫困的人数，N 是总人数。该指标计算简便，能反映贫困面的大小，但不能反映贫困农户的福利缺失程度，对贫困农户内部福利不平等程度不敏感。为了克服多维贫困发生率指标的缺陷，需要进一步计算多维贫困广度、深度和强度指数。

②多维贫困广度指数（MP_0）：也称为调整的多维贫困发生率，其计算公式如下：

$$MP_0 = HA = |g^0(k)|/N = \sum_{j=1}^{D} \sum_{i=1}^{N} g_{ij}^0(k)/N \tag{5-2}$$

其中，$A = |g^0(k)|/q = \sum_{j=1}^{D} \sum_{i=1}^{N} g_{ij}^0(k)/q$ 称为平均缺失份额，表示农户被剥夺的维度数与多维贫困人数之比。明显，多维贫困广度指数（MP_0）是运用平均缺失份额来调整的多维贫困发生率。相较于 H，MP_0 更能深入反映贫困农户的情况，但其依然不能描述贫困农户发生的深度信息和贫困农户内部福利不平等情况。为此，我们需要计算多维贫困深度和强度指数。

③多维贫困深度指数（MP_1）：衡量多维贫困农户的福利缺失程度，其计算公式如下：

$$MP_1 = HAG = |g^1(k)|/N = \sum_{j=1}^{D} \sum_{i=1}^{N} g_{ij}^1(k)/N \tag{5-3}$$

其中，G 表示贫困农户在福利指标上的实际水平与临界值之间的差距，且 $G = |g^1(k)|/|g^0(k)|$。

④多维贫困强度指数（MP_2）：衡量贫困人口内部福利不平等程度，其计算公式如下：

$$MP_2 = HAS = |g^2(k)|/N = \sum_{j=1}^{D} \sum_{i=1}^{N} g_{ij}^2(k)/N \tag{5-4}$$

其中，该指数是对那些更贫困的农户赋予一个更高的权重 S，且 $S = |g^2(k)|/|g^0(k)|$。

（3）静态多维贫困指数的分解。

为了测算不同维度对总体多维贫困的贡献率，然后找出发生多维贫困的主要因素，我们需要按维度对多维贫困指数进行分解。

令 MP_{aj} 为维度 j 的多维贫困贡献率，则 $MP_{aj} = (q_j^\alpha \times w_j)/N$。$q_j^\alpha$ 为多维贫困情况下维度 j 的多维贫困发生率，w_j 为各指标权重。于是维度 j 对多维贫困指数的贡献度 φ_j 如下：

$$\varphi_j^\alpha = MP_{\alpha j}/MP_\alpha = (q_j^\alpha \times w_j)/(N \times MP_\alpha), \qquad \alpha = 0, 1, 2 \qquad (5\text{-}5)$$

更直观的，多维贫困识别与量化的流程见图 5.1 所示。

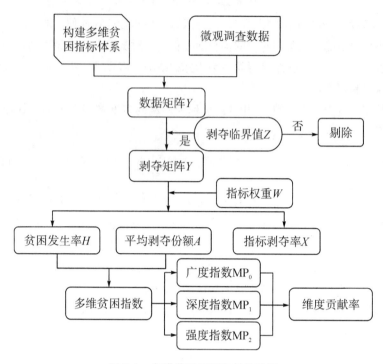

图 5.1　多维贫困识别与量化流程

5.2.2　农户多维贫困的动态识别与量化

上一小节从静态视角对农户家庭的多维贫困状况进行了识别和量化，但贫困不仅具有多维性还具有长期性，贫困问题是一个长期的社会问题，既体现了人们在教育、健康、医疗、生活标准等方面的福利水平，又涵盖了个体或家庭一定时间段内贫困持续时间的动态变动信息。并且，家庭陷入贫困的持续时长，反映了该家庭脱离贫困的可能性，即贫困剥夺时间越长，其脱贫的概率越低（沃克，1995）。因此，现有的多维贫困指数只是一种静态测度方法，没有涵盖贫困的动态变动趋势，据此制定的反贫困政策存在明显的局限性（周强等，2017）。于是，下面从动态视角识别和量化农户家庭多维贫困。

本书在静态识别的基础上，引入时间维度，对我国农户家庭多维贫困进行动态识别和量化。事实上，动态识别包含三个临界值，即除了静态识别的两个临界值外，还有一个时间剥夺临界值，因此其也被称为"三界限法"。

假设 N 个农户家庭在 T 时期内的维度取值矩阵为 $Y_{N \times D \times T}$，其中 D 表示所选取的多维贫困指标体系的维度数。令 y_{ijt}（$i = 1, 2, \cdots, N$；$j = 1, 2, \cdots, D$；$t = 1, 2, \cdots, T$）为矩阵 $Y_{N \times D \times T}$ 的元素，表示农户家庭 i 在时期 t 的维度 j 上的取值。由于动态识别与量化是对不同时期的农户家庭多维贫困进行识别和量化的，为便于比较，假定在不同时期中各维度的贫困线和权重保持不变，设单维贫困线为 $Z = [z_j]$，各维度权重为 $W = [w_j]$ 且 $\sum_{j=1}^{D} w_j = 1$。

（1）动态识别多维贫困。

将 y_{ijt} 与单维贫困标准 z_j 进行比较，若 $y_{ijt} < z_j$，表示农户家庭 i 在时期 t 的维度 j 上是贫困的；若 $y_{ijt} \geq z_j$，表示农户家庭 i 在时期 t 的维度 j 上是非贫困的。为简便，当 $y_{ijt} < z_j$ 时，令 $y_{ijt}^0 = 1$；否则，令 $y_{ijt}^0 = 0$。于是，维度剥夺矩阵可以演变为 $G_{N \times D \times T}^0 = [g_{ijt}^0]$，其中矩阵的元素为 1 或 0。同样，为了更深入地识别和量化动态多维贫困，可以定义动态多维贫困差距，令 $g_{ijt}^\alpha = g_{ijt}^0 \left[\dfrac{z_j - y_{ijt}}{z_j} \right]^\alpha$，于是维度剥夺矩阵可进一步写为 $G_{N \times D \times T}^\alpha = [g_{ijt}^\alpha]$，其中本书主要考虑 $\alpha = 0, 1, 2$ 的情形。

根据农户的单维贫困状况和各维度的权重，计算农户的贫困剥夺得分，即 $c_{it}^\alpha = \sum_{j=1}^{D} w_j g_{ijt}^\alpha$，用矩阵表示为 $C_{N \times T}^\alpha = G_{N \times D \times T}^\alpha W^{\mathrm{T}}$。设定剥夺临界值 k，用于判断农户在不同时期的多维贫困状况。目前，学界对于临界值 k 的取值通常是根据经验定为 1/3（谢家智 等，2017；张全红 等，2015）。当 $c_{it}^\alpha \geq k$ 时，农户在时期 t 上是多维贫困的；当 $c_{it}^\alpha < k$ 时，农户在时期 t 上不是多维贫困的。为简便，当 $c_{it}^\alpha \geq k$ 时，令 $\rho_{it}^\alpha (k) = 1$；反之，当 $c_{it}^\alpha < k$ 时，令 $\rho_{it}^\alpha (k) = 0$。进而，维度剥夺矩阵进一步变为 $I_{N \times T}^\alpha (k) = [\rho_{it}^\alpha (k)]$。明显，当 t 固定时，上述识别和量化就变为静态多维贫困识别和量化。

进一步，设定持续时间剥夺临界值 τ（$0 < \tau \leq 1$），表示多维贫困持续时间占整个时期 T 的比例，其用于判断农户家庭在观察期 T 内的多维贫困情况。令农户家庭 i 在时期 T 内的剥夺矩阵为 $L = (l_i)$，其中 $l_i = \dfrac{1}{T} \sum_{t=1}^{T} w_t \rho_{it}^\alpha (k)$，且 w_t（$0 < w_t \leq 1$）表示时间权重。于是，当 $l_i \geq \tau$ 时，表示农户家庭 i 在观察期 T 内是动态多维贫困的，也称为长期多维贫困；否则，称农户家庭 i 在观察期 T 内不是长期多维贫困的。为简便，当 $l_i \geq \tau$ 时，令 $\rho_i^\alpha (k, \tau) = 1$；否则，$\rho_i^\alpha (k, \tau) = 0$。于是，农户家庭长期剥夺矩阵可表示为 $P(k, \tau) = (\rho_i (k, \tau))$。

（2）动态多维贫困指数构建。

与静态多维贫困指数相似，动态多维贫困指数体系的构建可分为六个方面。

①长期多维贫困发生率（H^c）：表示发生长期多维贫困的人口比率。计算公式如下：

$$H^c = \frac{1}{N} \sum_{i=1}^{N} \rho_i^0(k, \tau) = \frac{q^c}{N} \tag{5-6}$$

其中，q^c 为发生长期多维贫困的农户家庭数，N 是总样本数。

②长期平均被剥夺份额（A^c）：反映长期多维贫困中的平均被剥夺份额。计算公式如下：

$$A^c = \frac{\sum_{i=1}^{N} \rho_i^0(k, \tau) \sum_{t=1}^{T} c_{it}^0}{\sum_{i=1}^{N} \rho_i^0(k, \tau) \sum_{t=1}^{T} \rho_{it}^0(k)} \tag{5-7}$$

③平均贫困持续时间指数（D^c）：反映多维贫困农户家庭在时间维度上的多维贫困程度。计算公式如下：

$$D^c = \frac{\sum_{i=1}^{N} \rho_i^0(k, \tau) \sum_{t=1}^{T} \rho_{it}^0(k)}{N \times H^c \times T} \tag{5-8}$$

④长期多维贫困广度指数（MP_0^c）：也称为调整的长期多维贫困指数。计算公式如下：

$$\text{MP}_0^c = \frac{1}{N} \sum_{i=1}^{N} \rho_i^0(k, \tau) \frac{1}{T} \sum_{t=1}^{T} c_{it}^0 = \frac{1}{N} \sum_{i=1}^{N} \rho_i^0(k, \tau) \frac{1}{T} \sum_{t=1}^{T} \sum_{j=1}^{D} w_t w_j g_{ijt}^0 = H^c \times A^c \times D^c$$

$$\tag{5-9}$$

⑤长期多维贫困深度指数（MP_1^c）：衡量长期多维贫困农户家庭的福利缺失程度。计算公式如下：

$$\text{MP}_1^c = \frac{1}{N} \sum_{i=1}^{N} \rho_i^0(k, \tau) \frac{1}{T} \sum_{t=1}^{T} \sum_{j=1}^{D} w_t w_j g_{ijt}^1 = H^c \times A^c \times D^c \times G^c \tag{5-10}$$

其中，$G^c = \left(\sum_{t=1}^{T} \sum_{j=1}^{D} w_t w_j g_{ijt}^1 \right) / \left(\sum_{t=1}^{T} \sum_{j=1}^{D} w_t w_j g_{ijt}^0 \right)$，表示长期贫困农户家庭在所有维度上的贫困差距。

⑥长期多维贫困强度指数（MP_2^c）：衡量长期贫困农户家庭内部福利不平等程度。计算公式如下：

$$\text{MP}_2^c = \frac{1}{N} \sum_{i=1}^{N} \rho_i^0(k, \tau) \frac{1}{T} \sum_{t=1}^{T} \sum_{j=1}^{D} w_t w_j g_{ijt}^2 = H^c \times A^c \times D^c \times S^c \tag{5-11}$$

其中，$S^c = \left(\sum_{t=1}^{T} \sum_{j=1}^{D} w_t w_j g_{ijt}^2 \right) \Big/ \left(\sum_{t=1}^{T} \sum_{j=1}^{D} w_t w_j g_{ijt}^0 \right)$，称为贫困差距的平方，其是为

了给贫困较严重的农户家庭赋予更高的权重。

特别地,按上述方法得到的长期多维贫困指数,并未改变 A-F 多维贫困的理论性质,且同样满足一系列良好的贫困指数公理,如单调性、贫困聚焦性以及贫困子群可分解性等。

5.3 农户多维贫困测度结果与分析

5.3.1 数据、指标与权重

(1)数据来源与样本筛选。

本书采用中国家庭追踪调查(CFPS)的农户家庭数据。该数据由北京大学中国社会科学院调查中心从 2007 年开始收集,截至目前,已经跟踪收集了 2010 年、2012 年、2014 年、2016 年社区、家庭、成人、儿童等层面的数据,旨在调查我国社会、经济、教育、健康等方面的变迁情况。本章主要运用 2010 年、2012 年和 2014 年的 CFPS 数据,从静态和动态视角对我国农户家庭的多维贫困水平进行测度和分析。虽然 2016 年的数据已公开,但是 2016 年调查问卷中没有用电情况、卫生设施等指标,所以本书并未采用 2016 年的 CFPS 数据。本书基于以下原则对不同年度样本进行筛选:①在 urban10、urban12、urban14 中筛选出乡村样本,本书的研究对象为农户家庭;②先分别去掉不同年度家庭、成人和社区样本中缺失、空白、不知道、无法判断和拒绝回答的样本,然后将同年度的家庭、成人和社区样本运用 stata13.0 进行合并;③对合并后的数据按家庭编号(fid)对同一家庭的所有成员数值进行加总取平均作为该农户家庭的取值。通过筛选,本书得到 11 858 个样本观测数据。其中东部地区包含广东省、福建省、浙江省、江苏省、上海市、北京市、天津市、辽宁省、山东省和河北省等省份的 3 990 份有效数据,中部地区包含安徽省、山西省、黑龙江省、吉林省、江西省、湖南省、湖北省和河南省等省份的 3 734 份有效数据,西部地区包含四川省、重庆市、云南省、广西壮族自治区、陕西省、甘肃省和贵州省等省份的 4 134 份有效数据。

(2)指标解释。

在 5.1.2 节,我们构建了农户家庭多维贫困指标体系,下面依据 CFPS 调查问卷从操作层面对各指标进一步解释并赋予各指标相应的剥夺临界值(见表 5.3)。

表 5.3　农户多维贫困指标解释与赋值

维度	指标	指标解释与赋值	临界值
收入	人均纯收入	家庭人均年纯收入（2014年标准）	2 800
健康	健康状况	受访者健康状况小于4（问卷中健康状况1~7分别表示从很差到很好）	4
教育	人均受教育年限	农户家庭人均受教育年限	9
医疗	医疗保险	家庭成员是否参加新型农村合作医疗（是=1，否=0）	0
生活标准	做饭用水	江河湖水=1，雨水=2，窖水=3，井水=4，自来水=5，桶装水/纯净水/过滤水=6	3
	做饭燃料	柴草=1，煤=2，灌装煤气/液化气=3，电=4，天然气=5，太阳能/沼气=6	2
	通电情况	没通电=1，经常断电=2，偶尔断电=3，几乎未断电=4	2
	卫生设施	非冲水厕所=1，室外非冲水厕所=2，室内非冲水厕所=3，冲水厕所=4，室外冲水厕所=5，室内冲水厕所=6	3
资产	实物资产	家中是否有汽车、电动自行车、摩托车、电冰箱、冰柜、洗衣机、电视机、电脑、照相机、空调、手机等任意一种耐用消费品资产（有=1，没有=0）	0
住房	住房面积	家庭人均住房面积	12
	住房条件	12岁以上子女与父母同住一室=1，12岁以上异性子女同住一室=2，老少三代同住一室=3，床晚上架起白天拆掉=4，客厅架起睡觉的床=5，没有上述困难=6	5
土地	土地状况	家中是否有从集体中分配到耕地、林地、牧场、水塘中任意一种（有=1，没有=0）	0
金融	金融服务	非正规金融借贷=1、正规金融借贷=2、其他金融资产=3、以上都没有=0	2

①收入。收入的贫困标准是基于我国公布的农村贫困线，本书选择2014年贫困线标准2 800元作为剥夺临界值，即农户人均纯收入低于2 800元的定义为收入贫困，赋值为1，否则赋值为0。

②健康。根据CFPS家庭问卷，选取受访者健康状况小于4代表贫困，赋值为1，否则赋值为0。

③教育。因为本书中以农户家庭为研究对象且我国已实施九年义务教育，所以将家庭中各个成员的平均受教育年限低于9年作为贫困剥夺临界值，赋值为1，否则赋值为0。其中设文盲=0，小学=6，初中=9，高中=12，大学专科=15，大学本科=16，硕士=19，博士=22。特别地，由于调查年度中适龄儿童入学率已达99.71%①，本书中就没有考虑儿童的受教育情况，仅以家户

---

① 数据来源：《2013年全国教育事业发展统计公报》。

中成人的受教育情况进行测算。

④医疗。我国早期的医疗保险主要有劳动保险制度、公费医疗和农村合作医疗（称为"旧农合"）。随着经济社会发展，现在农村普遍实行新型农村合作医疗保险制度（称为"新农合"①）。当前我国"新农合"参保率已达农业人口的90%②以上，因此，本书将农户家庭任何成员未参加农村新型合作医疗视为被剥夺，赋值为1，否则赋值为0。

⑤生活水准。本书中选取了做饭用水、做饭燃料、通电情况和卫生设施4个指标来衡量生活水准。做饭用水包含江河湖水、井水、自来水、桶装水/纯净水/过滤水、雨水、窖水和池塘水，其中使用江河湖水、雨水或窖水代表做饭用水贫困；做饭燃料包含柴草、煤炭、灌装煤气/液化气、天然气/管道煤气、太阳能/沼气、电，其中使用柴草或煤代表燃料贫困；通电情况包含没通电、经常断电、偶尔断电和几乎未断电，其中未通电或经常断电表示用电贫困；无冲水厕所表示卫生设施贫困，赋值为1，否则赋值为0。

⑥资产。本书中认为农户家中没有汽车、电动自行车、摩托车、电冰箱、冰柜、洗衣机、电视机、电脑、照相机、空调、手机等任意一种耐用消费品代表资产贫困，赋值为1，否则赋值为0。

⑦住房。本书选取人均住房面积和住房拥挤状况来衡量农户家庭住房贫困程度。其中人均住房面积低于12平方米代表贫困，家庭中有12岁以上子女与父母同住一室、12岁以上异性子女同住一室、老少三代同住一室、床晚上架起白天拆掉、客厅架起睡觉的床中任意一种代表住房贫困，赋值为1，否则赋值为0。

⑧土地。土地是农户生活的保障。本书认为农户家中没能从集体中分配到耕地、林地、牧场、水塘中任意一种代表土地贫困，赋值为1，否则赋值为0。

⑨金融。依据获得金融服务的难易程度、金融服务对农户贫困改善的影响差异，并结合CFPS数据可得性，本书中将金融服务分为非正规金融借贷（主要指代偿亲友/民间借款、亲友或民间借贷机构是否向您借款）、正规金融借贷（包括银行存款③、代偿银行房贷、代偿银行其他贷款但除房贷）以及其他

---

① 新农合是指由政府组织、引导、支持，农民自愿参加，个人、集体和政府多方筹资，以大病统筹为主的农民医疗互助共济制度。其采取个人缴费、集体扶持和政府资助的方式筹集资金。

② 贾建宇. 农村医疗保险制度变迁的国际比较研究 [J]. 农村金融研究，2017 (6)：57-61.

③ 不包括国债和理财产品。

金融资产（包括股票、基金、国债、信托产品、外汇产品、期货以及期权等）。将上述各类型金融服务赋值，其中非正规金融借贷=1、正规金融借贷=2、其他金融资产=3、以上都没有=0。若农户家庭获得的金融服务得分低于2，则代表金融贫困。之所以按照该方式划分金融贫困，是因为根据变量的描述性统计可知，获得非正规金融借贷的农户家庭占样本总量的25.35%，获得正规金融借贷的农户家庭占样本总量的14.96%，而获得其他金融资产服务的农户家庭仅占样本总量的0.65%。也就是说，农户获得正规金融借贷以及其他金融资产服务相对较困难，且获得正规金融服务被普遍认为对发展中国家的农村居民扩大生产和平滑消费等进行跨期风险决策具有重要意义。因此，本书认为农户若获得正规金融及以上服务则代表该农户不属于金融贫困。将金融贫困赋值为1，否则赋值为0。

（3）权重测度

在进行多维贫困指数加总过程中，各指标的权重选取是至关重要的。但是，当前国内外大部分学者均采用等权重法（阿尔基尔和福斯特，2011；郭建宇、吴国宝，2012；郭熙保、周强，2016），这种方法虽然操作简便，但难以准确反映指标的重要程度差异。当然，也有少量研究者对非等权重法进行了探索，主要有主成分分析法（安永 等，2008）、德摩尔（DEMATAL）和熵权法（王保雪，2013）等，这些方法虽然注重了客观分析，但其不能进一步反映各指标之间的随机性、离散性、非线性性等复杂关系。考虑到上述方法的缺陷和指标之间关系的复杂性，本书采用人工神经网络（ANN）[①]（拓扑结构见图5.2）法对各指标赋权。

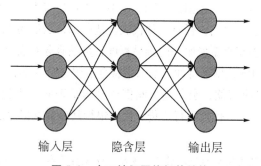

输入层　　　隐含层　　　输出层

图5.2　人工神经网络拓扑结构

[①] 本书采用的是ANN中最基本的BP法进行迭代求解各指标权重。所谓BP法，实际上是一种反向传播法，它是由Rumelhart等人在1986年提出的，其已经在模式识别等领域被广泛应用。

事实上，农户家庭多维贫困是一个多指标形成的复杂问题，指标之间可能存在复杂的不确定性、离散性、随机性以及非线性性等关系，常规的方法很难精确测度各指标间的权重。而人工神经网络旨在探索利用计算机系统模仿人工智能来处理复杂的非线性问题。该方法是由许多功能比较简单的神经元互相连接而成的复杂网络系统，用它可以模拟人脑的许多基本功能和思维方式，运用与人脑相似的学习、识别等信息处理能力，并且其具有很强的自主学习性、高度非线性等特征，对科学计算和分析指标贡献权重具有独特优势，该方法近年来受到较多关注。因此，本书采用人工神经网络法确定权重。其确定权重的优势如下：①神经网络是一种模拟人脑运行机制来处理复杂问题的方法，指标间权重的确定本身是一个复杂的非线性问题，需要建立一种权重的学习机制，而这正是人工神经网络的优势所在（孙会君 等，2001；谢家智 等，2017）。②神经网络在计算时都会将数据规范化，因此，权重的计算结果不会依赖于某一较大或较小的数据，进而使得权重更加精确。③人工神经网络是通过建立一种输入、输出间的非线性映射关系，智能地测算出指标的权重，因此，神经网络法也更能描述指标间的离散型、非线性性等复杂关系。

ANN 的权重计算公式如下：

$$F(y_i) = \sum_{t=1}^{T} \beta_t \varphi(\gamma_t \cdot y_i + \vartheta_t) \tag{5-12}$$

$$r_{js} = \sum_{t=1}^{L} \gamma_{tj}(1 - e^{-x})/(1 + e^{-x}), \; x = \beta_{ts} \tag{5-13}$$

$$R_{js} = \left| (1 - e^{-z})/(1 + e^{-z}) \right|, \; z = r_{js} \tag{5-14}$$

$$w_j = R_{js} / \sum_{j=1}^{D} R_{js} \tag{5-15}$$

这里，y_i 是农户家庭的取值，$i = 1, 2, \cdots, N$；γ_t、β_t、ϑ_t 分别为网络的输入权、输出权和偏置值；D 为网络输入层节点数，$j = 1, 2, \cdots, D$；S 为网络输出层节点数，$s = 1, 2, \cdots, S$；T 为网络的隐含层节点数，$t = 1, 2, \cdots, T$；γ_{jt} 为输入层 j 和隐层 t 之间的权系数；β_{ts} 为隐层 t 和输出层 s 之间的权系数。

在权重的计算过程中，输入节点的个数为 13（多维贫困指标个数），通过调试得出隐层节点数为 10，输出节点数为 1，且隐层和输出层的传递函数分别采用 logsig 和 purelin，训练函数采用 trainlm。网络的最大迭代次数为 5 000 次，性能函数采用 MSE 且期望误差设为 1×10^{-8}。结合式（5-12）~式（5-15）计算得到各指标权重，如表 5.4 所示。

表 5.4　各指标权重

指标	权重	指标	权重
人均纯收入	0.3616	通电情况	0.0174
健康状况	0.0206	卫生设施	0.0491
人均受教育年限	0.0616	实物资产	0.0084
医疗保险	0.0402	住房面积	0.1050
做饭用水	0.0200	住房条件	0.0270
做饭燃料	0.0575	土地状况	0.0392
金融服务	0.1925		

由表 5.4 可知，人均纯收入指标所占比重最大，金融服务指标次之，住房面积、人均受教育年限、做饭燃料、卫生设施、医疗保险、土地状况、住房条件、健康状况、做饭用水、通电情况和实物资产等指标的重要程度依次降低。

5.3.2　多维贫困的测度结果与分析

（1）单维贫困发生率。

为了与农户多维贫困的测度结果进行比较，本书先对表 5.1 中 13 个指标的单维贫困发生率进行测算，结果见表 5.5。

表 5.5　2010—2014 年我国农户家庭单维贫困发生率　　　　单位：%

指标	2010 年 贫困发生率	2012 年 贫困发生率	2014 年 贫困发生率
人均纯收入	27.12	23.03	17.61
健康状况	9.91	5.51	4.63
人均受教育年限	75.65	75.48	75.44
医疗保险	14.97	8.18	6.30
做饭用水	5.94	2.49	2.33
做饭燃料	66.65	55.96	55.32
通电情况	0.54	0.36	0.20
卫生设施	61.91	55.14	52.66
实物资产	4.18	3.41	2.17
住房面积	10.32	9.95	8.23
住房条件	8.00	4.49	2.23
土地状况	19.14	9.62	8.44
金融服务	64.25	62.09	54.92

分析表5.5可知，我国农户家庭的单维贫困发生率呈动态减弱趋势。教育维度的贫困发生率最高，2010年为75.65%、2012年为75.48%、2014年为75.44%。相较而言，金融服务、做饭燃料和卫生设施等指标的贫困发生率较高，均超过50%；收入维度的贫困发生率在20%左右，这也说明贫困不仅仅是收入贫困，还应该是教育、金融、生活标准等福利的缺失。此外，健康、医疗、土地以及住房面积等指标的贫困发生率在10%左右，其余指标的贫困发生率在5%以下。明显，2010—2014年，医疗保险、住房条件以及人均收入等指标的改善幅度较大。直观地，表5.5反映的事实见图5.3（a）。

　　为了探究我国不同区域农户家庭单维贫困发生率，我们也分别将东中西部农户家庭单维贫困发生率进行了计算，结果见表5.6与图5.3（b）、图5.3（c）、图5.3（d）。

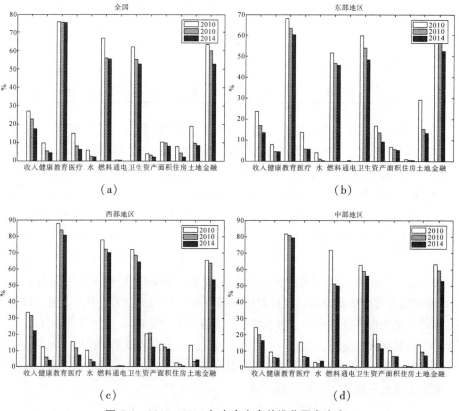

图 5.3　2010—2014 年农户家庭单维贫困发生率

表 5.6　2010—2014 年东、中、西部地区单维贫困发生率　　　单位:%

指标	2010			2012			2014		
	东部	中部	西部	东部	中部	西部	东部	中部	西部
人均纯收入	23.83	24.29	33.34	17.06	20.19	31.54	13.81	16.39	22.06
健康状况	8.07	9.20	12.40	4.54	5.95	6.19	4.61	5.52	3.85
人均受教育年限	67.78	81.40	88.03	63.18	80.49	83.72	60.03	79.12	80.72
医疗保险	13.69	15.52	15.50	5.73	6.60	11.70	5.81	6.13	7.29
做饭用水	4.14	3.11	10.45	1.01	2.28	4.31	0.30	3.80	3.14
做饭燃料	51.60	71.62	77.83	46.34	50.92	71.93	45.70	49.79	69.93
通电状况	0.15	1.52	0.11	0.36	0.06	0.63	0.10	0.27	0.24
卫生设施	59.62	62.28	71.93	53.75	58.56	68.71	48.09	55.67	64.07
实物资产	16.88	19.97	20.32	13.66	14.65	20.95	9.30	11.80	12.18
住房面积	6.75	10.25	14.03	5.73	6.98	12.15	5.43	6.64	10.50
住房条件	0.87	1.15	2.42	0.49	0.69	1.74	0.48	0.50	0.56
土地状况	29.21	13.97	13.25	15.49	9.45	3.28	13.38	7.31	4.31
金融服务	57.88	62.89	65.48	57.09	59.30	63.63	52.30	52.52	53.27

由表 5.6 可知，除土地维度外，其余维度的贫困发生率都呈现出西高东低的态势。具体地，2010—2014 年中，教育维度的贫困发生率水平最高，东部地区教育贫困发生率平均为 63.66%[1]，中部地区教育贫困发生率平均为 80.34%，西部地区教育贫困发生率平均高达 84.16%。其次，不同区域各指标的单维贫困发生率水平与全国水平保持一致，如做饭燃料、卫生设施、金融服务等指标的单维贫困发生率都在 50% 以上。但是，通电情况、做饭用水和住房条件等指标的贫困发生率水平都在 5% 以下。这与近年来中央在加大基础设施建设和民生保障工程领域的发展有很大关系。如 2009 年中央 1 号文件强调"加快农村社会事业发展，加快农村基础设施建设"；2010 年中央 1 号文件也强调"加快改善农村民生，缩小城乡公共事业发展基础"。这些政策颁布的目的都是促进农村发展，农民生活改善。因此，正是这些政策的提出，促使农户的做饭用水、通电情况以及住房情况都得到较大改善，从而使得这些指标的贫困发生率水平较低。

---

① 数值来源：2010 年、2012 年和 2014 年人均受教育年限贫困发生率的平均值。

（2）农户静态多维贫困指数。

因为传统的单一维度测算难以对贫困家庭进行有效识别，所以根据式（5-1）~式（5-4）对我国农户的多维贫困水平按全国、东部、中部和西部进行测算。事实上，多维贫困指数的计算中临界值 k 的大小也很关键，k 取值越大，多维贫困指数越小，而平均缺失份额越大。k 实质上就是 A-F 法的第二个临界值，当农户的缺失得分超过该临界值时，就判定其为多维贫困，否则为非贫困。理论上，k 的取值可以在 0~1 之间变化。但是，理论界对 k 的取值尚未形成统一的标准。大部分学者根据经验判断，将 k 取值为 1/3 左右（高燕云 等，2012；张全红、周强，2015）。因此，本书也取临界值 $k = 1/3$，测度 k 在 0.3~0.8 的多维贫困指数结果，具体见表 5.7。

表 5.7　2010—2014 年农户家庭多维贫困指数值（全国）

	k	0.3	0.4	0.5	0.6	0.7	0.8
	H				0.022 7	0.002 8	0.000 2
	A	0.374 2	0.503 3	0.556 8	0.643 2	0.747 7	0.819 4
2010	MP_0	0.152 2	0.075 6	0.044 0	0.014 6	0.002 1	0.000 1
	MP_1	0.109 3	0.020 7	0.006 0	0.001 1	0.000 1	0.000 0
	MP_2	0.080 7	0.011 7	0.002 9	0.000 4	0.000 0	0.000 0
	H		0.119 1		0.005 4	0.000 7	0.000 1
	A	0.418 1	0.469 8	0.548 1	0.651 6	0.753 5	0.833 3
2012	MP_0	0.112 5	0.056 0	0.019 2	0.003 5	0.000 5	0.000 1
	MP_1	0.090 7	0.038 3	0.006 2	0.000 5	0.000 0	0.000 0
	MP_2	0.067 7	0.025 3	0.003 5	0.000 2	0.000 0	0.000 0
	H				0.003 9	0.000 3	0
	A	0.385 3	0.474 8	0.545 6	0.638 9	0.740 7	NaN①
2014	MP_0	0.098 1	0.024 6	0.009 3	0.002 5	0.000 2	NaN
	MP_1	0.078 7	0.013 1	0.002 6	0.000 4	0.000 0	NaN
	MP_2	0.050 6	0.007 9	0.001 1	0.000 1	0.000 0	NaN

表 5.7 展示了 2010—2014 年我国农户家庭的多维贫困发生率（H）、平均被剥夺份额（A）、多维贫困广度（MP_0）、多维贫困深度（MP_1）以及多维贫困强度（MP_2）水平。分析表 5.7 可知，无论是 2010 年，还是 2012 年或 2014

———————————

① NaN 表示不存在，因为相应计算公式中分母为 0，下同。

年，随着临界值 k 的增大，多维贫困发生率、多维贫困广度、多维贫困深度和多维贫困强度逐渐减小直至不存在（见图 5.4~图 5.6），这表明随着贫困维度的增加，多维贫困的农户家庭逐渐减少。同时，从表 5.7 中可以看出，在不同的 k 值下，MP_0 的下降主要是由 H 的下降所致，因为此间 A 值逐渐增大，但其增大速率远小于 H 的下降速率。

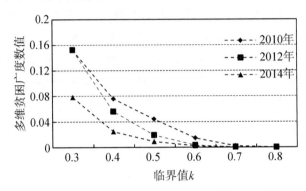

图 5.4　2010—2014 年我国农户家庭多维贫困广度水平

此外，我们也将 2010—2014 年我国农户家庭多维贫困深度和强度水平分别展示于图 5.5 和图 5.6 中。

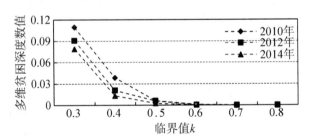

图 5.5　2010—2014 年我国农户家庭多维贫困深度水平

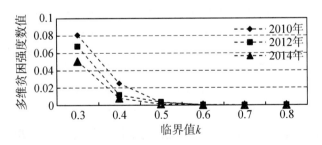

图 5.6　2010—2014 年我国农户家庭多维贫困强度水平

通过比较图 5.4、图 5.5 以及图 5.6 可知，2010—2014 年我国农户家庭的多维贫困广度、深度和强度水平的变化趋势大体一致。就数值而言，不管是广度、深度还是强度，都有 2010 年的数值>2012 年的数值>2014 年的数值，这表明我国农户家庭多维贫困指数在 2010—2014 年呈动态减弱趋势；同时，不管是 2010 年、2012 年还是 2014 年，均有 MP_0>MP_1>MP_2（见图 5.7），这表明相较于多维贫困发生率，多维贫困缺口和不平等程度较低。换句话说，随着多维贫困临界值的增加，贫困农户内部的不平等程度和贫困缺口比多维贫困广度改善更大。这里我们只展示了 2014 年我国农户家庭多维贫困指数图，2010 年和 2012 年农户家庭的多维贫困指数图与 2014 年类似，故这里不再展示。

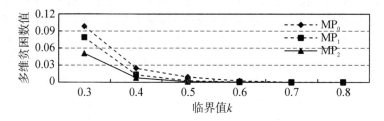

图 5.7　2014 年我国农户家庭多维贫困指数

上面从全国整体视角测度了 2010—2014 年农户家庭的多维贫困水平，这虽然能从宏观上把握农户多维贫困状况，但并不能为我国区域发展不平衡的各地区制定精确的减贫政策。因此，为了更加精确地掌握各地区农户家庭的多维贫困状况，下面探究不同区域农户家庭多维贫困状况，其结果分别见表 5.8、表 5.9 和表 5.10。

表 5.8　2010—2014 年我国东部地区农户家庭多维贫困指数值

	k	0.3	0.4	0.5	0.6	0.7	0.8
	H	0.555 9	0.156 4	0.059 6	0.014 7	0.001 3	0.000 2
	A	0.371 2	0.464 9	0.553 3	0.643 3	0.759 3	0.833 3
2010	MP_0	0.206 3	0.072 7	0.033 0	0.009 5	0.001 0	0.000 2
	MP_1	0.099 6	0.069 4	0.003 9	0.000 8	0.000 0	0.000 0
	MP_2	0.077 5	0.056 9	0.001 4	0.000 0	0.000 0	0.000 0
	H	0.351 4	0.135 1	0.043 6	0.004 5	0.000 5	0.000 0
	A	0.407 7	0.493 1	0.540 2	0.649 7	0.750 0	NaN
2012	MP_0	0.143 3	0.066 6	0.023 6	0.002 9	0.000 4	NaN
	MP_1	0.061 7	0.018 9	0.011 0	0.000 5	0.000 0	NaN
	MP_2	0.051 7	0.010 1	0.008 3	0.000 5	0.000 0	NaN

表5.8(续)

	k	0.3	0.4	0.5	0.6	0.7	0.8
	H	0.194 7	0.047 0	0.016 3	0.002 8	0.000 3	0.000 0
	A	0.382 8	0.479 9	0.549 4	0.654 0	0.777 8	NaN
2014	MP_0	0.074 5	0.022 5	0.008 9	0.001 9	0.000 2	NaN
	MP_1	0.050 6	0.015 5	0.002 6	0.000 5	0.000 0	NaN
	MP_2	0.042 0	0.010 6	0.001 0	0.000 3	0.000 0	NaN

表5.8展示了我国东部地区农户家庭的多维贫困水平。从表5.8中可以发现，随着临界值 k 的增大，东部地区农户家庭多维贫困广度、深度和强度逐渐降低，当 $k=0.8$ 时，2010年东部地区农户家庭的多维贫困广度指数为0.000 2、深度指数和强度指数已经减为0，2012年和2014年则在 $k=0.7$ 时多维贫困指数就已经很小甚至为0。同样，与全国多维贫困状况类似，东部地区农户家庭的多维贫困水平在2010—2014年呈动态减弱趋势。不同的是，东部地区多维贫困的数值显著低于全国多维贫困数值（见图5.8），这表明东都地区农户家庭多维贫困状况比全国整体水平要轻。

表5.9为2010—2014年我国中部地区农户家庭多维贫困指数值。总体上，中部地区农户家庭的多维贫困水平在2010—2014年呈动态减弱趋势。不同的是，2010—2014年中部地区农户家庭多维贫困水平与全国水平大体相当（见图5.8），这表明中部地区农户家庭多维贫困程度与全国整体贫困程度一致。中部地区农户家庭多维贫困的其余情况和东部地区以及全国整体情况类似，这里不再赘述。

表5.9 2010—2014年我国中部地区农户家庭多维贫困指数值

	k	0.3	0.4	0.5	0.6	0.7	0.8
	H	0.320 6	0.130 7	0.070 9	0.020 3	0.003 3	0.000 3
	A	0.418 2	0.500 9	0.554 1	0.640 3	0.737 2	0.833 3
2010	MP_0	0.134 1	0.065 5	0.039 3	0.013 0	0.002 5	0.000 2
	MP_1	0.105 7	0.072 8	0.009 6	0.000 8	0.000 3	0.000 0
	MP_2	0.098 4	0.059 7	0.005 6	0.000 8	0.000 0	0.000 0
	H	0.608 5	0.183 2	0.052 2	0.007 0	0.000 8	0.000 0
	A	0.370 8	0.466 4	0.539 5	0.654 9	0.768 5	NaN
2012	MP_0	0.105 6	0.085 4	0.028 2	0.004 6	0.000 6	NaN
	MP_1	0.087 9	0.015 8	0.004 0	0.000 7	0.000 0	NaN
	MP_2	0.058 4	0.008 0	0.001 6	0.000 5	0.000 0	NaN

表5.9(续)

	k	0.3	0.4	0.5	0.6	0.7	0.8
	H	0.175 9	0.036 9	0.014 4	0.003 8	0.000 0	0.000 0
	A	0.379 3	0.478 1	0.541 7	0.620 4	0.713 5	NaN
2014	MP_0	0.096 7	0.017 7	0.007 8	0.002 3	0.000 3	NaN
	MP_1	0.091 0	0.011 0	0.002 8	0.000 0	0.000 0	NaN
	MP_2	0.066 6	0.005 9	0.001 9	0.000 0	0.000 0	NaN

表5.10为2010—2014年我国西部地区农户家庭多维贫困指数值。从表5.10分析可知，总体上，西部地区农户家庭的多维贫困状况与东部地区、中部地区以及全国水平情况相似，故类似的情形不再赘述。不同的是，西部地区农户家庭的多维贫困数值显著高于全国总体多维贫困数值（见图5.8），这表明西部地区农户家庭多维贫困程度比全国整体程度要严重。

表5.10 2010—2014年西部农户家庭多维贫困指数值

	k	0.3	0.4	0.5	0.6	0.7	0.8
	H	0.416 2	0.182 0	0.105 8	0.033 0	0.003 9	0.000 2
	A	0.426 9	0.512 6	0.560 3	0.644 6	0.751 5	0.805 6
2010	MP_0	0.177 7	0.093 3	0.059 3	0.021 2	0.003 0	0.000 2
	MP_1	0.132 3	0.063 9	0.009 9	0.001 7	0.000 2	0.000 0
	MP_2	0.101 5	0.039 4	0.005 6	0.000 8	0.000 0	0.000 0
	H	0.572 6	0.190 1	0.054 7	0.007 3	0.000 7	0.000 0
	A	0.381 9	0.468 3	0.539 6	0.641 7	0.740 7	NaN
2012	MP_0	0.142 5	0.089 0	0.029 5	0.004 7	0.000 5	NaN
	MP_1	0.102 7	0.026 6	0.008 0	0.000 6	0.000 0	NaN
	MP_2	0.090 8	0.016 4	0.003 6	0.000 0	0.000 0	NaN
	H	0.236 2	0.071 0	0.020 5	0.005 1	0.000 6	0.000 0
	A	0.391 7	0.469 4	0.544 8	0.642 0	0.722 2	NaN
2014	MP_0	0.118 7	0.033 3	0.011 2	0.003 3	0.000 4	NaN
	MP_1	0.093 4	0.012 5	0.002 3	0.000 5	0.000 0	NaN
	MP_2	0.087 9	0.006 8	0.000 6	0.000 0	0.000 0	NaN

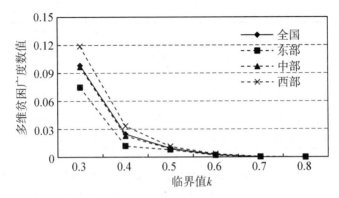

图 5.8　2014 年各区域农户家庭多维贫困广度

此外，2010 年、2012 年不同区域农户家庭多维贫困水平与 2014 年类似，因此，这里仅仅直观地展示了 2014 年多维贫困广度指数图，其余年份的多维贫困指数图并未显示于此。

最后，我们将东部、中部、西部地区的多维贫困指数分别与全国农户家庭的多维贫困指数进行比较（见图 5.9）。从图中可以发现，无论是全国还是东、中、西部地区，农户家庭多维贫困广度指数值均高于多维贫困深度指数值、多维贫困强度值，即 $MP_0 > MP_1 > MP_2$，这表明相较于多维贫困发生率，多维贫困缺口和贫困不平等的程度更轻。同时，无论是多维贫困广度（MP_0）、多维贫困深度（MP_1）还是多维贫困强度（MP_2），均呈现出东低西高的态势，这表明我国农户家庭多维贫困状况存在典型的区域分布特征。

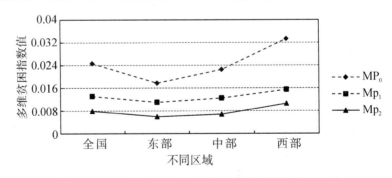

图 5.9　2014 年各区域农户家庭多维贫困指数（$k = 0.4$）

多维贫困指数是我们所构造的维度整体趋势，虽然我们能够从多维贫困指数看农户多个维度贫困的整体变化，但要判断这些维度的作用的相对大小，还需要对多维贫困进行分解（王春超、叶琴，2014）。

（3）农户静态多维贫困指数分解。

本书运用式（5-5）对我国农户家庭的多维贫困指数进行分解，分解结果见表5-11①。

表 5.11 2010—2014 年我国农户家庭多维贫困指数分解表　　单位:%

指标	MP$_0$			MP$_1$			MP$_2$		
	2010	2012	2014	2010	2012	2014	2010	2012	2014
人均纯收入	20.98	22.42	22.33	21.19	20.31	20.69	21.81	20.61	21.54
健康状况	1.75	2.90	0.79	2.95	5.41	4.24	8.91	4.93	2.63
人均受教育年限	15.71	16.92	14.96	13.28	16.39	14.42	14.42	16.88	15.48
医疗保险	5.00	7.12	4.94	2.75	4.00	5.99	1.34	4.65	4.4
做饭用水	4.56	4.16	3.25	0.24	3.03	1.41	0.15	0.98	0.17
做饭燃料	8.93	7.63	11.43	10.34	11.14	9.25	11.84	10.73	10.76
通电情况	0.07	0.19	0.02	0.04	0.03	0.00	0.03	0.02	0.00
卫生设施	7.82	7.16	5.63	16.8	8.27	9.50	7.08	8.76	10.94
实物资产	0.37	0.56	0.74	0.90	0.39	0.29	0.34	0.68	1.02
住房面积	7.15	3.88	5.21	3.50	3.04	5.34	2.34	2.09	5.42
住房条件	4.38	4.69	4.90	4.37	2.41	3.95	6.01	5.23	2.33
土地状况	3.12	4.63	4.29	3.12	6.31	4.34	4.49	4.28	4.52
金融服务	20.16	17.73	21.50	20.52	19.27	20.58	21.26	20.16	20.79

表 5.11 揭示了 2010 年、2012 年以及 2014 年各指标的贫困对我国农户家庭多维贫困广度（MP$_0$）、多维贫困深度（MP$_1$）和多维贫困强度（MP$_2$）的贡献率。总体上，收入维度的贫困对 MP$_0$ 的贡献度最大，2010 年、2012 年和 2014 年依次为 20.98%、22.42% 和 22.33%；金融维度对 MP$_0$ 的贡献率次之，2010 年、2012 年和 2014 年依次为 20.16%、17.73% 和 21.50%；教育维度对 MP$_0$ 的贡献率为第三，2010—2014 年为 15% 左右；其余指标按贡献率相对大小依次为做饭燃料、卫生设施、住房面积、医疗保险、住房条件、土地、做饭用水、健康、电和实物资产，尤其是通电情况和实物资产两个指标贡献率在 1% 以下（见图 5.10）。因此，我们可以认为，收入、金融与教育是我国农村地区的主要致贫因素；而农村几乎不存在通电和资产贫困的情况。此外，对于各指

---

① 因为在临界值 k 取不同值时的维度分解结果类似，所以表 5.11 中只报告了 $k = 0.4$ 时的结果。

标对 MP_1、MP_2 的贡献率与各指标对 MP_0 的贡献率类似，因此，这里不再赘述。

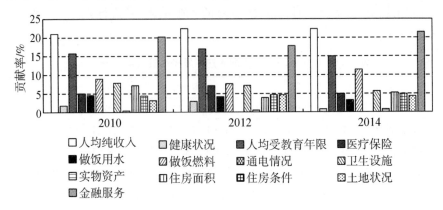

图 5.10　2010—2014 年我国多维贫困广度指数（MP_0）分解

同样，我们也分解了各指标对东部、中部和西部地区农户家庭的多维贫困指数，其结果分别见表 5.12、表 5.13 和表 5.14[①]。

表 5.12　2010—2014 年我国东部地区农户家庭多维贫困指数分解表

单位:%

指标	MP_0			MP_1			MP_2		
	2010	2012	2014	2010	2012	2014	2010	2012	2014
人均纯收入	16.35	14.63	17.67	14.06	14.26	13.40	13.86	14.04	11.28
健康状况	6.62	6.49	5.59	9.36	4.68	5.54	4.38	5.30	10.4
人均受教育年限	12.28	12.23	12.64	13.96	11.02	10.66	11.72	10.53	10.18
医疗保险	5.55	5.03	6.13	6.54	7.12	5.13	1.44	7.32	5.87
做饭用水	0.05	0.10	0.40	0.02	0.02	0.15	0.02	0.02	0.12
做饭燃料	10.86	11.50	11.53	10.83	9.94	11.04	11.17	10.45	10.65
通电情况	0.04	0.06	0.01	0.05	0.00	0.01	0.04	0.00	0.00
卫生设施	8.65	11.32	6.20	2.38	9.63	8.09	7.03	9.77	0.67
实物资产	3.39	3.28	2.87	3.74	1.5	1.35	2.35	0.69	1.14
住房面积	2.33	2.54	4.08	0.85	0.24	7.98	0.41	0.14	5.36
住房条件	1.57	1.53	0.61	4.02	1.3	0.93	5.64	1.9	0.64
土地状况	4.63	2.86	3.67	2.67	0.66	5.23	5.38	0.35	3.07
金融服务	27.68	28.43	28.60	31.53	39.63	30.49	36.56	39.49	40.62

---

①　表 5.12、表 5.13 和表 5.14 中也只报告了 $T(x)$ 时的结果。

表5.12揭示了2010年、2012年以及2014年各指标的贫困对东部地区农户家庭多维贫困广度（MP_0）、多维贫困深度（MP_1）和多维贫困强度（MP_2）的贡献率。总体上，各指标对东部地区农户家庭的多维贫困指数的贡献率保持一致。不同的是，金融维度超过收入维度，成为东部地区贡献率最大的维度（见图5.11）。具体的，2010年东部地区金融维度的贫困对其MP_0的贡献度最大（27.68%），收入维度次之（16.35%），教育维度紧随其后（12.28%）；2012年金融、收入与教育维度的贡献率分别为28.43%、14.63%和12.23%；2014年金融、收入与教育维度的贡献率分别为28.60%、17.67%和12.64%。这表明金融服务的获得性不足已成为东部地区发展的最大瓶颈。此外，东部地区做饭用水和通电情况两个指标的贡献率仅为0.01%左右，这表明我国东部地区基本不存在做饭用水和通电贫困。

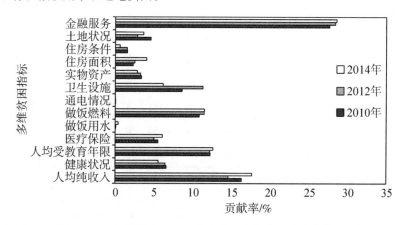

图5.11　2010—2014年我国东部地区农户家庭多维贫困广度指数（MP_0）分解

同样，对于各指标对东部地区农户家庭MP_1、MP_2的贡献率与各指标对MP_0的贡献率所得结论相似，因此，这里也不再赘述。

表5.13揭示了2010年、2012年以及2014年各指标的贫困对中部地区农户家庭多维贫困广度（MP_0）、多维贫困深度（MP_1）和多维贫困强度（MP_2）的贡献率。其各指标对中部农户家庭多维贫困指数的贡献率与全国保持一致（见图5.12），故不再赘述。

表 5.13 2010—2014 年我国中部地区农户家庭多维贫困指数分解表

单位:%

指标	MP_0			MP_1			MP_2		
	2010	2012	2014	2010	2012	2014	2010	2012	2014
人均纯收入	21.22	22.26	23.16	22.47	25.05	23.29	22.26	25.49	21.95
健康状况	3.22	2.36	3.99	3.64	1.75	4.36	2.01	0.38	10.91
人均受教育年限	15.86	16.35	13.97	14.26	14.95	12.59	15.00	13.32	13.22
医疗保险	5.41	4.23	5.02	3.17	5.40	4.74	1.38	6.43	5.68
做饭用水	1.05	4.14	0.49	1.18	0.20	1.05	0.37	0.19	0.60
做饭燃料	7.67	8.07	11.58	12.63	11.24	11.05	15.00	11.10	10.57
通电情况	0.21	0.00	0.02	0.09	0.00	0.00	0.07	0.00	0.00
卫生设施	7.63	7.48	5.57	11.04	10.16	9.72	10.06	10.07	5.14
实物资产	0.74	0.69	0.37	0.29	0.08	0.14	0.13	0.07	0.08
住房面积	7.28	7.09	5.53	4.41	6.98	6.84	6.07	7.60	5.38
住房条件	5.27	5.47	4.95	3.25	3.81	5.42	3.16	5.85	3.56
土地状况	4.74	3.55	3.00	2.89	0.54	0.49	2.42	0.73	5.68
金融服务	19.70	18.32	22.36	20.69	19.84	20.31	22.05	18.77	17.23

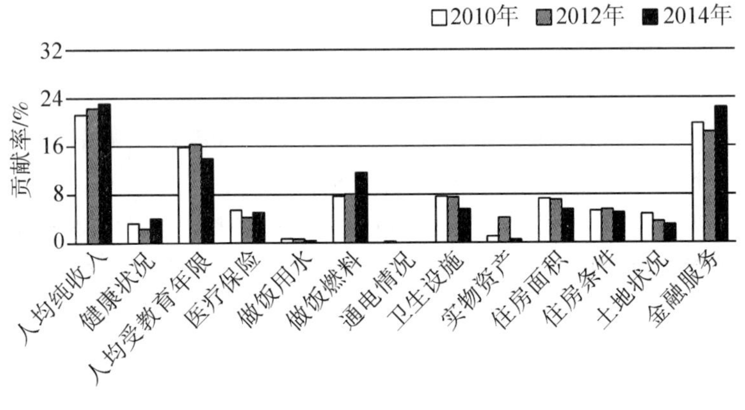

图 5.12 2010—2014 年我国中部地区农户家庭多维贫困广度指数（MP_0）分解

同样，对于各指标对中部地区农户家庭 MP_1、MP_2 的贡献率与各指标对 MP_0 的贡献率所得结论类似，因此，这里也不再过多阐述。

表 5.14 揭示了 2010 年、2012 年以及 2014 年各指标的贫困对西部地区农户家庭多维贫困广度（MP_0）、多维贫困深度（MP_1）和多维贫困强度（MP_2）的贡献率。其各指标对西部农户家庭多维贫困指数的贡献率与全国水平保持一致（见图 5.13），故不再赘述。同样，各指标对西部地区农户家庭 MP_1、MP_2 的贡献率与各指标对 MP_0 的贡献率类似，因此，这里也不再过多阐述。

表 5.14　2010—2014 年我国西部地区农户家庭多维贫困指数分解情况

单位:%

指标	MP_0			MP_1			MP_2		
	2010	2012	2014	2010	2012	2014	2010	2012	2014
人均纯收入	20.33	23.19	23.03	20.84	27.27	24.87	21.47	26.00	23.02
健康状况	2.31	2.47	1.09	0.79	0.09	1.55	0.27	0.74	1.00
人均受教育年限	17.34	15.87	17.09	16.61	15.02	16.68	20.16	15.35	14.29
医疗保险	4.91	5.04	4.04	3.39	4.80	3.87	1.99	5.56	5.39
做饭用水	3.63	4.18	2.93	2.83	1.73	0.40	2.37	1.18	0.95
做饭燃料	7.46	7.60	11.46	13.05	11.68	11.22	14.53	11.11	10.82
通电情况	0.01	0.38	0.03	0.00	0.00	0.00	0.00	0.09	0.00
卫生设施	7.33	5.37	5.31	10.69	10.94	10.75	8.89	10.20	10.50
实物资产	0.38	0.86	0.63	0.37	0.47	1.31	0.25	0.07	0.26
住房面积	7.23	5.09	4.52	5.20	5.05	5.29	6.23	6.94	5.25
住房条件	4.70	4.66	3.94	3.05	2.53	0.80	1.84	2.78	4.43
土地状况	4.44	4.56	3.41	2.87	2.00	3.07	1.25	1.07	3.97
金融服务	19.94	20.72	22.52	20.30	18.33	20.19	20.75	18.91	20.12

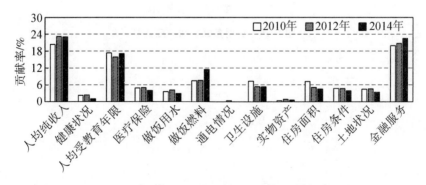

图 5.13　2010—2014 年西部农户家庭多维贫困广度指数（MP_0）分解

总的来说，我国中、西部地区各指标的贫困对其 MP_0、MP_1、MP_2 的贡献度与全国总体水平保持一致，这表明收入不足仍然是影响中西部地区发展的第一要素，而金融维度也逐渐成为其发展的主要障碍。因此，减贫政策的制定要更加注重对农村地区的收入、金融和教育的投入。

（4）农户动态多维贫困指数。

本书已从静态的视角对农户家庭多维贫困进行了测度和分解，虽然多维贫困指数从宏观上反映了一个国家或地区农户家庭的贫困水平，但并未揭示农户家庭是否长期陷入贫困。因此，我们运用式（5-6）~式（5-11）测度了我国农户家庭在 2010—2014 年内的长期多维贫困状况，结果见表 5.15。

表 5.15 揭示了我国农户家庭的长期（动态）多维贫困状况。事实上，长期多维贫困涉及 3 个临界值，即单维贫困临界值（z）、多维贫困临界值（k）以及持续时间临界值（τ）。因为本书测度的是 2010 年、2012 年和 2014 年三个时期内的长期多维贫困，所以本书中取 $\tau = 1/3$（表示农户家庭三个时期中至少持续一个时期处于多维贫困）、$\tau = 2/3$（表示农户家庭三个时期中持续两个时期处于多维贫困）和 $\tau = 3/3$（表示农户家庭三个时期持续处于多维贫困）时的结果。从表 5.15 中可知，不论持续时间临界值 τ 取何值，随着多维贫困临界值 k 的增大，农户家庭的长期多维贫困数值均减小（见图 5.14），这表明随着贫困维度的增加，陷入长期多维贫困的农户家庭逐渐减少。

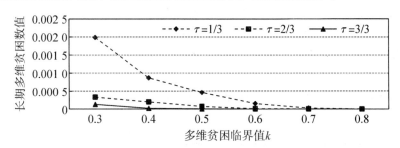

图 5.14　长期多维贫困广度值[1]

----

① 图 5.14 中的 tao 代表表持续时间临界值 $T(y)$，下同。

表 5.15 2010—2014 年农户家庭长期多维贫困指数值（全国）

	τ	1/3	2/3	3/3
	H^c	0.079 987	0.003 080	0.001 813
	A^c	0.090 950	0.145 466	0.153 733
$k=0.3$	D^c	0.272 850	0.436 397	0.461 199
	MP_0^c	0.001 985	0.000 196	0.000 129
	MP_1^c	0.005 318	0.000 300	0.000 186
	MP_2^c	0.003 533	0.000 270	0.000 134
	H^c	0.072 820	0.008 980	0.000 259
	A^c	0.062 962	0.109 964	0.158 093
$k=0.4$	D^c	0.188 885	0.329 891	0.474 280
	MP_0^c	0.000 866	0.000 326	0.000 019
	MP_1^c	0.001 559	0.000 292	0.000 009
	MP_2^c	0.000 921	0.000 177	0.000 008
	H^c	0.038 051	0.001 554	0.000 058
	A^c	0.063 575	0.125 400	0.148 148
$k=0.5$	D^c	0.190 725	0.376 200	0.444 444
	MP_0^c	0.000 461	0.000 073	0.000 004
	MP_1^c	0.000 276	0.000 026	0.000 005
	MP_2^c	0.000 105	0.000 016	0.000 005
	H^c	0.009 585	0.000 115	0.000 000
	A^c	0.072 016	0.141 975	NaN
$k=0.6$	D^c	0.216 049	0.425 926	NaN
	MP_0^c	0.000 149	0.000 007	NaN
	MP_1^c	0.000 043	0.000 000	0.000 000
	MP_2^c	0.000 006	0.000 000	0.000 000
	H^c	0.001 238	0.000 029	0.000 000
	A^c	0.083 190	0.160 494	NaN
$k=0.7$	D^c	0.249 569	0.481 481	NaN
	MP_0^c	0.000 026	0.000 002	NaN
	MP_1^c	0.000 000	0.000 000	0.000 000
	MP_2^c	0.000 000	0.000 000	0.000 000

表5. 15（续）

	τ	1/3	2/3	3/3
	H^c	0. 000 058	0. 000 000	0. 000 000
	A^c	0. 091 049	NaN	NaN
	D^c	0. 273 148	NaN	NaN
$k=0. 8$	MP_0^c	0. 000 001	NaN	NaN
	MP_1^c	0. 000 000	0. 000 000	0. 000 000
	MP_2^c	0. 000 000	0. 000 000	0. 000 000

同时，就农户家庭长期多维贫困广度指数、长期多维贫困深度指数和长期多维贫困强度指数相比较而言，在不同的持续时间临界状态下，长期多维贫困广度指数值均高于长期多维贫困深度指数值，且前二者均高于长期多维贫困强度值（见图5. 15）。

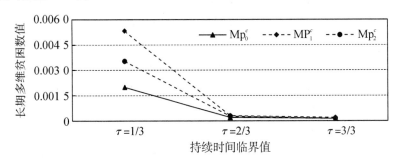

图 5. 15　农户家庭长期多维贫困指数值

5.3.3　稳健性分析

本章的一个重要工作是将人工神经网络（ANN）引入计算多维贫困各指标的权重，为了说明采用人工神经网络（ANN）法计算权重及其结果的合理性和精确性，我们也采用等权重法对农户家庭多维贫困水平进行测算，进而检验 ANN 方法的稳健性。借鉴阿尔基尔、桑托斯（2010）和杨晶（2014）等采用的稳健性检验方式，即运用两种方法得出的权重分别计算出各省份的多维贫困水平，若两种方法计算的各省份多维贫困水平排名相差较小[①]，则说明 ANN 法是合理的。

---

① 之所以看各省份排名，是因为两种方法所得权重有差异，导致农户家庭多维贫困指数有较大差异，但各省份农户家庭多维贫困水平排名应该差异不大。

表 5.16 展示了按 ANN 法和等权重法两种方法所得权重测算的各省份农户家庭多维贫困水平排名情况。从表中可以看出，除了吉林省和山西省等省份的排名变化较大外，其余省份的排名变化均不超过 5 位，且排名未发生变化的省份有广东省、湖南省、云南省、贵州省、重庆市、浙江省、河南省。由此可知，样本中 91.67% 的省份的多维贫困水平排名在不同权重下变化不显著。这表明运用 ANN 权重方法测算的农户家庭多维贫困指数是稳健的、合理的。

表 5.16 按 ANN 法和等权重法所得权重测算的各省份农户
家庭多维贫困水平排名对比

省份	ANN 权重排名	等权重排名	差值	省份	ANN 权重排名	等权重排名	差值
安徽	15	19	4	山西	18	9	−9
福建	14	16	2	陕西	22	23	1
广东	8	8	0	甘肃	20	18	−2
上海	1	3	2	云南	17	17	0
天津	3	2	−1	贵州	24	24	0
河北	11	14	3	重庆	10	10	0
辽宁	12	15	3	四川	23	22	−1
吉林	6	11	5	浙江	4	4	0
黑龙江	21	20	−1	江苏	2	1	−1
湖南	5	5	0	广西	16	12	−4
湖北	19	21	2	河南	13	13	0
山东	7	6	−1	江西	9	7	−2

此外，我们还进一步比较了运用等权重法、变异系数法以及 BP 神经网络法所选取的指标权重测度的多维贫困情况，并建立评判不同权重法优劣的标准。BP 神经网络法在前面已经介绍，这里不再赘述，下面简要介绍等权重法和变异系数法。等权重法就是将多维贫困的各个指标赋予相等的权重。A-F法中多维贫困指标体系包含健康、教育和生活标准，按等权重分配权重，则每个维度的权重为 1/3。此外，健康维度包含 2 个指标，按等权重法将每个指标赋权为 1/6；同理，教育维度也包含 2 个指标，因此每个指标的权重为 1/6；而生活标准维度包含 6 个指标，因此每个指标赋权为 1/18。变异系数法又称为"标准差率"，是一种客观赋权法。该方法直接利用各个指标所包含的信息计算权重。其具体做法是，先消除各指标的量纲影响，然后计算各项指标的变异系数用于衡量各指标取值的差异程度，最后计算各指标的权重。其中，各项指标的变异系数公式如下：

$$V_i = \frac{\sigma_i}{m_i}, \ i = 1, \ 2, \ \cdots, \ n \qquad\qquad (5-16)$$

这里 V_i 代表第 i 个指标的变异系数，σ_i 是第 i 个指标的标准差，m_i 是第 i 个指标的平均数。

进而，各个指标的权重公式如下：

$$w_i = \frac{V_i}{\displaystyle\sum_{i=1}^{n} V_i} \qquad\qquad (5-17)$$

为了比较不同权重法测度的农户多维贫困状况的异同，本书运用式（5-2）按不同的权重法测度了我国各区域农户的多维贫困程度，测度结果见表 5.17。

表 5.17　各区域按不同权重法测度的多维贫困指数（MP_0）

	临界值 k	0.3	0.4	0.5	0.6	0.7	0.8
全国	等权重	0.077 2	0.026 4	0.011 2	0.003 1	0.001	NaN
	BP 神经网络	0.169 9	0.077 3	0.021 8	0.002 9	0.000 4	NaN
	变异系数法	0.274 5	0.226 4	0.092 8	0.054 9	0.020 0	0.002 0
东部	等权重	0.067 9	0.019 1	0.010 4	0.000 0	NaN	NaN
	BP 神经网络	0.158 0	0.061 5	0.017 5	0.002 3	NaN	NaN
	变异系数法	0.254 1	0.204 5	0.077 0	0.043 7	0.012 4	0.002 2
中部	等权重	0.080 2	0.037 8	0.018 0	0.005 7	0.002 4	NaN
	BP 神经网络	0.166 9	0.079 0	0.025 0	0.004 9	0.001 1	NaN
	变异系数法	0.263 1	0.216 1	0.086 2	0.050 5	0.050 5	0.003 1
西部	等权重	0.081 6	0.023 9	0.007 4	0.001 9	0.000 4	NaN
	BP 神经网络	0.179 9	0.087 0	0.022 7	0.002 1	0.000 2	NaN
	变异系数法	0.295 7	0.248 1	0.107 9	0.065 4	0.023 9	0.001 2

从表 5.17 可知，无论是按何种权重法测度的多维贫困指数结果，随着临界值 k 的增大，MP_0 逐渐减小且最终不存在，这表明多维贫困发生的程度随维度的增加而减少直至消除。同时，在不同的临界值 k 下，不论是全国还是东、中、西部各区域，都遵循按等权重法测算的多维贫困指数最小、按 BP 神经网络测算的多维贫困指数次之、按变异系数法测算的多维贫困指数最大的规律变化。此外，随着多维贫困临界值 k 的增大，三种权重法测度的多维贫困水平均快速下降。直观地，以上事实可以从图 5.15 中清晰看出。

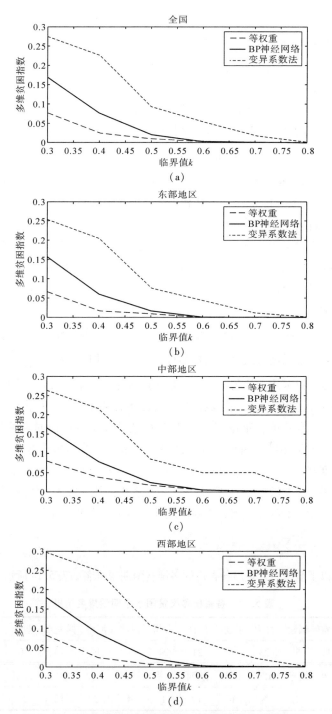

图 5.15　按不同权重法测算的不同区域的多维贫困水平

为了建立评判测度多维贫困所选取权重的优劣标准,借鉴张世君(2017)所采用的误差法对本书所采用的三种权重法进行比较。事实上,误差法[见式(5-18)]的核心是首先采用随机试验法计算出各省份多维贫困水平的稳定(期望)排名,然后分别采用等权重法、BP神经网络法和变异系数法计算出各省份的多维贫困排名,最后对各省份排名和期望排名的误差加总。加总误差越小,则采用该方法测度多维贫困越精确。

$$F_j(m) = \sum_{i=1}^{l} |m_{ji} - m_i^*| \tag{5-18}$$

其中,$F_j(m)$ 表示第 $j(j=1, 2, 3)$ 种权重法的加总误差,m_{ji} 表示采用第 j 种权重法测度的第 $i(i=1, 2, \cdots, l)$ 省份的多维贫困排名,m_i^* 表示第 i 省份的多维贫困期望排名。

于是,本书采用蒙特卡洛随机模拟实验法,进行多次随机重复实验(本书重复500次)取平均值,得出各省份多维贫困水平的期望排名。这里之所以采用多次重复实验取平均的做法,是为了消除一两次计算所带来的偏差和随机权重对测度结果的影响。其具体操作步骤如下:

①在Matlab2015b中随机生成10个 $[0 \quad 1]$ 均匀分布样本 $w = [w_d]$ $(d=1, 2, \cdots, 10)$,然后将代表每个指标的权重归一化,即 $w_d^* = w_d / \sum_{d=1}^{10} w_d$。特别地,这里也可以采用非均匀分布,但是我们认为采用非均匀分布会造成随机权重在某种程度上聚集在某一区域,从而对最终的实验结果产生影响。

②将归一化后的权重按照A-F理论框架计算出各省份的多维贫困指数,并将每次的省份多维贫困水平进行排序(这里多维贫困指数越小,表示该区域贫困程度越小),记为 $r_k = (r_{ik})$,其中 r_k 表示第 $k(k=1, 2, \cdots, n)$ 次实验的排序结果,r_{ik} 表示第 $i(i=1, 2, \cdots, l)$ 省份的第 k 次实验的排名。

③将步骤①和②重复运行500次取排名的平均值得出各省份的期望排名结果,即 $m_i^* = \frac{1}{n} \sum_{n=1}^{n} r_{ik}$。

基于以上步骤,计算出各省份的多维贫困期望排名如表5.18所示。

表5.18 各省份多维贫困水平期望排名结果

省份	安徽	福建	甘肃	广东	广西	贵州	河北	河南	黑龙江	湖南	吉林	江苏
排名	11	5	23	6	21	24	7	16	13	10	14	3
省份	江西	辽宁	山东	山西	陕西	上海	浙江	天津	重庆	云南	湖北	四川
排名	18	9	8	17	19	1	4	2	12	22	15	20

进而，根据 A-F 框架理论，采用等权重法（dqz）、BP 神经网络法（BP）以及变异系数法（byxs）分别测度出各省份的多维贫困排名，如表 5.19 所示。

表 5.19　按不同权重法测度的各省份多维贫困水平排名结果

省份	dqz	BP	byxs	省份	dqz	BP	byxs
安徽	12		9	江西	15		15
福建	4		3	辽宁	10		6
甘肃	22		23	山东	8		8
广东	9		7	山西	14		12
广西	20		21	陕西	19		20
贵州	24		24	上海	1		1
河北	5	8	10	浙江	2		4
河南	17	18	19	天津	3		2
黑龙江	16	14	14	重庆	18		16
湖南	6	11	11	云南	21		22
吉林	13	16	13	湖北	11		17
江苏	7	4	5	四川	23	22	18

从表 5.19 可知，采用三种权重法测度时，上海市的多维贫困水平排名始终处于第一位，表明上海市的多维贫困水平很低；而贵州省的多维贫困水平排名始终处于倒数第一，表明贵州省的多维贫困水平最高。同时，就三种方法两两比较来看，BP 神经网络法与变异系数法所得各省份排名相差最小，其中甘肃省、广西壮族自治区、贵州省、黑龙江省、湖南省、上海市、天津省的排名相同，只有重庆市的排名相差 6 位，而剩余省份的排名相差都不超过 5 位；等权重法和变异系数法所得各省份排名相差最大（其中河北省、湖南省、湖北省、四川省的排名均相差 5 位及以上）。

进一步，根据式（5-18）和表 5.18、表 5.19 可以计算出三种权重法测度的多维贫困加总误差，如表 5.20 所示。

表 5.20　不同权重法测度的多维贫困水平加总误差

总误差	等权重法	BP 神经网络法	变异系数法
全国	46	26	36
东部	14	8	11
中部	20	12	18
西部	12	6	7

从表 5.20 可知，不管是全国还是分区域，采用 BP 神经网络法所测度的各省份多维贫困排序加总误差最小，变异系数法所得结果次之，而采用等权重法所得误差最大。因此，相较于等权重法和变异系数法，我们认为 BP 神经网络法用于测度多维贫困更精确。

综上所述，运用 ANN 权重方法测算的农户家庭多维贫困指数是稳健的、合理的。

5.4 本章小结

本章主要构建新型多维贫困指标体系，利用中国家庭追踪调查（CFPS）数据，引入人工神经网络方法，从静态和动态视角测度并分解了农户家庭的多维贫困广度、深度和强度水平，同时对所采用的权重法进行了稳健性检验。研究结论表明：总体上，2010—2014 年，我国农户家庭的多维贫困水平呈减弱趋势，且随着贫困维度的增加，多维贫困的广度、深度和强度指数下降，这表明农户家庭不易发生多维极端贫困；农户家庭多维贫困指数呈西高东低态势，这表明农户家庭多维贫困具有典型区域分布特征。此外，多维贫困指数分解结果显示，收入、金融和教育等因素是我国农户家庭致贫的主因。其中，东部地区的金融因素对其农户家庭致贫影响最大，而中、西部地区则表现为收入因素是影响其农户家庭贫困的主因。

6 社会资本影响农户多维贫困的直接作用实证分析

从社会资本影响农户多维贫困的作用机理可知，社会资本与农户多维贫困存在复杂的关系。实际上，社会资本作为一种非正式制度在农村社会起着不可替代的作用。以亲缘、血缘和地缘构成的中国农村社会的关系网络具有地域性、先赋性和继承性。有研究表明，我国社会继承的社会资本质量低劣，其对贫困群体的影响要显著高于同等发达国家水平（陈晖，2008）。因此，本章将实证研究社会资本对农户家庭多维贫困的影响。

6.1 引言

多维贫困已逐渐成为理论界和实务界关注的焦点。伴随着经济的高速发展，我国已经全面进入新时代，收入不再是衡量农户贫困的唯一标准。事实上，贫困本身是一个复杂的社会现象（陈立中，2008），具有多元性和社会性等特征。因此，导致农户贫困的诱因不但包括自然因素、经济因素，还包括政治因素和社会因素。而在影响贫困发展的众多因素中，社会资本是继物质资本、人力资本后受到关注最多的因素之一。格兰诺维特（1985）曾明确指出，任何个体的经济行为总是嵌入其生活的社会网络之中，也必然会受到诸如社会关系、规范、信任等社会资本潜移默化的影响。社会资本作为一种"穷人的资本"对农户缓解贫困起着重要的作用（葛鲁塔特 等，2010）。

实际上，中国农村是一个以亲缘、血缘和地缘构成的典型的关系网络社会。对于受经济和体制限制的农村居民而言，社会资本不再仅仅是维持社会运转与利益协调的一种非正式契约，而是更为重要的日益成为信息分享与资源配置的一种替代机制。尤其在信息相对闭塞、流动性较弱的贫困地区，利用社会资本将各种资源进行有效配置以实现其福利改善显得尤为重要（谢家智 等，2016）。大量研究表明，社会资本在减少贫困（葛鲁塔特，2010；周晔馨 等，2014；刘一伟 等，2018），增加贫困人群收入（叶静怡 等，2010），缓解农户家庭脆弱性（杨文 等，2012），改善收入分布、缩小收入差距（赵剑治 等，2010），抵御冲击、平滑消费（卡特 等，2003）等方面均起到重要作用。然而，有学者对社会资本是"穷人的资本"这一命题提出质疑，典型的代表是格特勒等（2006）通过对印度尼西亚家庭数据分析发现，社会资本对遭受意外冲击的家庭并不能起到平滑消费的作用。此外，周晔馨（2012）从资本欠缺、资本回报率的视角也证伪了"社会资本是穷人的资本"这个假说。但是，以上研究几乎都是对社会资本与人们收入贫困的关系进行探讨，而鲜少有涉及社会资本与农户多维贫困的研究。因此，本书拟基于社会资本影响农户多维贫困的直接作用机理，进一步实证研究社会资本能否显著改善农户多维贫困水平。

6.2　数据来源与变量描述

6.2.1　数据来源与说明

本章主要实证分析社会资本对农户家庭多维贫困的影响。数据主要来源于中国家庭追踪调查（CFPS）数据库，该数据库在第 5 章已作了较为详细的说明，这里不再赘述。本章我们主要采用 2014 年 CFPS 截面数据实证研究社会资本与农户家庭多维贫困的关系。我们采用 2014 年数据的理由如下：第一，基于第 5 章建立的农户多维贫困指标体系，2014 年的数据相对完整，而 2016 年的数据里缺少生活标准里的部分指标；第二，相较于 2010 年和 2012 年的数据，2014 年的数据更能反映当前我国农户家庭的多维贫困状况。

6.2.2　变量描述与赋值

（1）被解释变量。本书的被解释变量包含农户家庭多维贫困广度（MP_0）、深度（MP_1）和强度（MP_2），即分别从不同层面描述了农户家庭多维贫困状况（详见第 5 章）。本书中我们将农户多维贫困剥夺得分作为因变量，事实上，如果降低了农户的多维贫困剥夺得分，自然就缓解了农户的多维贫困状况。

（2）解释变量。社会资本（Soc），现有研究对社会资本的衡量尚无统一标准，分析已有研究文献可知，虽然学者们对社会资本的概念从不同角度进行了界定，但其核心内容包括网络资源、相互信任与合作行为三方面（杜洛夫等，2003）。本书认为影响农户多维贫困的农户社会资本主要是农户基于血缘、亲缘和地缘建立的社会网络关系。血缘是人和人的权利和义务根据亲属关系来决定；亲缘决定的社会地位不容个人选择；在稳定的社会中，地缘是血缘的投影，不可分离。地缘是从商业里发展出来的社会关系。血缘是身份地位的基础，而地缘是契约社会的基础（费孝通，1984）。基于此，本书选取以下指标衡量社会资本：①农户家庭人情礼支出（Soc_1），该指标从一定程度上描述了农户家庭的社会交往的广度，农户家庭的社会交往越广，其人情礼支出可能越多。由于不同农户的人情礼支出差异较大，我们将其取对数（$LnSoc\_1$）进行计算（人情礼支出为 0 的保持为 0）。②您对陌生人的信任程度如何（Soc_2），该指标主要考察农户相互信任的程度，CFPS 问卷中采用 0~10 表示对陌生人的信任程度，即从非常不信任到非常信任；③您家在本地的社会地位（Soc_3），通常，农户家庭社会地位越高，其社会资本可能越丰富。CFPS 问卷中将您家在本地的社会地位从很低到很高分为五个档次，依次赋值为 1~5。④邻里关系（Soc_4），在我国，有"远亲不如近邻"一说，因此，邻里关系也是人际交往中的重要社会资本。基于 CFPS 问卷，我们将邻里间"关系很紧张"赋值为 1、"关系有些紧张"赋值为 2、"关系一般"赋值为 3、"比较和睦"赋值为 4、"很和睦"赋值为 5。⑤亲戚交往联络（Soc_5），血缘始终是情感的寄托和纽带，亲戚多寡往往是农户家庭最原始社会资本的体现。按照 CFPS 问卷中该指标的设置，我们将亲戚间"没有交往"赋值为 1、"不常交往（一年 1~2次）"赋值为 2、"偶尔交往（每半年 1~3 次）"赋值为 3、"经常交往（每月 1 次）"赋值为 4。此外，这一选取也借鉴了周晔馨（2012）、谢家智等（2016）的研究成果。为了克服农户社会资本潜在的内生性影响，本书采用 BP 神经网络赋权法（谢家智 等，2017）将多个维度衡量社会资本的指标加权成社会资本综合指数（Soc），其计算公式如下：

$$Soc_i = \sum_{i=1}^{n} w_i Soc\_j \qquad (6-1)$$

其中，w_i 是社会资本各变量的权重，Soc_j（j=1, 2, …, 5）是归一化①处理后

---

① 本书采用极大极小法对原始数据进行归一化处理，即 $Soc\_j = (x_i - x^i_{min})/(x^i_{max} - x^i_{min})$。这里 x^i_{min} 是指第 i 个变量原始数据中的最小值，x^i_{max} 是指第 i 个变量原始数据中的最大值。

的各变量数据。经过计算可得到社会资本各变量的权重，如表6.1。

表 6.1　衡量社会资本变量的权重

变量	权重
Soc_1	0.467 1
Soc_2	0.316 3
Soc_3	0.085 2
Soc_4	0.072 8
Soc_5	0.058 5

（3）控制变量。为了更精确地探究社会资本对农户家庭多维贫困的影响，参照现有研究文献的做法，本书还控制了个体层面、家庭层面以及村级层面的变量。其中，个体层面的变量包括：性别（Gender；男＝1，女＝0）、年龄（Age）、户口（Residence；农业户口＝1，非农户口＝0）、婚姻（Marriage；已婚＝1，未婚＝0）等；家庭层面包括家庭劳动力流动（Work；您家是否有劳动力在外打工？有＝1，否＝0）；村级层面的控制变量包括民族（Nation；您村是否是少数民族聚居区？是＝1，否＝0）、自然灾害（Disaster；您村是否是自然灾害频发区？是＝1，否＝0）、矿区（Mining；您村是否处于矿产资源区？是＝1，否＝0）、农户到最近集镇距离（Dis_z；单位：里，1里＝500米）、到本县县城距离（Dis_x；单位：里）、到省城距离（Dis_s；单位：里）等。考虑到内生性影响，本书选取农户是否参加村的选举投票（Election）作为工具变量，下文详细介绍。上述所有变量的统计描述见表6.2。

表 6.2　变量的描述性统计

变量	符号	平均值	标准差	最小值	最大值
多维贫困广度	MP_0	0.654 4	0.143 6	0	0.957 9
多维贫困深度	MP_1	0.602 5	0.135 8	0	0.862 0
多维贫困强度	MP_2	0.575 3	0.134 9	0	0.861 0
	LnSoc_1	6.340 7	2.993 8	0	11.512 9
	Soc_2	1.882 1	2.074 4	0	10
社会资本	Soc_3	3.218 3	0.955 8	1	5
	Soc_4	4.158 0	0.848 1	1	5
	Soc_5	3.401 2	0.862 7	1	4
社会资本指数	Soc	5.747 2	2.654 9	0	10.751 7

表6.2(续)

变量	符号	平均值	标准差	最小值	最大值
农村劳动力流动	*Work*	0.545 0	0.498 0	0	1
性别	*Gender*	0.499 6	0.500 0	0	1
年龄	*Age*	46.161 0	16.540 0	16	93
户口	*Residence*	0.931 0	0.253 4	0	1
婚姻	*Marriage*	0.807 8	0.394 0	0	1
民族	*Nation*	0.140 0	0.350 0	0	1
矿区	*Mining*	0.112 8	0.316 3	0	1
灾害	*Disaster*	0.800 5	0.399 7	0	1
选举	*Election*	0.412 7	0.492 3	0	1
集镇距离	*Dis_z*	10.532 0	22.976 0	0	300
县城距离	*Dis_x*	34.583 0	18.861 0	1	73
省城距离	*Dis_s*	518.090 0	584.120 0	0	6 000

从表6.2可知，农户家庭多维贫困广度的平均值为0.654 4，农户家庭多维贫困深度的平均值为0.602 5，农户家庭多维贫困强度的平均值为0.575 3。对于社会资本，人情礼对数的平均值为6.340 7，对陌生人信任程度平均值较低（1.882 1），您家在本地的社会地位的平均值较高（3.218 3），邻里关系的平均值介于比较和睦与很和睦之间（4.158 0），亲戚之间的交往平均值介于偶尔交往和经常交往之间（3.401 2）。对于控制变量，54.50%的农户家庭存在劳动力流动，即外出务工的比例较高；样本中男性比例为49.96%，女性占比为50.04%；样本人口的平均年龄为46.16岁，最小年龄为16岁，最大年龄为93岁；样本中农业户口占比高达93.10%，而非农户口仅占6.90%；样本中已婚占比80.78%；少数民族聚居区占比14.00%；处于矿产资源区的占比平均为11.28%；处于灾害频发区的比例较高，平均为80.05%；农户到最近集镇的平均距离为10.532 0里，农户到县城的平均距离为34.583里，农户到省城的平均距离为518.09里。此外，平均只有41.27%的农户参加过村最近一次的选举投票。

6.3 内生性处理与计量模型

6.3.1 内生性问题讨论

众所周知，内生性是计量模型中常见的问题，在社会资本与多维贫困的研究中也不例外。一方面，由于社会资本的内涵丰富，学界对其测度尚无统一标准，因此，社会资本本身的测量可能会存在一定程度的偏差从而存在内生性（杜洛夫，2002；周玉龙、孙久文，2017）；另一方面，影响多维贫困和社会资本的遗漏变量会造成回归系数偏误，而且尚塔拉特和巴雷特（2012）指出人们通常更愿意选择与自己的社会特征接近的人交朋友或建立网络关系，从而造成"物以类聚、人以群分"的选择性偏误，即该情形下个体社会资本不再是随机的，而具有自主选择性，进而使得模型产生内生性。由此可见，如果忽略对内生性问题的讨论，会对模型的估计造成偏差，进而得到有待商榷的研究结论。

于是，本书采用如下方法克服内生性问题。第一，本书在选取社会资本测量指标时尽量兼顾信任、社会网络以及合作行为等方面的变量，并将所选取的变量采用神经网络法加总为综合的社会资本指数，同时也在模型中加入了家庭层面、社区层面、县级层面和省级层面的控制变量，以克服社会资本潜在的内生性，这一做法也借鉴了陈云松等人（2011）、谢家智等人（2016）、周玉龙等人（2017）的做法。事实上，有研究指出，加总过程只要不产生完全共线性，高斯—马尔科夫定理指出参数估计仍然是无偏的，而且加总过程会减弱多重共线性而不是增加多重共线性（覃琼霞、江涛，2011）。第二，采用工具变量法克服因遗漏变量或双向因果造成的内生性问题。本书借鉴王春超等人（2015）、师丽娟等人（2018）的做法，选取"农户是否参加选举（Elec）"作为社会资本的工具变量。实际上，农户是否参加选举是与农户家庭的社会资本相关的，因为选举本身代表一种政治性社会资本，其结构、关系和认知等不同维度（纳比特和戈萨尔，1997）将会对农户社会资本产生影响，具体地，结构维度有助于农户获取更多的政治资源，关系维度主要影响农户之间的信任程度，认知维度也可以促进农户对资源的获取（李健，2013）；但是，农户是否参加选举与影响农户多维贫困的其他因素是无关的，因为选举是国家规定的年满十八周岁的公民（除了被剥夺政治权利的外）均有选举权。因此，本书认为农户是否参加选举可以作为农户社会资本的工具变量。此外，在运用分位数回归法对模型进行估计时采用工具变量分位数回归法解决模型中存在内生性问题时的参数估计问题（任燕燕 等，2017），对此本书将在模型估计中作详细介绍。

6.3.2　实证模型的建立

参照已有研究经验（陆铭，张爽，2008；樊士德，江克忠，2016），本书设计如下实证模型：

$$MP_{0i}/MP_{1i}/MP_{2i} = \beta_0 + \beta_1 Soc_i + \beta_2 X_i + \varepsilon_i \qquad (6-2)$$

其中，$M_{0i}/M_{1i}/M_{2i}$ 分别表示第 i（$i=1, 2, \cdots, N$）个农户的多维贫困广度、深度和强度剥夺得分，式（6-2）中重点从静态视角考察社会资本（Soc_i）对农户多维贫困的影响。此外，式（6-2）中 X_i 表示控制变量，其具体的变量和统计描述见表 6.2，β_0 表示常数项，β_1 表示核心变量社会资本的回归系数，β_2 表示控制变量的回归系数，ε_i 表示随机误差项。直观地，我们在图 6.1 中展示了农户多维贫困广度水平分别随着社会资本变化的散点图。

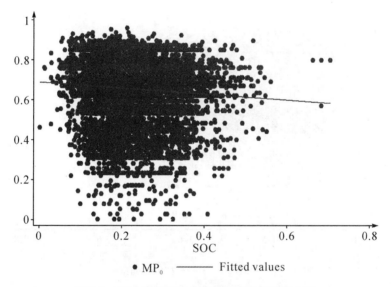

图 6.1　社会资本与农户多维贫困强度的散点图

从图 6.1 我们可以看出，随着农户家庭社会资本拥有量的增多，农户多维贫困广度水平在逐渐降低。同理，我们也将社会资本与农户家庭多维贫困深度、强度的散点图分别展示于图 6.2 和图 6.3 中。

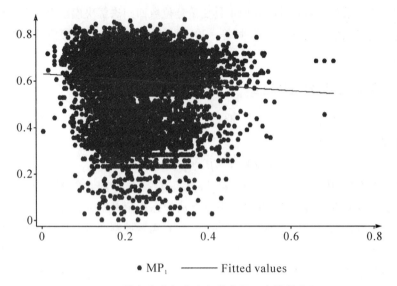

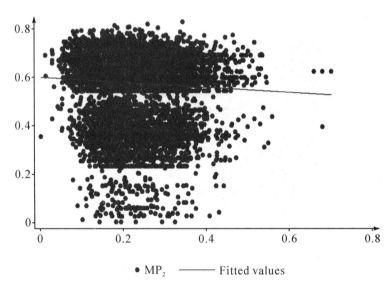

图 6.2　社会资本与农户多维贫困深度的散点图

图 6.3　社会资本与农户多维贫困强度的散点图

从图 6.2 和图 6.3 我们可以看出，随着农户家庭社会资本的增加，农户家庭多维贫困深度、强度水平也逐渐降低。基于此，我们可以初步得出结论，即农户家庭社会资本越丰富，越有助于缓解农户家庭的多维贫困状况。

社会资本与农户多维贫困：作用机制与影响效应

6.3.3 模型的估计方法

事实上，模型的估计也是重要的环节之一。我们将式（6-2）用矩阵的形式可以表示如下：

$$M = \beta X^{\mathrm{T}} + \varepsilon \qquad (6-3)$$

其中，$M = (M_{pi})_{p=0}^{2}$，$\beta = (\beta_0 \quad \beta_1 \quad \beta_2)$，$X^{\mathrm{T}} = (1 \quad Soc_i \quad x_i)^{\mathrm{T}}$，$\varepsilon = (\varepsilon_i)$。

不失一般性，本书首先采用普通最小二乘法（OLS）对式（6-2）进行估计。考虑到内生性问题，本书也采用工具变量法对实证模型进行估计。一般地，传统的工具变量法都是采用两阶段最小二乘法（2SLS）来实现，本书也沿用该方法。实际上，2SLS 是进行两次最小二乘回归，其中第一阶段也称为分离内生变量的外生部分阶段：$\hat{X} = Z[(Z^{\mathrm{T}}Z)^{-1}Z^{\mathrm{T}}X]$；第二阶段对外生部分进行回归，即使用 $\hat{X}$ 为工具变量对模型（6-2）进行估计，得到如下公式：

$$\hat{\beta}_{IV} = (X^{\mathrm{T}}X)^{-1}\hat{X}^{\mathrm{T}}M \qquad (6-4)$$

其中，式（6-4）中的 M 采用工具变量替代。但是，众所周知，OLS 只能计算社会资本对农户多维贫困的均值回归，即只能考察社会资本对农户多维贫困的平均影响，而无法刻画社会资本对农户多维贫困其他分布点处的影响。于是，为了弥补 OLS 这一不足，我们也采用由科恩克和巴塞特于 1978 年提出的分位数回归法对式（6-2）进行估计。同时，由于使用 OLS 进行估计通常是最小化残差平方和（$\min \sum_{i=1}^{n} \varepsilon_i^2$），所以估计值很容易受离群值（Outliers）的影响。因此，利用分位数回归法能更精确且全面地描述社会资本对农户多维贫困的影响，而且相比于传统的 OLS，该方法不需要对随机扰动项做任何分布的假定，从而得到的估计结果更加稳健。

假定社会资本对农户多维贫困影响的条件分布的总体 q（$0<q<1$）分位数可表示为 $M_q = \beta_q X^{\mathrm{T}}$，这里 β_q 表示 q 分位回归系数，其中估计量 $\hat{\beta}_q$ 可以由以下最小化问题求解：

$$\min_{\beta_q} \sum_{i=1;\ M_i \geqslant \beta_q X^{\mathrm{T}}}^{N} q \,|\, M_i - \beta_q X^{\mathrm{T}} \,|\, + \sum_{i=1;\ M_i < \beta_q X^{\mathrm{T}}}^{N} (1-q)\,|\, M_i - \beta_q X^{\mathrm{T}} \,| \qquad (6-5)$$

明显，若式（6-5）中 q 取 0.5，则称为中位数回归且式（6-5）可简化为

$$\min_{\beta_q} \sum_{i=1;\ M_i \geqslant \beta_q X^{\mathrm{T}}}^{N} |\, M_i - \beta_q X^{\mathrm{T}} \,| \qquad (6-6)$$

于是，式（6-6）又被称为最小绝对离差估计量（LAD），它比 OLS 更不易受离群点的干扰，故所得估计结果更加稳健。

得到目标函数式（6-5）和式（6-6）后，我们更关心的是采用什么方法计算出 $\hat{\beta}_q$。目前，比较常见的计算方法有单纯形法、内点法以及预处理后内

点法等（李育安，2006）。特别地，传统的分位数回归估计法只能在变量外生的条件下进行处理。在此基础上，弗里奥里奇（FrÖlich）和梅利（Melly）（2013）提出既能处理变量外生也能处理变量内生的工具变量分位数回归估计法。实际上，农户家庭多维贫困可能会受到社会资本分位水平的影响，当分位水平的值越大时，农户家庭的社会资本存量越高，就越可能缓解农户多维贫困；反之，当分位水平的值较小时，农户家庭的社会资本存量较低，可能对农户家庭多维贫困的缓解作用不大甚至不起作用。因此，本书也采用 FrÖlich 等人的方法解决分位数回归的内生性问题。根据上述估计方法就可以对式（6-2）进行估计，下面我们将给出具体的模型估计结果。

6.4　实证结果与分析

6.4.1　模型估计结果与分析

（1）OLS 估计结果与分析。

根据式（6-2），我们采用 OLS 对其进行估计的结果见表 6.3。其中第（1）列和第（2）列表示社会资本对农户多维贫困广度影响的回归结果，第（3）列和第（4）列表示社会资本对农户多维贫困深度影响的回归结果，第（5）列和第（6）列表示社会资本对农户多维贫困强度影响的回归结果。

从表 6.3 中我们可以发现，无论是在农户多维贫困广度，还是在农户多维贫困深度和农户多维贫困强度情形下，社会资本的回归系数均在 1% 的水平上显著为负。这表明社会资本能显著缓解农户多维贫困广度、深度和强度水平。同时，比较表 6.3 的第（1）、（3）、（5）列知，社会资本影响农户多维贫困广度、深度和强度的回归系数依次从 -0.152 2 增大到 -0.103 9，这意味着社会资本缓解农户多维贫困广度的程度高于缓解农户多维贫困深度和农户多维贫困强度。事实上，这不难理解，因为多维贫困深度描述的是贫困差距，多维贫困强度描述的是贫困不平等程度，因此，相较于多维贫困广度，社会资本缓解多维贫困深度和强度的难度自然比较大。同理，从表 6.3 的第（2）、（4）、（6）列也可以得到上述结论。但与第（1）、（3）、（5）列不同的是，第（2）、（4）、（6）列是加入了影响农户多维贫困控制变量后的估计结果。明显，加入控制变量后，模型的拟合优度（R-squared）均变大了，这表明加入控制变量后的回归模型解释力更强。

表6.3　社会资本对农户多维贫困影响的实证结果（OLS）

变量	多维贫困广度(MP_0)		多维贫困深度(MP_1)		多维贫困强度(MP_2)	
	（1）	（2）	（3）	（4）	（5）	（6）
Soc	-0.152 2*** (-9.16)	-0.123 3*** (-7.55)	-0.121 5*** (-7.73)	-0.096 8*** (-6.23)	-0.103 9*** (-6.65)	-0.081 4*** (-5.26)
Work		-0.021 9*** (-8.35)		-0.020 3*** (-8.11)		-0.019 6*** (-7.87)
Gender		0.001 6 (0.64)		0.001 2 (0.49)		0.000 9 (0.37)
Age		0.000 5*** (5.34)		0.000 5*** (5.18)		0.000 5*** (5.17)
Residence		0.038 1*** (7.35)		0.025 3*** (5.13)		0.017 7*** (3.60)
Marriage		-0.002 6 (-0.65)		-0.003 3 (-0.87)		-0.003 1 (-0.81)
Mining		0.014 6*** (3.52)		0.010 4*** (3.01)		0.005 3** (2.36)
Disaster		0.004 1** (2.24)		0.002 7* (1.85)		0.005 5* (1.78)
Nation		0.085 6*** (4.33)		0.082 4*** (3.89)		0.080 3*** (2.95)
Dis_z		0.006 5*** (6.95)		0.002 2* (1.73)		0.000 2 (0.12)
Dis_x		0.003 2** (2.32)		0.002 1* (1.85)		0.001 8 (1.23)
Dis_s		0.008 1*** (7.89)		0.006 7*** (6.84)		0.005 5*** (5.67)
Constant	0.688 7*** (173.65)	0.627 0*** (47.63)	0.629 8*** (167.78)	0.569 9*** (45.52)	0.598 7*** (160.41)	0.541 5*** (43.41)
R-squared	0.1 335	0.5 294	0.1 324	0.4 166	0.1 293	0.3 660
Obs	11 858	11 858	11 858	11 858	11 858	11 858

注：*、**、*** 分别表示在10%、5%、1%水平上显著；（）内为相应的t统计量。

　　对于控制变量，家庭层面的劳动力流动的回归系数在1%的水平上显著为负，这表明农村劳动力流动能显著缓解农户多维贫困状况。事实上，农村劳动力流动在增加农户家庭非农收入方面起着重要作用（王德文、蔡昉，2006）。同时，由于农村和城市在社会交往规则、卫生状况与日常生活等方面都存在很大差异，这使得农户在进入城市之后，不得不再次面临"再社会化过程"（白南生，2003）。在这个过程中，他们需要获得必要的相关法律、卫生、城市日常生活等知识，农户通过交流、学习、模仿等获得知识溢出效应影响着劳动力流动的空间分布（周光霞 等，2018）。于是，农村劳动力流动通过增加非农收入、获得知识、获取技能等途径缓解农户家庭多维贫困状况。性别和婚姻因素对农户多维贫困的影响并不显著。农户家庭成员年龄的回归系数在1%的水平上显著为正，这意味着农户家庭成员年龄越大，农户越容易陷入多维贫困。户口的回归系数在1%的水平上显著为负，这表明农业户口不利于农户家庭多维贫困状况的缓解。由于"户籍墙"的阻碍，很多农村户籍人口长期处于环境不确定、职业非稳定的"悬浮"状态，这让他们缺乏职业的归属感和社会认同感、安全感，他们通常以牺牲健康、教育等来换取高额收入，这严重影响农户家庭的多维贫困。矿区变量的回归系数也在1%的水平上显著为正，这意味着处于矿产资源区的农户家庭多维贫困问题并未得到缓解，这可能是由于监管力度不大或是政策的缺失等，造成矿产资源区被过度开采、环境等受到严重破坏，但是其形成的价值并未惠及当地农户，因而当地农户的多维贫困状况依旧得不到缓解。对于灾害变量，其影响农户多维贫困广度的回归系数在1%的水平上显著为正，而其影响农户多维贫困深度和强度的回归系数仅在10%的水平上显著为正，这表明自然灾害频发区会显著刺激农户家庭多维贫困的发生。民族变量的回归系数在1%的水平上显著为正，这表明少数民族聚居区不利于农户多维贫困的缓解。对于距离变量，省城距离变量的回归系数在1%的水平上显著为正，这表明农户距离省城越远，越不利于农户降低多维贫困水平；通常，越是偏僻的农村，其信息越不畅通、交通越不便利，获取资源的成本越高，从而严重影响农户多维贫困状况。此外，对于集镇和县城距离变量，其影响农户多维贫困广度的回归系数在1%的水平上显著为正，影响农户多维贫困深度的回归系数仅在10%的水平上显著为正，而其影响农户多维贫困强度的回归系数并不显著，这表明农户与集镇和县城的距离越远，越不利于缓解农户多维贫困的广度和深度。

上述结果虽然证实了社会资本可以显著影响农户多维贫困水平，但是如前所述，遗漏变量和双向因果等原因导致了"伪回归"的存在。于是，本书也采用工具变量法来估计社会资本对农户多维贫困的影响。首先，本书采用hausman检验社会资本的内生性，经检验，其在1%的显著水平上拒绝社会资本为外生变量的假定，因此我们认为有必要消除模型的内生性问题；然后，本书利用2SLS法对模型（6-2）进行重新估计，估计结果展示于表6.4中。同

表 6.3 一样，表 6.4 的第（1）、（3）、（5）列未加控制变量，而第（2）、（4）、（6）列是控制其他变量后的估计结果。从表 6.4 中我们可以发现，Wald 外生性检验均为通过，这进一步表明社会资本是内生的；同时，AR 等工具变量检验结果表明不存在弱工具变量问题；此外，FAR 外生性排除限定结果表明工具变量满足外生性排除限定，而且我们对工具变量进行冗余检验，强烈拒绝了原假设，这意味着工具变量并未出现冗余。因此，本书选取的工具变量是有效的。

两阶段最小二乘法的估计结果显示，社会资本均在 1% 的水平上显著负向影响农户多维贫困广度、深度和强度，这表明社会资本可以显著缓解农户多维贫困水平。对于控制变量，大部分的估计结果与我们的预期一致，如户口、是否矿区、是否少数民族聚居区和农户到集镇的距离等变量的估计系数均显著为正，这意味着这些变量不利于缓解农户多维贫困；同时，有一些控制变量的估计结果与 OLS 的估计结果明显不同，如劳动力流动变量不显著，而性别变量在 1% 的水平上显著为正，农户到县城与省城的距离除了影响多维贫困广度时显著为正外，其对多维贫困深度和强度的影响并不显著。但无论如何，社会资本对农户多维贫困的影响显而易见，这也意味着社会资本是影响多维贫困的重要因素，在缓解农户多维贫困的过程中不能忽视社会资本独特的作用。

表 6.4 社会资本对农户多维贫困影响的实证结果（2SLS）

变量	多维贫困广度（MP_0）		多维贫困深度（MP_1）		多维贫困强度（MP_2）	
	（1）	（2）	（3）	（4）	（5）	（6）
Soc	−4.518 1***	−4.920 2***	−3.870 8***	−4.052 4***	−3.547 9***	−3.577 5***
	(0.671 4)	(1.246 7)	(0.590 1)	(1.054 5)	(0.553 0)	(0.957 9)
Work		−0.007 7		−0.008 8		−0.009 7
		(0.008 5)		(0.007 2)		(0.006 5)
Age		−0.000 1		−0.000 04		0.000 01
		(0.000 4)		(0.000 3)		(0.000 3)
Gender		0.037 4***		0.030 8***		0.027 2***
		(0.012 1)		(0.010 2)		(0.009 3)
Residence		0.004 7***		0.010 8***		0.012 9***
		(0.019 9)		(0.016 8)		(0.015 2)
Marriage		−0.006 2		−0.001 7		0.000 6
		(0.010 1)		(0.008 6)		(0.007 7)
Ming		0.013 7***		0.010 9***		0.009 1***
		(0.012 5)		(0.010 6)		(0.009 5)
Disaster		−0.003 4		−0.004 7		−0.005 1
		(0.009 4)		(0.007 9)		(0.007 1)

表6.4(续)

变量	多维贫困广度(MP₀)		多维贫困深度(MP₁)		多维贫困强度(MP₂)	
	(1)	(2)	(3)	(4)	(5)	(6)
Nation		0.056 8 ***		0.055 7 ***		0.054 4 ***
		(0.095 3)		(0.087 8)		(0.074 2)
Dis_z		0.000 5 ***		0.000 4 **		0.000 3 *
		(0.000 2)		(0.000 2)		(0.000 2)
Dis_x		0.000 3 ***		0.000 2		0.000 2
		(0.000 2)		(0.000 2)		(0.000 2)
Dis_s		0.000 0 ***		0.000 0		0.000 0
		(0.000 1)		(0.000 0)		(0.000 01)
Constant	1.672 4 ***	1.743 7 ***	1.474 6 ***	1.505 1 ***	1.374 7 ***	1.374 2 ***
	(0.151 3)	(0.302 0)	(0.133 0)	(0.255 3)	(0.124 6)	(0.231 6)
Wald test	45.28 ***	66.22 ***	43.03 ***	65.79 ***	41.16 ***	67.58 ***
AR	52.122 ***	16.320 ***	49.236 ***	15.153 ***	47.437 ***	14.632 ***
FAR(p)	0.27	0.34	0.24	0.31	0.22	0.28
Obs	11 858	11 858	11 858	11 858	11 858	11 858

注：*、**、*** 分别表示在10%、5%、1%水平上显著；( )内为稳健性标准差；AR 表示弱工具变量的稳健性检验。

（2）分位数回归结果与分析。

为了更全面地分析社会资本对农户多维贫困的影响，下面采用分位数回归法分别估计出社会资本影响农户多维贫困广度、深度和强度的回归结果。本书中，我们采用 boostrap 法重复计算 400 次在分位点 0.10、0.25、0.50、0.75 以及 0.90① 处的实证结果，其结果分别见表 6.5、表 6.6 和表 6.7。

---

① 本书根据对称性原则选取了 0.10、0.25、0.50、0.75 和 0.90 作为分位数估计结果的分位点，当然也可以对其他分位点处进行估计，第 8 章类似。

表 6.5　社会资本与农户多维贫困广度回归模型的估计结果

变量	(1) 0.10	(2) 0.25	(3) 0.50	(4) 0.75	(5) 0.90
Soc	-0.344 3 *** (-4.92)	-0.149 8 *** (-3.60)	-0.182 2 *** (-5.81)	-0.096 2 *** (-5.06)	-0.057 8 *** (-2.60)
Work	-0.098 3 *** (-4.00)	-0.026 8 ** (-2.32)	-0.046 5 *** (-5.48)	-0.018 0 *** (-3.10)	-0.050 1 *** (-6.13)
Gender	0.008 6 (0.93)	0.005 1 (1.60)	0.002 1 (0.80)	0.001 8 (1.14)	0.000 5 (0.23)
Age	0.000 9 *** (2.71)	0.000 6 *** (3.68)	0.000 5 *** (4.76)	0.000 2 ** (2.54)	0.000 1 (0.78)
Residence	0.078 4 *** (4.11)	0.051 1 *** (5.49)	0.031 2 *** (4.38)	0.018 5 *** (5.52)	0.018 8 *** (3.54)
Marriage	0.001 9 (0.19)	0.006 7 (1.26)	-0.009 9 ** (-2.25)	-0.010 2 *** (-4.05)	-0.014 9 *** (-4.76)
Mining	0.021 9 * (1.88)	0.007 6 * (1.90)	0.008 9 * (1.85)	0.007 4 ** (2.48)	0.034 0 *** (4.59)
Disaster	0.015 1 *** (3.27)	0.000 8 *** (4.20)	0.002 4 *** (2.78)	0.013 4 *** (5.90)	0.004 8 *** (3.55)
Nation	0.065 1 *** (3.88)	0.075 1 ** (2.40)	0.097 6 *** (2.98)	0.076 3 *** (3.42)	0.086 3 *** (2.67)
Dis_z	0.002 1 * (1.72)	0.008 5 *** (4.10)	0.008 7 *** (6.07)	0.007 7 *** (6.00)	0.006 1 *** (3.70)
Dis_x	0.004 2 (0.85)	0.002 9 ** (2.06)	0.002 7 * (1.76)	0.000 5 *** (4.34)	0.004 1 *** (2.80)
Dis_s	0.017 1 *** (5.05)	0.010 1 *** (5.74)	0.007 5 *** (6.35)	0.004 6 *** (5.43)	0.006 0 *** (5.79)
Constant	0.422 0 *** (12.49)	0.556 7 *** (35.32)	0.680 5 *** (62.69)	0.748 1 *** (116.68)	0.835 9 *** (81.85)
Pseudo R^2	0.027 9	0.034 7	0.023 9	0.023 4	0.059 6
Obs	11 858	11 858	11 858	11 858	11 858

注：*、**、*** 分别表示在 10%、5%、1% 水平上显著；( ) 内为相应的 t 统计量。

　　分析表 6.5 我们可以发现，在不同的分位点处，社会资本的回归系数均在 1% 的水平上显著为负，这表明社会资本对农户多维贫困广度水平的不同分布都有显著的负向影响。同时，随着分位点的增大，社会资本的估计系数逐渐增大（见图 6.4），这表明农户家庭的社会资本越丰富，其对农户多维贫困广度的缓解程度越大。同时，农村劳动力流动在不同的分位点上的估计系数也都在1%的水平上显著为负，这表明农村劳动力流动也能显著缓解农户多维贫困状况。但是，随着分位点增大，农村劳动力流动的估计系数逐渐减小（见图6.4），这表明农村劳动力流动强度对农户多维贫困广度的影响逐渐减弱。

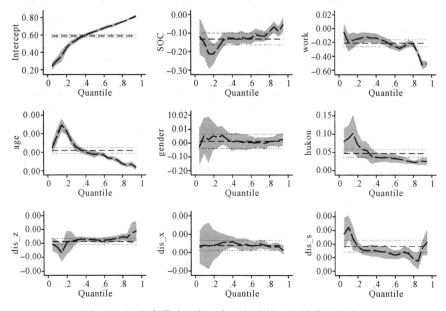

图6.4　不同变量分位数回归系数变化（多维贫困广度）

　　在控制变量中，回归结果与现有文献的研究结论基本保持一致。具体地，民族、自然灾害以及到县城的距离等指标都在1%的水平上显著为正，这表明越是少数民族地区、自然灾害易发区和距省城距离越远的地区，农户多维贫困的广度越强。明显，除了0.90分位点外，农户家庭成员的年龄的估计系数均正向显著，这表明年龄越大越容易陷入多维贫困广度。户口的估计系数在各分位点均表现为在1%的水平上显著为正，这意味着农业户口不利于农户摆脱多维贫困广度状态。事实上，"户籍墙"是我国城乡二元结构的突出表现，户籍制度严重抑制了劳动力自由流动，拉大了城乡收入差距（万海远、李实，2013）；同时，由于户籍的限制，很多农村劳动力进城后只能从事苦活、脏活、累活，始终处于城市社会最底层，他们不仅收入较低，而且其健康状况还易受到严重挑战。因此，农业户口无助于农户摆脱多维贫困。性别的系数在各分位点上均不显著，这表明性别对农户多维贫困状况不敏感。婚姻的系数在0.10和0.25分位点上不显著，而在0.50分位点处在5%的水平上显著为负，在0.75和0.90分位点处均为在1%的水平上显著为负，这表明婚姻能缓解中高分位点农户的多维贫困广度。矿区的系数在中低端分位点处为在10%的水平上显著为正，在0.75分位点处为在5%的水平上显著为正，在0.90分位点处为在1%的水平上显著为正，这表明村里是矿区并不能降低农户多维贫困广度状况，这可能是由于矿区污染较严重，造成农户身体健康状况下降，从而加重了农户的贫困状况。对于到最近集镇和县城的距离，其估计系数大体在5%的水平上显著为负，这表明距离集镇或县城越远，越不利于缓解农户多维贫困广度，这与谭燕芝等人（2017）的研究结论一致。

表6.6揭示了社会资本与农户多维贫困深度回归模型的估计结果。在不同分位点上，社会资本的回归系数均在1%的水平上显著为负，这意味着社会资本能显著缓解农户多维贫困深度水平。同时，随着分位点的增大，社会资本的回归系数先降后增（见图6.5），这表明农户社会资本处于较低水平时，其对农户多维贫困深度的缓解程度较弱，但是当农户社会资本超过一定水平后，其对农户多维贫困深度的缓解程度逐渐增强。

表6.6 社会资本与农户多维贫困深度回归模型的估计结果

变量	(1) 0.10	(2) 0.25	(3) 0.50	(4) 0.75	(5) 0.90
Soc	-0.180 3 *** (-2.71)	-0.112 2 *** (-2.70)	-0.148 8 *** (-6.09)	-0.068 7 *** (-5.29)	-0.085 6 *** (-3.60)
Work	-0.054 1 ** (-2.47)	-0.015 2 (-1.19)	-0.042 4 *** (-6.07)	-0.022 1 *** (-4.59)	-0.044 6 *** (-6.88)
Gender	0.002 3 (0.33)	0.005 1 (1.47)	0.001 9 (0.89)	0.000 1 (0.04)	-0.000 5 (-0.24)
Age	0.000 7 (0.54)	0.006 4 *** (6.17)	0.000 8 (1.38)	-0.001 2 *** (-3.84)	-0.002 1 *** (-4.73)
Residence	0.057 9 *** (4.56)	0.035 9 *** (3.44)	0.013 0 *** (2.61)	0.008 8 *** (2.52)	0.003 3 (0.77)
Marriage	0.000 1 (0.01)	-0.001 1 (-0.19)	-0.008 3 (-1.46)	0.000 2 (0.09)	-0.002 8 (-0.81)
Mining	0.011 6 ** (2.29)	0.011 0 ** (2.29)	0.004 3 ** (2.18)	0.001 8 *** (2.77)	0.010 5 *** (3.33)
Disaster	0.023 1 ** (2.08)	0.001 9 ** (2.47)	0.002 9 ** (2.05)	0.005 6 *** (3.03)	0.004 2 *** (2.48)
Nation	0.054 4 *** (3.15)	0.065 7 ** (2.14)	0.087 2 *** (2.69)	0.072 5 *** (3.02)	0.079 3 ** (2.38)
Dis_z	-0.002 4 (-0.81)	0.002 9 (1.46)	0.004 9 *** (4.45)	0.005 5 *** (7.07)	0.003 1 *** (3.87)

表6.6(续)

变量	(1) 0.10	(2) 0.25	(3) 0.50	(4) 0.75	(5) 0.90
Dis_x	0.003 2 (0.41)	0.001 2 * (1.95)	0.000 9 *** (3.10)	0.001 5 (1.03)	−0.002 6 (−0.46)
Dis_s	0.012 9 *** (5.39)	0.010 4 *** (5.42)	0.005 5 *** (5.32)	0.002 4 *** (3.29)	0.002 5 *** (3.51)
Constant	0.364 3 *** (12.56)	0.392 7 *** (12.54)	0.646 4 *** (45.65)	0.727 2 *** (83.35)	0.823 8 *** (70.70)
Pseudo R^2	0.020 1	0.041 1	0.017 2	0.025 4	0.055 1
Obs	11 858	11 858	11 858	11 858	11 858

注：*、**、*** 分别表示在 10%、5%、1% 水平上显著；( ) 内为相应的 t 统计量。

对于控制变量，我们分析表 6.6 可知，农村劳动力流动的回归系数除了在 0.25 分位点处不显著外，在其余分位点上都是在 1% 的水平上显著为负，这表明农村劳动力流动可以显著缓解农户多维贫困深度。与农户多维贫困广度不一样的是，在 0.75 和 0.90 分位点上，农户家庭成员年龄的估计系数在 1% 的水平上显著为负，在 0.25 分位点的估计系数在 1% 的水平上显著为正，而在 0.10 和 0.50 分位点处的估计系数不显著。性别和婚姻变量对农户多维贫困深度的影响不显著；户口变量除了在 0.90 分位点外，其余分位点处的回归系数均在 1% 的水平上显著为正，这表明农业户口不能显著改善农户多维贫困深度。剩余控制变量的估计结果与影响农户多维贫困广度时的结论基本保持一致，这里不再赘述。

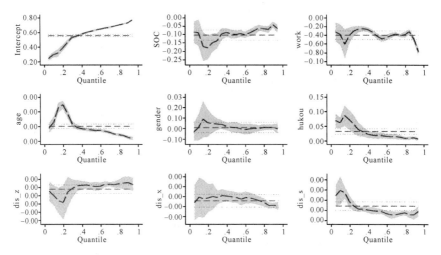

图 6.5　不同变量分位数回归系数变化（多维贫困深度）

表 6.7　社会资本与农户多维贫困强度回归模型的估计结果

变量	（1） 0.10	（2） 0.25	（3） 0.50	（4） 0.75	（5） 0.90
Soc	−0.148 1 *** （−3.00）	−0.083 0 ** （−2.45）	−0.131 6 *** （−5.40）	−0.058 5 *** （−4.87）	−0.068 9 *** （−2.75）
Work	−0.039 6 ** （−2.21）	−0.011 3 （−1.10）	−0.043 3 *** （−6.33）	−0.019 3 *** （−4.42）	−0.040 2 *** （−5.69）
Gender	0.000 7 （0.13）	0.004 4 （1.51）	0.000 7 （0.37）	0.000 2 （0.17）	0.000 4 （0.26）
Age	0.000 4 （0.44）	0.008 1 *** （6.88）	0.000 3 （0.56）	−0.000 8 *** （−2.82）	−0.001 7 *** （−3.62）
Residence	0.043 3 *** （3.76）	0.030 2 * （1.87）	0.005 3 （1.26）	0.002 6 （0.86）	−0.003 2 （−0.67）
Marriage	0.000 6 （0.07）	−0.000 4 （−0.07）	−0.006 4 （−1.84）	−0.000 2 （−0.08）	−0.004 1 （−1.10）
Mining	0.005 9 （0.88）	−0.009 9 （−1.01）	−0.003 6 （−1.34）	−0.002 5 （−0.89）	0.005 3 （1.65）
Disaster	−0.017 1 （−1.91）	−0.002 6 （−0.70）	−0.004 6 （−1.79）	0.001 3 （1.12）	0.001 6 （0.67）
Nation	0.051 2 *** （2.68）	0.043 8 ** （2.06）	0.077 5 ** （2.35）	0.064 3 *** （2.58）	0.068 5 ** （2.12）
Dis_z	0.004 5 ** （2.32）	0.001 1 （0.70）	0.002 4 ** （2.14）	0.003 3 *** （4.59）	0.002 7 *** （2.83）
Dis_x	0.003 1 （1.21）	0.000 5 （0.26）	0.000 2 *** （3.10）	0.001 8 ** （2.38）	0.003 5 ** （2.25）
Dis_s	0.009 4 *** （4.88）	0.007 5 *** （3.32）	0.003 7 *** （4.52）	0.001 3 * （1.92）	0.002 2 *** （2.97）
Constant	0.347 2 *** （15.13）	0.333 9 *** （9.14）	0.632 7 *** （55.61）	0.703 3 *** （87.94）	0.784 3 *** （60.90）
Pseudo R^2	0.013 6	0.043 8	0.016 3	0.013 6	0.040 6
Obs	11 858	11 858	11 858	11 858	11 858

注：*、**、*** 分别表示在10%、5%、1%水平上显著；（）内为相应的 t 统计量。

表 6.7 展示了社会资本与农户多维贫困强度回归模型的估计结果。我们从表 6.7 中可以发现，在不同分位点处，社会资本的回归系数均在 1% 的水平上显著为负，这表明社会资本能显著缓解农户多维贫困强度水平。同时，随着分位点的增大，社会资本的回归系数逐渐增大（见图 6.6），这意味着社会资本越丰富，越有助于缓解农户家庭多维贫困强度状况。

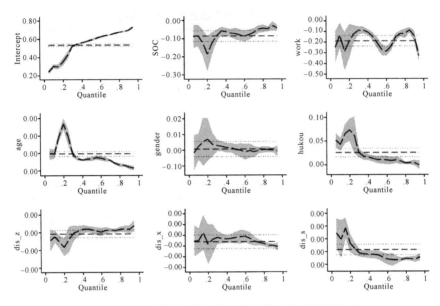

图 6.6　不同变量分位数回归系数变化（多维贫困强度）

对于控制变量，分析表 6.7 可知，除了在 0.25 分位点外，其余分位点处农村劳动力流动的回归系数均在 1% 的水平上显著为负，这表明农村劳动力流动能显著缓解农户多维贫困强度状况。与农户多维贫困广度和深度不同的是，户口、矿区和灾害等变量的回归系数在各分位点均不显著，这意味着农业户口、矿产资源区以及自然灾害频发区对农户多维贫困强度的影响并不敏感。剩余控制变量的回归估计结果与影响农户多维贫困广度和深度时的结论基本保持一致，这里也不再赘述。

综上所述，从静态来看，社会资本能显著缓解农户多维贫困状况。其具体表现为，农户家庭社会资本越丰富，越有助于降低农户家庭多维贫困水平。

6.4.2　稳健性检验与分析

为了检验实证结果的可靠性，本书采用以下三种方式进行稳健性检验[①]。其一是将衡量社会资本的各个指标分别作为社会资本的替代变量进行回归估计；其二是参考樊士德、江克忠（2016）的方法将样本按不同区域（东、中、

---

　① 特别说明的是：稳健性检验时同样采用了 OLS 和分位数回归两种方法进行估计，但是两种方法得出的估计结果基本保持一致，所以本书中仅报告了采用 OLS 法得出的稳健性检验结果。

西）进行检验估计；其三是将多维贫困剥夺得分变量替换为农户家庭是否多维贫困（是=1，否=0）。下面分别对社会资本影响农户多维贫困广度、深度和强度的估计结果进行稳健性检验和分析。

（1）社会资本影响农户多维贫困广度的稳健性检验与分析。

按上述方式对社会资本与农户多维贫困广度检验的估计结果如表6.8和表6.9所示。

表6.8　按社会资本不同指标估计的实证结果

变量	（1）	（2）	（3）	（4）	（5）
Soc_1	−0.003 3*** (−6.22)				
Soc_2		−0.002 1*** (−3.41)			
Soc_3			−0.005 0*** (−3.57)		
Soc_4				−0.014 7*** (−6.00)	
Soc_5					−0.006 6** (−2.16)
Work	−0.037 5*** (−7.82)	−0.018 4*** (−7.87)	−0.024 9*** (−4.33)	−0.053 5*** (−4.52)	−0.044 1*** (−2.76)
Gender	0.000 9 (0.48)	0.001 3 (0.77)	0.000 8 (0.49)	0.002 5 (0.92)	0.002 9 (1.11)
Age	0.001 3*** (3.16)	0.001 6*** (3.78)	0.001 5*** (4.09)	0.003 3*** (2.97)	0.003 1*** (2.76)
Residence	0.018 3*** (3.68)	0.020 4*** (4.25)	0.020 4*** (4.31)	0.054 2*** (5.58)	0.055 5*** (5.75)
Marriage	−0.002 4 (−1.05)	−0.005 2* (−1.89)	−0.002 8 (−1.03)	−0.000 5 (−0.08)	−0.003 7 (−1.34)
Mining	0.007 6*** (3.05)	0.007 4*** (2.76)	0.008 6*** (2.99)	0.002 3 (0.56)	0.008 3*** (3.08)
Disaster	0.013 0*** (4.76)	0.013 6*** (5.90)	0.012 3*** (5.02)	−0.001 8 (−0.51)	0.013 9*** (5.96)
Nation	0.080 1*** (2.75)	0.087 1*** (4.28)	0.047 9*** (3.33)	0.080 9*** (4.22)	0.091 7*** (4.87)
Dis_z	0.000 1* (1.69)	0.000 2** (2.46)	0.000 2** (2.06)	0.000 1* (1.68)	0.000 2** (2.20)

表6.8(续)

变量	（1）	（2）	（3）	（4）	（5）
Dis_x	0.000 2*** (3.21)	0.000 2*** (3.54)	0.000 2*** (3.36)	0.000 2*** (2.66)	0.000 2*** (2.66)
Dis_s	8.80e-06*** (4.69)	9.47e-06*** (4.87)	9.86e-06*** (5.31)	0.000 01*** (5.76)	8.43e-06*** (4.66)
Constant	0.777 1*** (75.64)	0.764 6*** (74.37)	0.775 9*** (74.63)	0.778 2*** (70.18)	0.762 2*** (68.47)
Pseudo R²	0.068 7	0.062 8	0.064 5	0.063 6	0.062 8
样本数	11 858	11 858	11 858	11 858	11 858

注：*、**、*** 分别表示在10%、5%、1%水平上显著；（）内为相应的 t 统计量。

表 6.8 展示了社会资本各指标对农户多维贫困的实证结果。分析表 6.8 可知，除了指标 *Soc_5*（亲戚交往频率）的系数在 5% 的水平上显著为负外，其余指标均在 1% 的水平上显著为负，这表明社会资本能显著缓解农户多维贫困广度状况。对于控制变量，农村劳动力流动的系数均在 1% 的水平上显著为负，这意味着农村劳动力流动能显著缓解农户多维贫困广度状况；年龄、户口的估计系数均在 1% 的水平上显著为正，这表明年龄越大的农户越容易陷入多维贫困，且农村户口可能会加剧农户家庭的多维贫困水平；性别的估计系数不显著；婚姻的估计系数也基本不显著；少数民族聚居区、灾害发生频繁区域以及到县城、省城的距离等变量的估计系数基本都在 1% 的水平上显著为正，这表明这些变量会显著加剧农户家庭的多维贫困。总体上，控制变量的估计结果与表 6.5 的结论基本保持一致。

表 6.9 按区域和农户是否多维贫困的估计结果

变量	（1）东部	（2）中部	（3）西部	（4）probit[①]
Soc	−0.169 2*** (−5.14)	−0.138 7*** (−3.41)	−0.202 4*** (−3.46)	−2.538 2*** (−4.21)
Work	−0.030 8** (−2.49)	−0.023 3*** (−2.76)	−0.049 1*** (−3.04)	−0.705 7*** (−3.42)

————————————

① 由于因变量被替换成了一个二值离散变量，我们采用 probit 模型对其进行估计。

表6.9(续)

变量	（1）	（2）	（3）	（4）
	东部	中部	西部	probit
Gender	−0.001 0	−0.000 1	0.003 4	−0.007 4
	(−0.20)	(−0.04)	(0.83)	(−0.11)
Age	0.000 4	−0.002 1***	−0.002 0***	0.013 4
	(0.44)	(−3.39)	(−2.68)	(0.97)
Residence	0.037 0***	−0.005 6	0.051 9***	0.478 5***
	(4.81)	(−0.84)	(3.55)	(4.22)
Marriage	−0.021 9***	−0.005 5	0.000 8	−0.085 1
	(−2.90)	(−1.06)	(0.10)	(−0.82)
Mining	0.026 6*	0.020 5	0.005 0*	0.387 2***
	(1.91)	(1.45)	(1.77)	(3.14)
Disaster	−0.014 1***	−0.001 3	0.025 9***	−0.127 0
	(−3.31)	(−0.32)	(3.47)	(−1.48)
Nation	0.083 3***	0.081 5**	0.085 6*	0.087 8***
	(2.83)	(2.01)	(1.77)	(2.68)
Dis_z	0.002 7***	−0.000 2	−0.000 04	0.000 3
	(7.43)	(−1.59)	(−0.51)	(0.18)
Dis_x	0.000 5**	0.000 3***	0.000 2***	0.003 5*
	(2.50)	(4.12)	(5.05)	(1.95)
Dis_s	5.08e−06	0.000 01***	8.14e−06***	0.000 4***
	(0.71)	(3.21)	(2.95)	(4.34)
Constant	0.646 5***	0.838 1***	0.674 0***	2.158 8***
	(25.26)	(51.08)	(21.10)	(6.06)
Pseudo R^2	0.086 5	0.102 1	0.061 1	0.022 4
Obs	3 990	3 734	4 134	11 858

注：*、**、*** 分别表示在10%、5%、1%水平上显著；（）内为相应的t统计量。

　　表6.9 的前 3 列展示了按不同区域的实证结果，第 4 列展示了按农户是否多维贫困作为因变量的回归结果。我们从表 6.9 中可知，其估计结果与表 6.6 基本保持一致，即社会资本可以显著改善农户多维贫困水平，农村劳动力流动也能显著缓解农户多维贫困，且劳动力流动显著强化了社会资本对农户多维贫困的影响。换句话说，上述估计结果进一步验证了本书的研究假设。因此，社会资本影响农户多维贫困广度的研究结论是稳健的。

（2）社会资本影响农户多维贫困深度的稳健性检验与分析。

对社会资本与农户多维贫困深度进行检验的估计结果如表 6.10 和表 6.11 所示。

表 6.10　按社会资本不同指标估计的实证结果

变量	（1）	（2）	（3）	（4）	（5）
Soc_1	$-1.07\mathrm{e}{-}06^{***}$ （-5.59）				
Soc_2		$-0.001\ 2^{***}$ （-2.56）			
Soc_3			$-0.004\ 2^{***}$ （-3.06）		
Soc_4				$-0.005\ 7^{***}$ （-4.79）	
Soc_5					$-0.000\ 8^{***}$ （-2.64）
Work	$-0.008\ 8^{**}$ （-2.39）	$-0.016\ 0^{***}$ （-2.69）	$-0.010\ 0^{**}$ （-2.17）	$-0.011\ 1^{**}$ （-2.46）	$-0.007\ 9$ （-1.43）
Gender	0.000 2 （0.13）	0.001 8 （0.81）	0.000 4 （0.22）	0.000 7 （0.37）	0.000 6 （0.30）
Age	$-0.001\ 0^{***}$ （-3.34）	0.000 9 （1.59）	0.000 5 （0.90）	0.000 6 （1.17）	0.000 5 （0.88）
Residence	$0.008\ 4^{**}$ （2.54）	$0.015\ 1^{***}$ （2.57）	$0.007\ 5^{**}$ （2.29）	$0.014\ 1^{**}$ （2.22）	$0.011\ 3^{*}$ （1.65）
Marriage	0.000 5 （0.27）	$-0.007\ 1^{*}$ （-1.69）	-0.004 3 （-0.94）	-0.004 8 （-1.37）	-0.005 4 （-1.38）
Mining	0.003 5 （1.50）	$0.008\ 7^{***}$ （2.64）	$0.009\ 4^{**}$ （2.37）	$0.008\ 9^{***}$ （2.84）	$0.010\ 1^{***}$ （2.97）
Disaster	$0.006\ 6^{***}$ （3.56）	$0.006\ 5^{***}$ （3.51）	$0.005\ 3^{***}$ （2.92）	$0.005\ 9^{***}$ （3.08）	$0.006\ 0^{***}$ （3.48）
Nation	$0.076\ 4^{**}$ （2.46）	$0.071\ 2^{***}$ （3.58）	$0.039\ 9^{***}$ （2.80）	$0.073\ 7^{***}$ （3.52）	$0.084\ 6^{***}$ （3.91）
Dis_z	$0.005\ 1^{***}$ （5.93）	$0.004\ 9^{***}$ （4.71）	$0.004\ 8^{***}$ （4.61）	$0.004\ 9^{*\ **}$ （3.89）	$0.005\ 0^{***}$ （4.82）
Dis_x	$0.000\ 1^{***}$ （2.97）	-0.000 6 （-0.39）	-0.000 9 （-0.69）	-0.000 3 （-0.19）	-0.000 8 （-0.48）
Dis_s	$0.002\ 4^{***}$ （4.96）	$0.005\ 6^{***}$ （6.03）	$0.005\ 7^{***}$ （6.41）	$0.005\ 6^{***}$ （5.80）	$0.005\ 7^{***}$ （5.50）

表6.10(续)

变量	(1)	(2)	(3)	(4)	(5)
Constant	0.813 4 *** (80.49)	0.593 9 *** (35.53)	0.606 9 *** (36.94)	0.604 6 *** (34.22)	0.596 4 *** (30.66)
Pseudo R²	0.026 2	0.024 2	0.026 9	0.027 4	0.026 5
Obs	11 858	11 858	11 858	11 858	11 858

注：*、**、*** 分别表示在10%、5%、1%水平上显著；( )内为相应的 t 统计量。

表 6.10 展示了社会资本各指标对农户多维贫困深度的实证估计结果。明显，社会资本各指标的估计系数均在 1% 的水平上显著为负，这表明社会资本各指标均能显著缓解农户多维贫困深度状况。同时，控制变量对多维贫困深度的影响与表 6.7 所得结论大体一致。

表 6.11　按区域和农户是否多维贫困的估计结果

变量	(1) 东部	(2) 中部	(3) 西部	(4) probit
Soc	−0.128 3 *** (−3.83)	−0.089 7 ** (−1.98)	−0.152 0 *** (−3.73)	−1.287 0 *** (−4.17)
Work	−0.029 3 *** (−2.97)	−0.029 7 * (−1.99)	−0.040 4 *** (−3.39)	−0.354 4 *** (−3.41)
Gender	0.000 6 (0.19)	0.000 6 (0.14)	0.002 2 (0.71)	−0.006 0 (−0.18)
Age	0.001 0 (1.01)	0.000 7 (0.63)	0.001 0 (1.62)	0.008 2 (1.19)
Residence	0.026 6 *** (3.06)	.031 375 ** (2.26)	0.019 3 ** (2.12)	0.227 7 *** (3.74)
Marriage	−0.004 5 (−1.38)	0.001 2 (0.15)	−0.005 1 (−0.91)	−0.040 9 (−0.79)
Mining	0.008 0 (1.62)	0.006 2 * (1.90)	0.002 2 (0.65)	0.204 2 *** (3.45)
Disaster	0.074 4 *** (4.18)	0.001 3 (1.01)	0.011 2 * (1.84)	0.089 4 ** (2.02)
Nation	0.074 6 ** (2.38)	0.070 8 ** (2.32)	0.076 6 * (1.87)	0.074 5 *** (2.59)
Dis_z	0.002 4 ** (2.15)	0.002 2 (0.80)	0.002 9 * (1.96)	0.018 7 (1.08)

表6.11(续)

变量	（1）	（2）	（3）	（4）
	东部	中部	西部	probit
Dis_x	0.000 02 （0.01）	0.005 1 ** （2.43）	0.005 4 *** （2.83）	−0.018 4 （−0.99）
Dis_s	0.003 4 *** （4.39）	0.002 2 * （1.90）	0.004 8 *** （4.75）	0.063 9 *** （5.07）
Constant	0.564 5 *** （16.79）	0.641 4 *** （20.45）	0.584 8 *** （26.84）	1.070 8 *** （5.66）
Pseudo R²	0.032 1	0.075 9	0.067 4	0.023 0
Obs	3 990	3 734	4 134	11 858

注：*、**、*** 分别表示在10%、5%、1%水平上显著；（）内为相应的t统计量。

表6.11 的前3列揭示了按不同区域划分后社会资本对农户多维贫困深度影响的估计结果，第4列展示了按农户是否多维贫困作为因变量的回归结果。我们从表6.11 中可知，总体上，其估计结果与表6.5 基本保持一致，即社会资本可以显著改善农户多维贫困深度水平，控制变量对农户多维贫困深度的影响与表6.5 保持一致。换言之，上述估计结果进一步验证了本书的研究假设。因此，社会资本影响农户多维贫困深度的研究结论是稳健的。

（3）社会资本影响农户多维贫困强度的稳健性检验与分析。

进一步，对社会资本影响农户多维贫困强度的检验结果展示于表6.12 和表6.13 中。

表6.12　按社会资本不同指标估计的实证结果

变量	（1）	（2）	（3）	（4）	（5）
Soc_1	−0.003 7 *** （−7.67）				
Soc_2		−0.000 1 ** （−2.08）			
Soc_3			−0.002 7 ** （−2.47）		
Soc_4				−0.005 4 *** （−3.95）	
Soc_5					−0.000 8 *** （−2.66）

表6.12(续)

变量	(1)	(2)	(3)	(4)	(5)
Work	−0.011 7***	−0.020 2***	−0.013 4***	−0.013 0***	−0.012 1***
	(−2.82)	(−3.66)	(−3.22)	(−3.25)	(−2.78)
Gender	0.001 1	−0.000 6	0.000 2	0.000 7	0.000 7
	(0.62)	(−0.32)	(0.10)	(0.35)	(0.34)
Age	0.000 2	−0.001 8***	5.65e−07	0.000 1	0.000 0
	(0.44)	(−3.98)	(0.00)	(0.19)	(0.10)
Residence	−0.006 9*	0.031 5**	0.031 4**	0.004 8	0.005 0
	(−1.83)	(2.07)	(2.02)	(0.96)	(1.05)
Marriage	−0.002 2	−0.004 4	−0.003 6	−0.003 6	−0.004 5
	(−0.61)	(−1.17)	(−1.05)	(−1.05)	(−1.38)
Mining	0.002 6	0.005 7*	0.005 2	0.005 8*	0.006 2*
	(0.75)	(1.76)	(1.55)	(1.72)	(1.90)
Disaster	0.003 3**	0.008 0**	0.001 5	0.002 4*	0.001 3
	(2.34)	(2.17)	(1.12)	(1.85)	(1.01)
Nation	0.071 2**	0.067 5***	0.033 4**	0.065 5***	0.078 3***
	(2.13)	(3.16)	(2.47)	(3.02)	(3.25)
Dis_z	0.002 2*	0.003 2***	0.002 1**	0.002 3**	0.001 2
	(1.91)	(3.26)	(2.07)	(2.21)	(0.96)
Dis_x	−0.000 3	−0.004 1***	−0.000 4	−0.000 6	0.000 4
	(−0.27)	(−2.90)	(−0.34)	(−0.48)	(0.20)
Dis_s	0.003 2***	0.002 3***	0.003 8***	0.003 7***	0.007 5***
	(4.53)	(3.27)	(5.44)	(4.53)	(3.30)
Constant	0.615 7***	0.767 8***	0.601 2***	0.610 9***	0.282 5***
	(46.90)	(66.35)	(46.89)	(43.17)	(7.55)
Pseudo R^2	0.019 1	0.041 3	0.015 1	0.042 0	0.041 4
Obs	11 858	11 858	11 858	11 858	11 858

注：*、**、***分别表示在10%、5%、1%水平上显著；（ ）内为相应的t统计量。

表6.12展示了社会资本各指标对农户多维贫困强度影响的回归估计结果。从表6.12中可以发现，除了陌生人信任程度的估计系数在5%的水平上显著为负外，其余社会资本指标的回归系数均在1%的水平上显著为负，这表明社会资本能显著缓解农户多维贫困强度水平。此外，控制变量对多维贫困强度的影响与表6.6所得结论大体一致。

表 6.13　按区域和农户是否多维贫困的估计结果

变量	（1）东部	（2）中部	（3）西部	（4）probit①
Soc	−0.134 9 *** (−3.55)	−0.101 5 ** (−2.08)	−0.114 6 *** (−3.33)	−2.535 2 *** (−4.22)
Work	−0.037 5 *** (−3.12)	−0.040 1 ** (−2.45)	−0.036 3 *** (−3.61)	−0.696 5 *** (−3.37)
Gender	0.000 4 (0.12)	−0.000 7 (−0.15)	0.000 2 (0.07)	−0.011 7 (−0.17)
Age	0.000 4 (0.52)	−0.000 2 (−0.16)	0.000 9 (1.62)	0.015 3 (1.10)
Residence	0.018 9 ** (2.33)	0.019 1 (0.90)	0.010 7 (1.19)	0.431 4 * ** (3.76)
Marriage	−0.011 6 * (−1.69)	−0.009 8 (−0.49)	−0.004 2 (−0.95)	−0.089 9 (−0.87)
Mining	0.007 4 (0.80)	0.005 8 (0.35)	0.001 9 (0.53)	0.410 5 *** (3.33)
Disaster	0.014 8 *** (3.44)	0.018 7 ** (2.11)	0.015 8 * (1.94)	0.185 6 ** (2.08)
Nation	0.068 5 ** (2.29)	0.062 6 ** (2.42)	0.067 3 ** (1.97)	0.061 4 ** (2.38)
Dis_z	0.005 5 ** (2.33)	0.001 7 (0.56)	0.004 8 *** (3.35)	0.038 3 (1.11)
Dis_x	0.004 2 * (1.71)	0.000 1 (0.03)	0.003 4 ** (2.50)	0.037 4 (1.00)
Dis_s	0.007 4 *** (3.51)	0.001 4 (0.87)	0.001 4 (0.99)	0.122 6 *** (5.07)
Constant	0.566 9 *** (18.42)	0.648 4 *** (22.06)	0.574 3 *** (29.44)	1.854 8 *** (5.02)
Pseudo R^2	0.026 5	0.058 3	0.051 5	0.022 8
Obs	3 990	3 734	4 134	11 858

注：*、**、*** 分别表示在10%、5%、1%水平上显著；（）内为相应的 t 统计量。

————————

① 由于因变量被替换成了一个二值离散变量，我们采用 probit 模型对其进行估计。

表 6.13 的前 3 列揭示了按不同区域划分后社会资本对农户多维贫困强度影响的估计结果，第 4 列展示了按农户是否多维贫困作为因变量的回归结果。我们从表 6.13 中可知，总体上，其估计结果与表 6.7 基本保持一致，即社会资本可以显著改善农户多维贫困强度水平，控制变量对农户多维贫困强度的影响与表 6.7 保持一致。换句话说，上述估计结果进一步验证了本书的研究假设。因此，社会资本影响农户多维贫困强度的研究结论是稳健的。

综上所述，按照分指标和分区域的方式对社会资本影响农户多维贫困进行检验的结果显示，社会资本可以显著缓解农户多维贫困状况，而且，社会资本越丰富，越有利于改善农户多维贫困水平，这也证实了研究假说 1 的成立。

6.5　本章小结

本章基于社会资本影响农户多维贫困的作用机理和研究假设，运用 OLS 法、工具变量法和分位数回归法实证检验了社会资本与农户多维贫困广度、深度和强度之间的关系，并运用不同的方式对实证结论进行稳健性检验。研究结论表明：社会资本可以显著缓解农户多维贫困状况，而且，社会资本越丰富，越有利于改善农户多维贫困水平。同时，稳健性检验结果与实证模型估计结果保持一致。

7 社会资本影响农户多维贫困的门槛效应实证分析

7.1 引言

上一章实证研究了社会资本与农户家庭多维贫困的关系，研究结果显示：社会资本能显著缓解农户多维贫困水平，而且社会资本越丰富，越能降低农户家庭多维贫困状况。但是，上述结论是在假定社会资本与农户多维贫困呈线性关系情形下所得的。明显，这种假定过于简单，并不能深层次揭示社会资本与农户多维贫困间的复杂机制。因此，社会资本与贫困之间是否存在非线性关系（门槛效应）有待进一步验证。刘彬彬等（2014）基于门槛回归模型验证了社会资本与贫困地区农户收入之间存在明显的门槛效应。但是，对于社会资本和贫困本身而言，社会资本与农户多维贫困方面的研究相对较少。谭燕芝等（2017）实证发现社会网络能显著改善农户多维贫困状况且对中间层次多维贫困的农户减贫效果更大。那么，社会资本与农户多维贫困之间是否也存在门槛效应？鉴于此，本章拟进一步实证研究社会资本与农户家庭多维贫困间的关系。

7.2 数据来源与变量描述

7.2.1 数据来源与说明

本章主要实证检验社会资本与农户多维贫困之间的非线性关系。数据主要来源于 CFPS 数据库，其详细介绍已于第 5 章展示，这里不再赘述。本章主要采用 2010 年、2012 年和 2014 年组成的短面板数据进行实证研究，我们首先将各年度家庭、社区和成人的农村样本数据进行合并，然后将缺失值、不适用样本剔除，最后找出 2010 年、2012 年和 2014 年都追踪调查的数据样本，并将其合成面板数据。经过筛选，面板数据的总样本数为 993 个，其中东部地区样本数为 372 个，中部地区样本数为 309 个，西部地区样本数为 312 个。

7.2.2 变量描述与赋值

（1）变量描述性统计。

本章选取的变量与第 6 章所选取的变量基本保持一致。但是，有个别指标的表述方式不一样。例如，2010 年 CFPS 数据库中，人情礼支出被表述为"过去一年，自家婚丧嫁娶支出"；邻里关系被描述为"您与邻居聊天的频率"。同时，在 2012 年问卷中缺乏社区层面的数据，但是我们认为不同年份社区层面的数据变化不大，因此，我们取 2010 年和 2014 年村级数据的均值作为 2012 年村级层面的数据。具体的，各变量的描述性统计见表 7.1。

表 7.1　变量的描述性统计

变量名	符号	均值	标准差	最小值	最大值
多维贫困广度	MP_0	0.242 4	0.118 1	0	0.666 7
多维贫困深度	MP_1	0.187 6	0.103 8	0	0.555 6
多维贫困强度	MP_2	0.164 3	0.103 9	0	0.555 6
	$LnSoc\_1$	5.059 2	3.536 7	0	10.819 8
	Soc_2	2.648 5	2.022 1	0	10
社会资本	Soc_3	2.954 7	1.005 5	1	5
	Soc_4	4.711 0	1.885 3	1	5
	Soc_5	2.773 4	1.061 6	1	4
社会资本指数	Soc	0.223 9	0.073 4	0.031 2	0.718 4
农村劳动力流动	$Work$	0.496 5	0.500 2	0	1
性别	$Gender$	0.479 4	0.499 8	0	1
年龄	Age	45.930 5	14.726 4	16	88
户口	$Residence$	0.938 6	0.240 2	0	1
婚姻	$Marriage$	0.883 2	0.321 4	0	1
民族	$Nation$	0.052 4	0.222 9	0	1
矿区	$Mining$	0.064 5	0.245 7	0	1

表7.1(续)

变量名	符号	均值	标准差	最小值	最大值
灾害	*Disaster*	0.488 4	0.500 1	0	1
组织	*Orgnisation*	0.151 1	0.358 3	0	1
集镇距离	*Dis_z*	5.827 8	3.288 4	0	10.463 1
县城距离	*Dis_x*	30.534 7	24.410 6	0	160
省城距离	*Dis_s*	383.802 6	317.266 7	0	3 800

从表7.1可知，农户家庭多维贫困广度的平均值为0.242 4，农户家庭多维贫困深度的平均值为0.187 6，农户家庭多维贫困强度的平均值为0.164 3。对于社会资本，人情礼对数的平均值为5.059 2，对陌生人信任程度平均值较低（2.648 5），您家在本地的社会地位的平均值较高（2.954 7），邻里关系的平均值介于比较和睦与很和睦之间（4.711 0），亲戚之间的交往平均值介于偶尔交往和经常交往之间（2.773 4）。对于控制变量，54.50%的农户家庭存在劳动力流动，即外出务工的比例较高；样本中男性比例为47.94%，女性占比为52.06%；样本人口的平均年龄为45.93岁，最小年龄为16岁，最大年龄为88岁；样本中农业户口占比高达93.86%，而非农户口仅占6.14%；样本中已婚占比88.32%；少数民族聚居区占比5.24%；处于矿产资源区的占比平均为6.45%；处于灾害频发区的比例平均为48.84%；农户到最近集镇的平均距离为5.827 8里，到县城的平均距离为30.534 7里，到省城的平均距离为383.802 6里。

（2）门槛变量。

根据门槛回归原理可知，门槛变量的选取可以分为两种：第一，外生变量；第二，模型中的解释变量。当自变量与因变量之间不是简单的线性关系时，门槛回归法得到的结果比OLS结果更能准确地拟合数据（刘彬彬 等，2014）。截至目前，虽然众多学者研究了社会资本与收入贫困之间的关系，形成了两种截然相反的观点，一部分学者认为社会资本是"穷人的资本"（安德里亚尼 等，2010），另一部分学者则否定该观点（格特勒 等，2006；周晔馨，2012），但对于社会资本如何影响农户多维贫困的研究还很欠缺。根据本书的研究目的，即社会资本与农户多维贫困之间是否呈现出门槛效应，我们将社会资本存量作为门槛变量来检验这一问题。同时，人力资本、家庭收入以及金融服务等指标也会对农户多维贫困产生影响，它们也可能是影响社会资本与农户多维贫困之间关系的关键变量。王春超、叶琴（2014）研究称，较城市劳动者，农民工的多维贫困状况更高。其中，导致农民工贫困的关键因素是教育和收入维度，而且农民工的教育回报显著低于城市务工者，在此情形下，农民工降低了在教育上的花费。在中国经济转型升级的背景下，教育投入动力不足将不利于农民工人力资本的积累，这些农民工容易返回到多维贫困，难以真正融入城市。有研究指出，中国经济增长中人力资本的门槛效应确实存在（王永水，朱平芳，2016）。因此，本书也用人均受教育年限和人均收入分别代替人力资本和家庭收入作为门槛变量，检验在不同的人力资本和家庭收入情形下，二者之间是否存在门槛效应。此外，大量研究表明，我国农村特别是贫困农户受到严重的金融排斥，基础金融服务的缺失导致了各种形式的权利剥夺，使农户陷入贫困恶性循环。因此，本书也将金融服务作为门槛变量进行研究。

7.3 计量模型的建立

7.3.1 门槛模型

社会资本与农户家庭多维贫困的关系并不能用简单的线性关系呈现，随着农户家庭社会资本存量、受教育年限、人均收入以及金融服务等因素的变化，二者之间可能呈现出非线性关系。为更深入且全面地探讨社会资本与农户家庭多维贫困之间的关系，本书采用汉森（Hansen，1999）建立的面板门槛模型进行实证研究。

本书着重介绍单一门槛模型，类似的，多重门槛模型可以由单一门槛模型扩展所得。假设平衡面板数据集为 $\{y_{it}, q_{it}, x_{it}: 1 \leqslant i \leqslant m, 1 \leqslant t \leqslant T\}$，其中 i 表示个体，t 表示时间；相应地，y_{it} 表示被解释变量，x_{it} 表示解释变量，q_{it} 表示门槛变量。于是，单一门槛模型可以表示为

$$y_{it} = \mu_i + \beta_1 x_{it} I(q_{it} \leqslant \gamma) + \beta_2 x_{it} I(q_{it} > \gamma) + \theta Conl_{it} t + \varepsilon_{it} \qquad (7-1)$$

式（7-1）中，μ_i 为个体固定效应；$I(\cdot)$ 表示指标函数，即其值根据括号内表达式的真假相应取值为 1 或 0；γ 为待估门槛值，ε_{it} 为服从 iid 的随机扰动项；β_1、β_2、θ 为相应的系数，$Conl_i$ 为控制变量，当 $\beta_1 \neq \beta_2$ 时表明模型存在门槛效应。对于式（7-1）而言，最重要的是如何对其未知参数进行估计。为了得到参数估计量，我们要先消除个体效应 μ_i，其做法是将每个变量减去其组内平均值，如 $y_{it}^* = y_{it} - \dfrac{1}{T} \sum_{t=1}^{T} y_{it}$，因此，变形后的模型为

$$y_{it}^* = \beta_1 x_{it}^* I(q_{it} \leqslant \gamma) + \beta_2 x_{it}^* I(q_{it} > \gamma) + \theta Conl_{it}^* + \varepsilon_{it}^* \qquad (7-2)$$

其中, $x_{it}^* = x_{it} - \frac{1}{T}\sum_{t=1}^{T} x_{it}$, $\varepsilon_{it}^* = \varepsilon_{it} - \frac{1}{T}\sum_{t=1}^{T} \varepsilon_{it}$。

令 $\beta = (\beta_1 \quad \beta_2)$, $X(\gamma) = (x_{it}^* I(q_{it} \leq \gamma) \quad x_{it}^* I(q_{it} > \gamma))^{\mathrm{T}}$, 则式 (7-2) 可以表示为如下的矩阵形式:

$$y^* = \beta X(\gamma) + \varepsilon^* \tag{7-3}$$

对于给定的 γ, 我们可以用普通最小二乘法 (OLS) 估计出系数 β, 即

$$\hat{\beta}(\gamma) = [X(\gamma)^{\mathrm{T}} X(\gamma)]^{-1} X(\gamma)^{\mathrm{T}} y^* \tag{7-4}$$

于是, 残差向量为 $\hat{\varepsilon}^*(\gamma) = y^* - \hat{\beta}(\gamma) X(\gamma)$, 相应的误差平方和为

$$S_1(\gamma) = (\hat{\varepsilon}^*(\gamma))^{\mathrm{T}}(\hat{\varepsilon}^*(\gamma)) = y^{*\mathrm{T}}[I - X(\gamma)^{\mathrm{T}}(X(\gamma)^{\mathrm{T}} X(\gamma))^{-1}] y^* \tag{7-5}$$

进而, 要估计门槛值 γ, 可以通过最小化式 (7-5), 即

$$\hat{\gamma} = \underset{\gamma}{\arg\min} S_1(\gamma) \tag{7-6}$$

一旦获得估计值 $\hat{\gamma}$, 则系数为 $\hat{\beta} = \hat{\beta}(\hat{\gamma})$, 残差向量为 $\hat{\varepsilon}^* = \hat{\varepsilon}^*(\hat{\gamma})$, 残差方差为 $\hat{\sigma}^2 = \frac{1}{m(T-1)} S_1(\hat{\gamma})$。得到最优门槛估计值后, 还要进一步检验门槛效应是否显著以及门槛估计值是否等于其真实值, 其具体检验方法参见汉森 (Hansen, 1999) 和连玉君等 (2006) 的文献。首先, 对于门槛效应显著性的检验, 其原假设可设为 $H_0: \beta_1 = \beta_2$, 备择假设为 $H_1: \beta_1 \neq \beta_2$; 可构造检验统计量: $F_1 = (S_0 - S_1(\hat{\gamma}))/\hat{\sigma}^2$, 这里的 S_0 表示在原假设 H_0 下得到的残差平方和。因为在原假设 H_0 下, 无法对门槛值 γ 进行识别, 所以统计量 F_1 的分布不是标准的。汉森 (1999) 建议采用 Bootstrap 法来获得其渐近分布, 进而构造相应的 P 值。其次, 对于门槛估计值是否等于真实值的检验, 可令原假设为 $H_0: \hat{\gamma} = \gamma_0$, 对应的似然比检验统计量为

$$LR_1(\gamma) = [S_1(\gamma) - S_1(\hat{\gamma})]/\hat{\sigma}^2 \tag{7-7}$$

该统计量的分布也是非标准的, 汉森 (1999) 采用公式 $LR_1(\gamma_0) < c(\alpha)$ 计算出其非拒绝域, 其中 $c(\alpha) = -2ln(1 - \sqrt{1-\alpha})$, α 代表显著性水平。

事实上, 上述过程只假定模型存在单一门槛值, 而现实中往往存在双重或多重门槛值, 下面简要阐述双重门槛模型, 多重门槛可以类推。双重门槛模型可设为

$$y_{it} = \mu_i + \beta_1 x_{it} I(q_{it} \leq \gamma_1) + \beta_2 x_{it} I(\gamma_1 < q_{it} \leq \gamma_2) + \beta_3 x_{it} I(q_{it} > \gamma_2) + \theta Conl_{it} + \varepsilon_{it} \tag{7-8}$$

式 (7-8) 中, $\gamma_1 < \gamma_2$ 为门槛值, 其余符号含义同式 (7-1)。同理, 对于式

（7-8）的一个关键问题是如何估计出两个最优门槛参数。依据汉森（1999）的做法，首先固定 γ_2，根据单一门槛模型的步骤估计出 $\hat{\gamma}_1$；其次固定 $\hat{\gamma}_1$，再次估计出 $\hat{\gamma}_2$；最后重复上述步骤可以得到最优门槛参数。对于双重门槛的假设检验与单一门槛模型类似，这里不再赘述。

7.3.2 实证模型

本书基于式（7-8），建立以农户家庭多维贫困（MP_{it}）为因变量、以社会资本（Soc_{it}）为核心自变量、以社会资本存量（scs_{it}）、人均收入（inc_{it}）、人力资本（edu_{it}）和金融服务（fin_{it}）为门槛变量的双重门槛模型，探讨社会资本与农户多维贫困之间的关系。于是，本章的实证模型设定如下：

$$MP_{it} = \mu_i + \beta_1 Soc_{it} I(edu_{it} \leq \gamma_1) + \beta_2 Soc_{it} I(\gamma_1 < edu_{it} \leq \gamma_2) + \\ \beta_3 Soc_{it} I(edu_{it} > \gamma_2) + \theta X_{it} + \varepsilon_{it} \tag{7-9}$$

$$MP_{it} = \mu_i + \beta_1 Soc_{it} I(inc_{it} \leq \gamma_1) + \beta_2 Soc_{it} I(\gamma_1 < inc_{it} \leq \gamma_2) + \\ \beta_3 Soc_{it} I(inc_{it} > \gamma_2) + \theta X_{it} + \varepsilon_{it} \tag{7-10}$$

$$MP_{it} = \mu_i + \beta_1 Soc_{it} I(scs_{it} \leq \gamma_1) + \beta_2 Soc_{it} I(\gamma_1 < scs_{it} \leq \gamma_2) + \\ \beta_3 Soc_{it} I(scs_{it} > \gamma_2) + \theta X_{it} + \varepsilon_{it} \tag{7-11}$$

$$MP_{it} = \mu_i + \beta_1 Soc_{it} I(fin_{it} \leq \gamma_1) + \beta_2 Soc_{it} I(\gamma_1 < fin_{it} \leq \gamma_2) + \\ \beta_3 Soc_{it} I(fin_{it} > \gamma_2) + \theta X_{it} + \varepsilon_{it} \tag{7-12}$$

式中 X_{it} 表示与农户家庭多维贫困有显著影响的一组控制变量。

7.4 实证结果与分析

本书分别以农户家庭现有的社会资本存量、人均收入、人力资本以及金融服务为门槛变量来实证检验社会资本与农户家庭多维贫困之间的非线性关系。下面分别探究各门槛变量与农户家庭多维贫困广度、深度和强度之间的关系。

7.4.1 社会资本影响农户多维贫困广度的门槛效应分析

（1）门槛值个数确定。

要估计社会资本与农户家庭多维贫困广度的门槛效应，首先要根据门槛值确定方法求解门槛值的个数，然后建立合适的门槛估计模型。本书主要借鉴 Wang（2015）的做法，在不同门槛值的设定下对式（7-9）～式（7-12）进行估计，得到的 F 统计量和通过 Bootsrap 法计算的 P 值见表 7.2。

表 7.2 门槛效应检验结果

门槛变量	模型	F 值	P 值	Bootsrap 次数	临界值		
					1%	5%	10%
社会资本	单一门槛	15.645***	0.004	500	10.825	7.052	4.649
	双重门槛	8.286**	0.048	500	12.777	8.179	6.279
	三重门槛	5.420	0.196	500	11.150	7.658	5.334
人力资本	单一门槛	4.842**	0.050	500	8.480	4.823	3.807
	双重门槛	1.968	0.863	500	12.706	10.708	8.749
	三重门槛	1.728	0.313	500	6.702	4.720	3.663
人均收入	单一门槛	180.40***	0.000	500	22.907	19.935	16.451
	双重门槛	8.18	0.547	500	22.712	19.870	16.634
	三重门槛	6.49	0.910	500	27.008	23.058	20.654
金融服务	单一门槛	450.36***	0.0000	500	7.6271	9.2506	12.2101
	双重门槛	−177.84	1.0000	500	7.5195	8.9255	13.9712
	三重门槛	1.30	0.3067	500	3.1449	3.9258	5.3378

注：*、**、***分别表示在10%、5%、1%水平上显著；P 值和临界值都是通过 Bootsrap500 次计算所得。

我们从表 7.2 可知，当社会资本作为门槛变量时，单一门槛在 1%的水平上显著且双重门槛在 5%的水平上显著，但是三重门槛不显著。因此，社会资本与农户家庭多维贫困广度的门槛模型应设定为双重门槛模型。同时，我们从表 7.2 还可以发现，当采用人均纯收入、人均受教育年限以及金融服务作为门槛变量时，均只有单一门槛显著，因此在这几种情形下社会资本与农户家庭多维贫困广度的门槛模型应设定为单一门槛模型。

（2）门槛估计值与区间划分。

上文确定了社会资本与农户家庭多维贫困广度门槛模型的具体形式，紧接着，我们继续确定门槛模型的具体门槛值。表 7.3 报告了各门槛变量的门槛值和相应的 95%置信区间。从表 7.3 可知，当以社会资本作为门槛变量时的两个门槛估计值分别为 0.163 和 0.241，根据这两个估计值可将农户家庭社会资本存量分为三个样本区间，即 $scs \leqslant 0.163$、$0.163 < scs \leqslant 0.241$ 和 $scs > 0.241$。

表 7.3　门槛估计值及其置信区间

门槛变量	门槛值	估计值	95%置信区间
社会资本	第一个门槛值	0.163	[0.074，0.345]
	第二个门槛值	0.241	[0.107，0.418]
人力资本	第一个门槛值	7.500	[7.500，7.500]
人均收入	第一个门槛值	2 333.330	[2 271.430 1，2 383.800 0]
金融服务	第一个门槛值	1.000	[0.000 0，2.000 0]

　　图 7.1 和图 7.2 分别表示以社会资本作为第一、第二个门槛变量时，似然比序列 $LR(\gamma)$ 作为门槛值函数的一个趋势图，图中虚线表示 95% 置信水平下似然比的临界值为 7.35。我们从图 7.1 图 7.2 中可以看出，社会资本的门槛估计值显著小于临界值 7.35，因此，我们认为所得的门槛估计值是真实有效的。

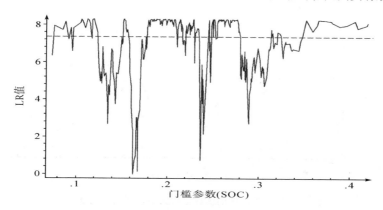

图 7.1　第一个门槛的估计值与置信区间（社会资本）

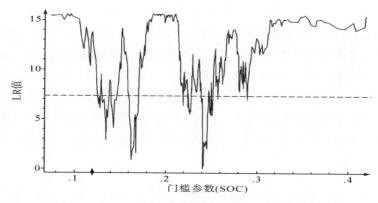

图 7.2　第二个门槛的估计值与置信区间（社会资本）

同理，我们从表7.3还可以看出，当采用人力资本作为门槛变量时，其门槛估计值为7.500 0，于是，该门槛值将农户家庭分为两组（$edu \leqslant 7.500\ 0$ 和 $edu > 7.500\ 0$）；当以人均收入作为门槛变量时，其门槛估计值为 2 333.33，据此可将农户家庭人均收入分为 $inc \leqslant 2\ 333.33$ 和 $inc > 2\ 333.33$ 两个样本区间；当采用金融服务为门槛变量时，其门槛估计值为 1.000 0，因此，该门槛估计值将农户家庭的金融服务分为 $fin \leqslant 1.000\ 0$ 和 $fin > 1.000\ 0$ 两个样本区间。

图7.3表示以人力资本作为门槛变量时，似然比序列 $LR(\gamma)$ 作为门槛值函数的一个趋势图。从图7.3中可知，门槛值对应的95%置信区间范围都较窄，门槛值的识别效果较为显著；同时，门槛变量为人均纯收入时的门槛估计值显著小于临界值7.35，因此，我们认为所得的门槛估计值也是真实有效的。

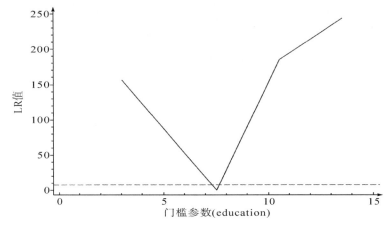

图7.3　第一个门槛的估计值与置信区间（人力资本）

图7.4表示以人均纯收入作为门槛变量时，似然比序列 $LR(\gamma)$ 作为门槛值函数的一个趋势图。从图7.4中可知，门槛值对应的95%置信区间范围都较窄，门槛值的识别效果较为显著；同时，门槛变量为人均纯收入时的门槛估计值显著小于临界值7.35，因此，我们认为所得的门槛估计值也是真实有效的。

图7.5表示以金融服务作为门槛变量时，似然比序列 $LR(\gamma)$ 作为门槛值函数的一个趋势图。从图7.5中可知，门槛值对应的95%置信区间范围都较窄，门槛值的识别效果较为显著；同时，门槛变量为人均纯收入时的门槛估计值显著小于临界值7.35，因此，我们认为所得的门槛估计值也是真实有效的。

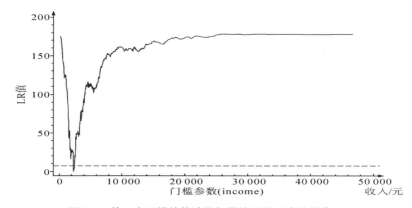

图7.4　第一个门槛的估计值与置信区间（人均纯收入）

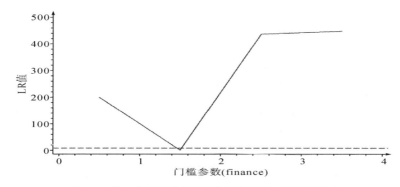

图7.5　第一个门槛的估计值与置信区间（金融服务）

（3）门槛回归结果与分析。

基于上述显著门槛值确定相应的估计模型后，我们将各面板门槛模型的估计结果列于表7.4，其中被解释变量为农户家庭多维贫困广度。

表7.4　门槛回归估计结果（多维贫困广度）

变量	scs 门槛模型	edu 门槛模型	inper 门槛模型	fin 门槛模型
Work	−0.026 4** (−2.47)	−0.028 6*** (−2.92)	−0.013 8** (−2.38)	−0.021 2** (−2.14)
Gender	−0.014 5* (−1.79)	0.001 4 (0.19)	−0.014 0* (−1.87)	−0.011 7 (−1.50)
Age	0.001 2*** (3.17)	0.000 1 (0.27)	0.000 8** (2.43)	0.001 0*** (3.03)
Residence	−0.001 5*** (−3.08)	−0.009 9** (−2.54)	−0.000 1*** (−3.01)	−0.006 3** (−2.34)
Marriage	0.026 8* (1.87)	0.006 8 (0.51)	0.025 6* (1.93)	0.020 4 (1.54)

表7.4(续)

变量	scs 门槛模型	edu 门槛模型	inper 门槛模型	fin 门槛模型
Nation	−0.010 0 (−0.45)	−0.019 0 (−0.93)	−0.015 7 (−0.76)	0.002 0 (0.10)
Mining	0.013 1 (0.67)	−0.008 9 (−0.49)	0.009 1 (0.50)	0.005 4 (0.29)
Disaster	0.001 5** (2.12)	0.003 2** (2.28)	0.003 2*** (2.58)	0.008 8*** (2.76)
Dis_z	0.012 4*** (6.21)	0.007 5*** (4.03)	0.012 8*** (6.95)	0.009 4*** (5.04)
Dis_x	0.005 6** (2.35)	0.013 5 (0.92)	0.005 5 (0.37)	0.003 2** (2.22)
Dis_s	0.001 7** (2.17)	0.008 8 (0.95)	0.002 6 (0.27)	6.48e-06 (0.00)
Org	−0.021 5** (−2.33)	0.002 2 (0.15)	−0.026 5* (−1.76)	−0.017 7** (−2.17)
Soc1(scs≤0.163)	0.166 0 (0.80)			
Soc2(0.163< scs≤0.241)	−0.115 7* (−1.88)			
Soc3 (scs>0.241)	−0.275 7*** (3.04)			
Soc1(edu≤7.500)		0.189 0*** (3.33)		
Soc2(edu>7.500)		−0.339 4*** (−5.00)		
Soc1(inc≤2 333)			0.305 5** (2.27)	
Soc2(inc>2 333)			−0.583 8*** (−8.15)	
Soc1(fin≤1)				0.378 1*** (6.11)
Soc2(fin>1)				−0.102 4** (−2.19)
Constant	0.245 6*** (3.10)	0.382 1*** (5.44)	0.240 9*** (3.42)	0.237 3*** (3.36)
R_sq(within)	0.216 2	0.339 1	0.327 2	0.324 6
F 值	10.46	22.13	18.46	18.23
Obs	993	993	993	993

注：*、**、*** 分别表示在 10%、5%、1%水平上显著；( ) 内为相应的 t 值。

分析表 7.4 可知，无论是以社会资本存量、人力资本、人均收入作为门槛变量，还是以金融服务作为门槛变量，都是当其值越过一定的"门槛"后，才会表现出社会资本显著改善农户家庭多维贫困广度水平。具体地，当社会资本存量处于较低水平时（$scs \leqslant 0.163$），社会资本与农户家庭多维贫困广度呈正相关；当社会资本存量处于区间 $0.163 \leqslant scs \leqslant 0.241$ 时，社会资本与农户家庭多维贫困广度在 10% 的水平上显著负相关；而当社会资本存量处于较高水平时（$scs > 0.241$），社会资本与农户家庭多维贫困广度在 1% 的水平上显著负相关。同时，农户家庭社会资本处于第二区间的系数小于第三区间的系数。这表明社会资本改善农户家庭多维贫困广度水平存在门槛效应，且社会资本越丰富，越有利于缓解农户家庭多维贫困广度水平。事实上，有研究指出，越是贫困的农户，其社会资本越是匮乏，这会导致农户家庭很容易陷入贫困的恶性循环。社会资本是贫困农户增强能力、寻找就业机会的重要纽带，但是，贫困农户有限的社会资本往往不能起到缓解贫困的作用，而当社会资本超过一定门槛的，其能发挥显著的减贫功能。当人力资本门槛变量处于区间 $edu \leqslant 7.500$ 时，社会资本与农户多维贫困广度在 1% 的水平上呈显著正相关关系，这表明农户家庭在低水平的人力资本情形下，社会资本显著刺激农户多维贫困广度水平；相反，当人力资本跨过门槛值（$edu > 7.500$）后，社会资本与农户多维贫困广度在 1% 的水平上显著负相关，这说明农户家庭在高水平的人力资本情形下，社会资本能显著降低农户多维贫困广度水平。人力资本关乎农户的可持续发展能力，随着经济社会的发展，越来越多的行业都需要新的科学文化和技术，低水平密集型劳动行业正逐步衰退，因此，农户只有掌握一定的科学文化知识才能获取就业机会并获得生存所必需的物质条件。当农户家庭人均收入处于第一种类型（$inper \leqslant 2\ 333$）时，社会资本与农户多维贫困广度的回归系数在 5% 的水平上显著为正；而当人均收入处于第二种类型（$inper > 2\ 333$）时，社会资本与农户多维贫困广度的估计系数在 1% 的水平上显著为负。这也表明当人均收入跨过一定门槛之后，社会资本才能显著降低农户家庭多维贫困广度水平。实际上，收入水平体现出农户家庭劳动能力、社会网络大小以及其他方面的能力，因此，收入的高低是农户家庭贫困的衡量标准之一。由此可见，农户家庭人均纯收入低于一定门槛值时并不能降低农户多维贫困广度水平。同样的，当农户家庭获得的金融服务处于区间 $fin \leqslant 1$ 时，社会资本与农户多维贫困广度的估计系数在 1% 的水平上显著为正；而当农户家庭获得的金融服务处于区间 $fin > 1$ 时，社会资本与农户多维贫困广度的估计系数在 5% 的水平上显著为负。这表明当农户家庭获得的金融服务低于一定门槛值时会显著刺激农户多维贫困广度的发生，而农户家庭获得的金融服务越过门槛值后能显著缓解农户的多维贫困广度水平。事实上，$fin \leq 1$ 表明农户家庭不能获得任何金融服务或仅能获得民间借款等非正规金融服务，而金融服务在农户发展能力和生活质量改善方面发挥着不可替代的作用，因此，金融服务在缓解农户多维贫困广度水平上存在显著的门槛效应。

对于控制变量，在不同的门槛变量下，劳动力流动、农业户口和网络的估计系数均在 1% 的水平上显著为负，这表明劳动力流动、农业户口和网络都能显著缓解农户多维贫困广度水平；而自然灾害频发区和农户到集镇的距离的估计系数均在 1% 的水平上显著为正，这意味着自然灾害越是频发、农户到集镇的距离越远，越不利于缓解农户家庭多维贫困广度水平。此外，当以社会资本、人均收入和金融服务作为门槛变量时，农户是否加入某组织能显著影响农户家庭多维贫困广度，而农户的年龄越大越可能刺激多维贫困广度的发生。是否少数民族聚居、是否是矿区对农户多维贫困广度的影响并不显著。

7.4.2 社会资本影响农户多维贫困深度的门槛效应分析

为了更加深入地分析社会资本与多维贫困的门槛效应，我们也实证研究了在不同门槛变量情形下社会资本与农户多维贫困深度的关系。

（1）门槛值个数确定。

借鉴 Wang（2015）的做法，在不同门槛值的设定下对式(7-9)~式(7-12)进行估计，得到的 F 统计量和通过 Bootsrap 法重复 500 次计算的 P 值见表 7.5。

表 7.5　门槛效应检验结果

门槛变量	模型	F 值	P 值	Bootsrap 次数	临界值		
					1%	5%	10%
社会资本	单一门槛	12.80*	0.066 7	500	17.120 7	13.515 4	11.681 0
	双重门槛	0.95	1.000 0	500	18.565 7	14.502 7	13.631 3
	三重门槛	16.44	0.103 3	500	24.758 0	19.132 0	16.437 2
人力资本	单一门槛	176.09***	0.000 0	500	12.300 7	9.142 6	6.926 4
	双重门槛	18.78	1.000 0	500	11.375 4	8.027 3	6.498 4
	三重门槛	–	–	–	–	–	–
人均收入	单一门槛	98.90***	0.000 0	500	22.365 0	17.921 3	15.623 1
	双重门槛	5.33	0.816 7	500	24.114 8	18.657 2	15.760 8
	三重门槛	8.39	0.656 7	500	44.263 6	31.032 6	25.195 1

表7.5(续)

门槛变量	模型	F 值	P 值	Bootsrap 次数	临界值		
					1%	5%	10%
金融服务	单一门槛	474.52***	0.000 0	500	14.820 4	10.577 4	7.274 0
	双重门槛	51.87***	0.000 0	500	16.239 3	10.756 2	8.066 3
	三重门槛	3.75	0.116 7	500	8.065 8	5.152 9	4.081 4

注：*、**、***分别表示在10%、5%、1%水平上显著；P值和临界值都是通过Bootsrap500次计算所得。

从表7.5可知，当以社会资本、人力资本和人均收入为门槛变量时，都只有单一门槛显著。其中，社会资本的单一门槛在10%的水平上显著，人力资本和人均收入的单一门槛均在1%的水平上显著。这表明社会资本影响多维贫困深度时，若以社会资本、人力资本和人均收入为门槛变量，则应该将门槛模型设定为单一门槛模型。然而，当以金融服务作为门槛变量时，其在单一门槛和双重门槛下显著，且均在1%的水平上显著，因此，此时社会资本与农户多维贫困深度的模型应该设定为双重门槛模型。

（2）门槛估计值与区间划分。

上文确定了社会资本与农户家庭多维贫困深度门槛模型的具体形式，紧接着，我们继续确定门槛模型的具体门槛值。表7.6报告了门槛变量的门槛值和相应的95%置信区间。

表7.6　门槛估计值及其置信区间

门槛变量	门槛值	估计值	95%置信区间
社会资本	第一个门槛值	0.191 5	[0.184 7, 0.191 5]
人力资本	第一个门槛值	9.000 0	[6.000 0, 12.000 0]
人均收入	第一个门槛值	12 526.700 2	[12 450.200 2, 12 588.000 0]
金融服务	第一个门槛值	1.000 0	[0.000 0, 2.000 0]
	第二个门槛值	2.000 0	[0.500 0, 2.500 0]

从表7.6可知，当门槛变量为社会资本时，其门槛值为0.191 5，即该门槛变量将农户家庭分为两组（$scs \leqslant 0.191\ 5$和$scs > 0.191\ 5$）；人力资本门槛变量的门槛值为9.000 0，即人力资本将农户家庭样本分为$edu \leqslant 9.000\ 0$和$edu > 9.000\ 0$两个区间；人均收入门槛变量的门槛值为12 526.700 2，即人均收入将农户家庭样本分为$inc \leqslant 12\ 526.700\ 2$和$inc > 12\ 526.700\ 2$两个区间。此外，当门槛变量为金融服务时，其门槛值分别为1.000 0和2.000 0，即金融服

务将农户家庭分为 $fin \leqslant 1.000\,0$，$1.000\,0 < fin \leqslant 2.000\,0$ 和 $fin > 2.000\,0$ 三个样本区间。我们从表 7.6 中还可以看出，各门槛变量的门槛估计值的 95% 置信区间均较窄，因此，我们认为所得各门槛估计值是真实有效的。同理，我们也可以画出各门槛变量情形下的似然比序列 $LR(\gamma)$ 作为门槛值函数的趋势图，但是限于篇幅，而且图形大致趋势与 7.4.1 节相似，所以这里省略了各趋势图。

（3）门槛回归结果与分析。

基于上述显著门槛值确定相应的估计模型后，我们将各面板门槛模型的估计结果列于表 7.7，其中被解释变量为农户家庭多维贫困深度。

表 7.7　门槛回归结果（多维贫困深度）

变量	scs 门槛模型	edu 门槛模型	inper 门槛模型	fin 门槛模型
Work	−0.020 9**	−0.023 8***	−0.010 7	−0.015 2**
	(−2.46)	(−2.99)	(−1.30)	(−2.20)
Gender	−0.020 0***	−0.004 8	−0.019 4***	−0.018 7***
	(−3.09)	(−0.78)	(−3.12)	(−3.58)
Age	0.001 2***	0.000 3	0.001 2***	0.001 1***
	(4.17)	(1.12)	(4.16)	(4.71)
Residence	0.004 7**	0.002 4**	0.000 8***	0.004 2**
	(2.30)	(2.16)	(3.05)	(2.32)
Marriage	0.016 8	0.009 6	0.018 6*	0.010 1
	(1.47)	(0.90)	(1.70)	(1.09)
Nation	0.023 5	0.026 8	0.022 5	0.008 2
	(1.32)	(1.62)	(1.32)	(0.57)
Mining	0.004 4	−0.003 0	0.005 7	0.007 6
	(0.28)	(−0.21)	(0.38)	(0.60)
Disaster	0.004 6	0.003 0	0.005 0	0.011 0
	(0.47)	(0.33)	(−0.53)	(1.38)
Dis_z	0.016 6***	0.009 8***	0.017 3***	0.014 2***
	(10.47)	(6.04)	(11.30)	(10.84)
Dis_x	0.008 6	0.001 5	0.004 6	0.007 0
	(0.67)	(0.12)	(0.38)	(0.68)
Dis_s	0.003 9**	−0.008 2	0.000 0	−0.000 1
	(2.48)	(−1.08)	(0.00)	(−0.01)
Org	−0.013 3***	−0.012 3***	−0.014 3***	−0.015 2***
	(−3.03)	(−3.02)	(−3.16)	(−3.44)
Soc1 (scs ≤ 0.162 9)	0.101 0			
	(0.98)			

表7.7(续)

变量	*scs* 门槛模型	*edu* 门槛模型	*inper* 门槛模型	*fin* 门槛模型
Soc2(*scs*>0.162 9)	-0.169 8 *** (-3.23)			
Soc1(*edu*≤9.000 0)		0.211 9 *** (4.49)		
Soc2(*edu*>9.000 0)		-0.159 2 *** (-3.11)		
Soc1(*inc*≤12 526)			0.077 5 (1.61)	
Soc2(*inc*>12 526)			-0.002 9 ** (-1.96)	
Soc1(*fin*≤1)				0.343 4 *** (7.92)
Soc2(1<*fin*≤2)				0.143 5 *** (3.14)
Soc3(*fin*>2)				-0.112 7 *** (-2.69)
Constant	0.226 0 *** (3.67)		0.197 9 *** (3.39)	0.193 5 *** (3.93)
R_sq(within)	0.430 1	0.501 3	0.472 8	0.624 1
F 值	28.63	43.35	34.03	62.99
Obs	993	993	993	993

注:*、**、*** 分别表示在10%、5%、1%水平上显著;( )内为相应的 t 值。

分析表7.7可知,总体上,社会资本影响农户多维贫困深度的结论和社会资本影响农户多维贫困广度的结论类似。也就是说,无论是以社会资本存量、人力资本、人均收入作为门槛变量,还是以金融服务作为门槛变量,都是当其值越过一定的门槛后,才会表现出社会资本显著改善农户家庭多维贫困深度水平。不同的是,门槛变量为社会资本时,门槛值只有一个;而金融服务作为门槛变量时的门槛值有两个。当金融服务越过第二个门槛值后,社会资本才显著缓解农户家庭多维贫困深度水平;而当金融服务水平处于门槛值之下时,社会资本显著刺激农户家庭多维贫困深度发生。此外,对于控制变量,其对多维贫困深度的影响大致和影响多维贫困广度时的情况类似,这里不再赘述。

7.4.3 社会资本影响农户多维贫困强度的门槛效应分析

进一步,我们还实证研究了社会资本与农户多维贫困强度的关系。事实上,多维贫困强度描述了贫困人口内部福利的不平等程度。因此,研究如何降低农户家庭多维贫困强度具有重要意义。

(1)门槛值个数确定。

与7.4.1节和7.4.2节类似,本节内容借鉴 Wang(2015)的做法,在不同门槛值的设定下对式(7-9)~式(7-12)进行估计,得到的 F 统计量和通过 Bootsrap 法重复500次计算的 P 值见表7.8。

表7.8 门槛效应检验结果

门槛变量	模型	F 值	P 值	Bootsrap 次数	临界值		
					1%	5%	10%
社会资本	单一门槛	16.33*	0.0700	500	23.2769	15.3355	17.6123
	双重门槛	1.51	1.0000	500	21.4190	16.3128	13.3495
	三重门槛	9.79	0.2400	500	18.5209	14.7932	12.4703
人力资本	单一门槛	243.17***	0.0000	500	11.3771	8.9583	7.1562
	双重门槛	−106.07	1.0000	500	15.6680	8.9722	7.4755
	三重门槛	−	−	−	−	−	−
人均收入	单一门槛	58.08***	0.0000	500	24.4008	17.4715	14.4993
	双重门槛	7.29	0.5167	500	21.3588	16.5688	14.1124
	三重门槛	7.50	0.3533	500	26.7792	15.8181	12.5111
金融服务	单一门槛	530.10***	0.0000	500	16.2965	10.0546	8.0058
	双重门槛	98.70	1.0000	500	12.9886	8.2308	6.7099
	三重门槛	0.66	0.7667	500	10.8075	7.2522	5.5692

注:*、**、***分别表示在10%、5%、1%水平上显著;P 值和临界值都是通过 Bootsrap500 次计算所得。

从表7.8可知,当以社会资本、人力资本、人均收入和金融服务为门槛变量时,都只有单一门槛显著。其中,社会资本的单一门槛在10%的水平上显著,人力资本、人均收入和金融服务的单一门槛均在1%的水平上显著。这表明社会资本影响多维贫困深度时,不论以社会资本、人力资本和人均收入为门槛变量,还是以金融服务作为门槛变量,社会资本影响农户家庭多维贫困强度的门槛模型均应设定为单一门槛模型。

（2）门槛估计值和区间划分。

与表7.3和表7.6类似，表7.9报告了社会资本影响农户家庭多维贫困强度的门槛估计值及其95%置信区间。

表7.9　门槛估计值及其置信区间

门槛变量	门槛值	估计值	95%置信区间
社会资本	第一个门槛值	0.289 1	[0.283 7, 0.289 3]
教育年限	第一个门槛值	12.000 0	[9.000 0, 15.000 0]
人均收入	第一个门槛值	23 616.699 2	[15 551.665 0, 24 083.300 8]
金融服务	第一个门槛值	4.000 0	[3.000 0, 4.000 0]

分析表7.9可知，门槛变量为社会资本时，社会资本与农户家庭多维贫困强度的门槛估计值为0.289 1，即按社会资本可将农户家庭分为 $scs \leq 0.289\ 1$ 和 $scs > 0.289\ 1$ 两个样本区间；门槛变量为人力资本时，门槛估计值为 12.000 0，于是，按人力资本可将农户家庭样本分为 $edu \leq 12.000\ 0$ 和 $edu > 12.000\ 0$ 两个区间；门槛变量为人均收入时，门槛估计值为 23 616.699 2，即按人均收入可将农户家庭分为 $inc \leq 23\ 616.699\ 2$ 和 $inc > 23\ 616.699\ 2$ 两个样本区间；门槛变量为金融服务时，门槛估计值为 4.000 0，即按金融服务可将农户家庭分为 $fin \leq 4.000\ 0$ 和 $fin > 4.000\ 0$ 两个样本区间。同时，由表7.9可以看出，各门槛变量的门槛值所包含的95%置信区间均较窄，因此，我们认为社会资本与农户家庭多维贫困强度的门槛估计值真实有效。

（3）门槛回归结果与分析。

基于上述显著门槛值确定相应的估计模型后，我们将各面板门槛模型的估计结果列于表7.10，其中被解释变量为农户家庭多维贫困强度。

表7.10　门槛回归估计结果（多维贫困强度）

变量	scs 门槛模型	edu 门槛模型	inper 门槛模型	fin 门槛模型
Work	−0.019 6** (−2.39)	−0.021 2*** (−2.85)	−0.010 8 (−1.33)	−0.013 4* (−1.89)
Gender	−0.023 1*** (−3.71)	−0.005 8 (−1.01)	−0.021 8*** (−3.58)	−0.021 9*** (−4.12)
Age	0.001 3*** (4.46)	0.000 3 (1.16)	0.001 3*** (4.55)	0.001 2*** (5.00)
Residence	0.002 3** (2.15)	0.001 2*** (3.08)	0.001 4*** (3.09)	0.000 4*** (3.03)

表7.10(续)

变量	scs 门槛模型	edu 门槛模型	inper 门槛模型	fin 门槛模型
Marriage	0.014 3 (1.30)	0.006 9 (0.69)	0.013 6 (1.27)	0.009 1 (0.96)
Nation	−0.025 0 (−1.46)	−0.029 6* (−1.91)	−0.021 7 (−1.29)	−0.015 9 (−1.08)
Mining	0.004 8 (0.32)	−0.003 0 (−0.22)	0.009 5 (0.64)	0.008 4 (0.65)
Disaster	0.005 0 (0.53)	0.003 4 (0.40)	0.005 2 (0.56)	−0.011 7 (−1.43)
Dis_z	0.018 4*** (12.10)	0.010 7*** (7.10)	0.018 6*** (12.50)	0.017 1*** (12.98)
Dis_x	0.009 4 (0.76)	0.002 2 (0.20)	0.006 2 (0.52)	0.009 7 (0.92)
Dis_s	0.003 0 (0.39)	0.007 8 (1.10)	0.000 3 (0.04)	0.001 0 (0.14)
Org	−0.014 0 (−1.13)	−0.009 4 (−0.84)	−0.010 5 (−0.86)	−0.014 7 (−1.36)
$Soc1(scs \leqslant 0.289\ 1)$	0.276 9*** (3.45)			
$Soc2(scs > 0.289\ 1)$	−0.169 9*** (2.83)			
$Soc1(edu \leqslant 12.000\ 0)$		0.214 6*** (4.86)		
$Soc2(edu > 12.000\ 0)$		−0.193 1*** (−4.04)		
$Soc1(inc \leqslant 23\ 616)$			0.054 4 (1.18)	
$Soc2(inc > 23\ 616)$			−0.141 8** (−2.42)	
$Soc1(fin \leqslant 4)$				0.231 8*** (5.54)
$Soc2(fin > 4)$				−0.113 4*** (−2.66)
Con	0.152 9*** (2.57)	0.255 7*** (4.81)	0.180 4*** (3.16)	0.184 6*** (3.67)
R_sq (within)	0.492 2	0.581 1	0.514 5	0.622 8
F 值	36.78	59.85	40.20	62.65
Obs	993	993	993	993

注：*、**、***分别表示在10%、5%、1%水平上显著；（）内为相应的 t 值。

分析表 7.10 可知，总体上，社会资本影响农户多维贫困强度的结论和社会资本影响农户多维贫困广度、深度的结论类似。也就是说，无论是以社会资本存量、人力资本、人均收入作为门槛变量，还是以金融服务作为门槛变量，都是当其值越过一定的门槛后，才会表现出社会资本显著改善农户家庭多维贫困强度水平。此外，对于控制变量，其对多维贫困强度的影响大致和影响多维贫困广度、深度时的情况类似，这里也不再赘述。

综上所述，社会资本影响农户家庭多维贫困具有显著的门槛效应，即研究假说 2 成立。

7.4.4 稳健性检验与分析

为了检验社会资本与农户家庭多维贫困门槛效应结果的可靠性，我们进一步采用面板固定效应模型对其进行稳健性检验（之所以采用固定效应，是因为 Hausman 检验 P 值为 0.000 0，拒绝原假设，故认为应采用固定效应模型），其估计结果如表 7.11 所示。

表 7.11　固定效应模型回归结果

变量	多维贫困广度	多维贫困深度	多维贫困强度
	(1)	(2)	(3)
Soc	−0.114 1*** (−2.83)	−0.085 7*** (−2.73)	−0.076 0*** (−2.59)
Work	−0.025 9** (−2.40)	−0.019 6** (−2.27)	−0.016 6** (−2.00)
Gender	−0.014 4* (−1.77)	−0.020 8*** (−3.20)	−0.023 4*** (−3.74)
Age	0.001 1*** (2.94)	0.001 3*** (4.25)	0.001 3*** (4.70)
Residence	−0.002 7 (−0.13)	−0.001 2 (−0.07)	0.000 2 (0.01)
Marriage	0.022 9 (1.58)	0.014 1 (1.22)	0.011 8 (1.06)
Nation	−0.010 6 (−0.47)	−0.018 4 (−1.03)	−0.020 4 (−1.18)
Mining	0.004 8 (0.24)	0.004 1 (0.26)	0.004 9 (0.32)
Disaster	−0.003 7 (−0.29)	−0.004 3 (−0.43)	−0.004 8 (−0.50)

表7.11(续)

变量	多维贫困广度	多维贫困深度	多维贫困强度
	(1)	(2)	(3)
Dis_z	-0.012 2***	-0.016 7***	-0.018 4***
	(-6.07)	(-10.44)	(-11.94)
Dis_x	9.30e-06	0.008 1	0.009 5
	(0.00)	(0.63)	(0.77)
Dis_s	-0.005 0	-0.003 9	-0.003 0
	(-0.48)	(-0.47)	(-0.39)
Org	-0.022 5	-0.016 5	-0.014 0
	(-1.38)	(-1.26)	(-1.11)
Con	0.270 9***	0.216 1***	0.192 3***
	(3.52)	(3.52)	(3.26)
R_sq (within)	0.192 8	0.412 6	0.478 3
F 值	11.06	32.51	42.43
Prob>chi2	0.000 0	0.000 0	0.000 0
Obs	993	993	993

注:*、**、***分别表示在10%、5%、1%水平上显著;()内为相应的t值。

表7.11中,第(1)列表示社会资本与农户家庭多维贫困广度的固定效应模型估计结果,第(2)列表示社会资本与农户家庭多维贫困深度的固定效应模型估计结果,第(3)列表示社会资本与农户家庭多维贫困强度的固定效应模型估计结果。分析表7.11可知,社会资本与农户多维贫困广度、深度和强度的估计系数都在1%的水平上显著为负,这表明社会资本可以显著缓解农户家庭多维贫困广度、深度和强度水平。对于控制变量,其对多维贫困广度、深度和强度的影响大体上与前文结论保持一致。因此,本书的实证结果是稳健可靠的。

7.5 本章小结

本章主要基于门槛面板回归模型实证研究了社会资本与农户家庭多维贫困的非线性关系。其中门槛变量分别选取了社会资本存量、人力资本、人均收入和金融服务。研究发现:在不同的门槛变量下,社会资本与农户多维贫困之间均存在显著的非线性关系,即存在显著的门槛效应。其具体表现为,当社会资本跨越门槛值后,才能显著缓解农户家庭多维贫困广度、深度和强度水平。同时,社会资本存量越丰富,越有利于降低农户多维贫困程度。

8 社会资本影响农户多维贫困的传导机制实证分析

在第 6 章中，我们已经通过实证检验证实了社会资本能显著缓解农户家庭多维贫困广度、深度和强度水平。但是，社会资本怎样影响农户多维贫困，即社会资本影响农户多维贫困的作用机制如何？社会资本是否通过某一变量间接影响农户多维贫困，即是否存在中介效应？如果存在，中介效应占比是多少？这些问题都需要得到进一步验证和计算。因此，本章主要通过中介效应法检验和测算上述问题。

8.1 引言

毫无疑问，经过改革开放 40 多年的高速发展，我国农户家庭的收入有了大幅增长。截至 2020 年年底，按照现行国家贫困标准①，中国取得了消除绝对贫困的历史性成就。但是，消除贫困不仅仅是简单地增加贫困农户家庭的收入就能解决的，还应该增加贫困农户的教育、医疗等社会福利，即应该从多维度减少贫困农户家庭的被剥夺状况。社会资本作为一种非正式制度在农户家庭尤其是贫困农户家庭中扮演着重要的角色。前面章节通过理论分析和实证检验得出了社会资本可以显著降低农户家庭的多维贫困水平，同时，现有研究大多集中于测度和分解农户家庭多维贫困水平（高艳云 等，2012；张全红 等，2012、2015；谢家智 等，2017；龙莹 等，2018；沈扬扬 等，2018）、多维减贫（谭燕芝 等，2017；王文略 等，2018；胡伦 等，2018）以及多维贫困的指

---

① 人均年纯收入低于 2 300 元（2010 年不变价）则被视为贫困人口。

标和权重（郭建宇 等，2012；车四方 等，2018；李峰 等，2018）等方面的研究。但是并未厘清社会资本影响农户家庭多维贫困背后的微观传导机制，即社会资本如何影响农户家庭多维贫困尚未得到证实。明显，证实社会资本影响农户多维贫困的作用机制，可以为化解农户家庭多维贫困提供科学的实现路径。事实上，这种微观传导机制是一种间接效应。据我们所知，实证这间接效应的流行做法是采用中介效应法（温忠麟 等，2004）。因此，本章基于第3章理论机理，拟采用中介效应法实证检验社会资本影响农户家庭多维贫困的微观传导机制。

8.2 实证研究设计

8.2.1 中介效应检验方法与程序

众所周知，中介效应分析更能揭示变量之间的作用机制和影响过程。因此，中介效应被广泛地应用于心理学、经济学、管理学、消费者行为学等社会科学的研究中（陈瑞 等，2013）。要理解中介效应（mediation effect），就需要先理解中介变量。所谓中介变量，是指考虑自变量 X 对因变量 Y 的影响，若自变量 X 通过影响变量 M 来影响因变量 Y，则称变量 M 为 X 影响 Y 的中介变量（温忠麟 等，2004）。接下来，问题的关键转化为如何识别或检验变量 M 真正起到了中介变量的作用，或者说如何知道中介效应显著呢？实际上，中介效应是一种间接效应。本章拟运用中介效应模型检验社会资本影响农户家庭多维贫困的传导作用机制。于是，本书主要参考温忠麟等人（2014）设计的中介效应检验模型，我们建立如下回归方程：

$$\mathrm{MP}_{0i}/\mathrm{MP}_{1i}/\mathrm{MP}_{2i} = \alpha_0 + \alpha_1 soc_i + \alpha_2 X_i + \varepsilon_1 \tag{8-1}$$

$$Med_i = \beta_0 + \beta_1 soc_i + \beta_2 X_i + \varepsilon_2 \tag{8-2}$$

$$\mathrm{MP}_{0i}/\mathrm{MP}_{1i}/\mathrm{MP}_{2i} = \gamma_0 + \gamma_1 soc_i + \gamma_2 Med_i + \gamma_3 X_i + \varepsilon_3 \tag{8-3}$$

其中，$\mathrm{MP}_{0i}/\mathrm{MP}_{1i}/\mathrm{MP}_{2i}$ 分别表示农户家庭 i 的多维贫困广度、深度和强度水平；Med_i 表示农户家庭 i 的非农业就业水平、信贷约束强度或社会保险参与程度；soc_i 表示农户家庭 i 的社会资本存量；X_i 为控制变量，α、β、γ 分别为待估系数，ε_i（$i=1$，2，3）为随机误差项。直观地，上述方程可以通过图8.1表示。

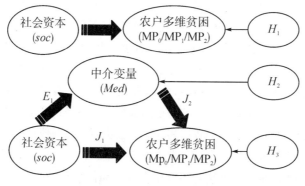

图 8.1　中介变量路径

资料来源：温忠麟、叶宝娟（2014）。

目前，检验中介效应的方法主要有 3 种。下面介绍各检验方法的步骤以及优缺点。

（1）逐步回归法。该检验方法是巴伦（Baron）和肯尼（Kenny）（1986）提出的最为常用的方法，温忠麟等人（2004）在此基础上进一步总结了该方法的程序和步骤。其检验分为三个步骤：①检验社会资本影响农户家庭多维贫困的总效应，即检验模型（8-1）的系数 α_1 的显著性。②检验系数乘积（$\beta_1 * \gamma_2$[①]）的显著性，这一步主要通过依次检验模型（8-2）的系数 β_1 和模型（8-3）的系数 γ_2 来间接实现。③检验模型（8-3）的系数 γ_1 的显著性。若系数 α_1、β_1、γ_2 以及 γ_1 同时显著，则称非农就业为社会资本影响农户家庭多维贫困部分中介效应；若系数 α_1、β_1 和 γ_2 显著，而 γ_1 不显著，则称非农就业为社会资本影响农户家庭多维贫困完全中介效应。但是，如果系数 α_1、β_1 中至少一个不显著，则还需要进一步做索贝尔（Sobel）检验。如果通过索贝尔（Sobel）检验所得 Z 值显著，那么中介效应就显著，反之则中介效应不显著（温忠麟 等，2004）。明显，逐步回归法简单且易操作，这也是其得到广泛应用的原因。

然而，近些年国内外许多学者对该方法提出了质疑，尤其以赵等人（2010）的文章为最甚。他们总结了逐步回归法的缺陷，主要体现在三个方面：①逐步回归法认为系数 α_1 显著（主效应存在）是中介效应存在的基本前提，但是已有许多文献指出中介效应的存在不需要主效应显著（麦金农，2000；赵等人，2010），因为可能存在两个或多个中介路径，而他们影响被解释变量的作用恰好相反，这会导致其中介效应相互抵消而观测不到主效应的显

---

① ＊表示乘积符号。

著性。②逐步回归法区分了完全中介效应和部分中介效应,巴伦和肯尼(1986)认为完全中介是中介效应存在的强有力证据,而部分中介被认为是不理想的结果。但是亚科布奇(Iacobucci,2008)指出,若中介效应被正确操作且汇报准确,则大部分结果均为部分中介效应。事实上,部分中介并不意味着结果不好,其可能代表着自变量影响因变量的中介变量有多个。因此,我们还应该进一步探讨在直接效应中未被揭示的其他中介路径,这样的中介路径可能与原来的中介路径作用方向一致或相反。③逐步回归法一般只能用于简单中介检验,而且因变量和中介变量均要求为连续变量,自变量作为分类变量时,最多只能为二分类变量。该方法对多个中介变量如何进行检验并未明晰。总之,采用逐步回归法进行中介效应检验时存在诸多问题,如检验程序不合理、对中介效应的检验分析不深入、检验方法缺乏有效性以及未能明晰复杂中介效应检验方法等(陈瑞 等,2013)。

(2)Bootstrap 检验法。该方法主要是针对逐步回归法检验中存在的问题而提出的。赵等人(2010)在逐步回归法的基础上总结了更为合理有效的中介效应程序,并采用普雷特和哈耶斯(2004)提出的 Bootstrap 法进行中介效应检验。实际上,Bootstrap 法是一种从样本中重复取样的方法,其前提条件是样本可以反映总体情况。Bootstrap 法的步骤和原理如下:首先,根据已有样本进行有放回的随机重复抽样,产生类似于原始样本的 Bootstrap 总体;其次,基于抽取的样本计算中介效应的估计值 $\hat{\beta_1}\hat{\gamma_2}$;最后,重复上述步骤若干次(记为 N 默认 5 000 次),将 N 个中介效应的均值作为中介效应的估计点值,将 N 个中介效应估计值 $\hat{\beta_1}\hat{\gamma_2}$ 按数值大小排列,记作序列 A,利用 A 的第 2.5 百分位点和第 97.5 百分位点来组成 $\hat{\beta_1}\hat{\gamma_2}$ 的一个 95% 的置信区间,如果该置信区间不包括 0,就表示系数乘积 $\beta_1 * \gamma_2$ 显著(温忠麟 等,2014)。这种 Bootstrap 检验法严格意义上称为非参数百分位 Bootstrap 法(简称为 PBCI 法),其检验效果强于 Sobel 检验。由于非参数百分位 Bootstrap 法将序列 A 的中值默认为原样本数据计算得到的中介效应估计值 $\hat{\beta_1}\hat{\gamma_2}^*$,但是序列 A 的中值一般是近似于而并非一定等于估计值 $\hat{\beta_1}\hat{\gamma_2}^*$(陈瑞 等,2013)。于是,爱德华和朗伯(2007)、方杰和张敏强(2012)等国内外学者提出了一种检验效果更好的偏差校正的非参数百分位 Bootstrap 法(简称为 BCPBCI 法)。目前,学界大多采用 BCPBCI 法进行中介效应检验,该方法主要通过调整序列 A 置信区间的百分位点来纠正 PBCI 法所产生的问题。总的来说,Bootstrap 检验法有其独特的优点,其检验力度显著高于 Sobel 检验,同时,Bootstrap 法不需要假定总体样本呈正态分布(Sobel 检验需要假定样本总体服从正态分布)。因此,相较于逐步回归法,

Bootstrap 法计算系数乘积的置信区间更加精确且其检验力更高（方杰、张敏强，2012；哈耶斯和沙尔科夫，2013）。

温忠麟等人（2014）也意识到了采用逐步回归法进行中介效应检验的问题，于是，他们也采用 Bootstrap 法替代 Sobel 法并重新总结和提炼了中介效应检验的程序和步骤（见图 8.2）。

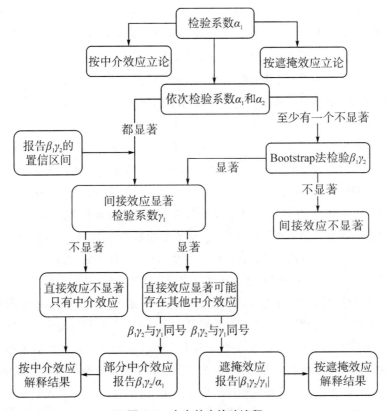

图 8.2　中介效应检验流程

资料来源：温忠麟、叶宝娟（2014）。

其步骤如下：①检验模型（8-1）的系数 α_1，若显著，则按中介效应立论，否则按遮掩效应立论。但是，无论是否显著，都需要进行后续检验。②依次检验模型（8-2）的系数 β_1 和模型（8-3）的系数 γ_2，若系数都显著，则间接效应显著，直接检验步骤④。若系数 β_1 和 γ_2 至少有一个不显著，则需要进行步骤③的检验。③运用 Bootstrap 法检验系数乘积 $\beta_1 * \gamma_2$ 的显著性。若 $\beta_1 * \gamma_2$ 显著，则间接效应显著，接着进行步骤④的检验；若 $\beta_1 * \gamma_2$ 不显著，则间接效应不显著，停止中介效应检验。④检验模型（8-3）的系数 γ_1 的显著

性。若 γ_1 不显著，则认为直接效应不显著，自变量和因变量之间只存在中介效应；相反，如果系数 γ_1 显著，则认为直接效应显著，自变量和因变量之间可能还存在其他中介变量，需要进行步骤⑤的检验。⑤比较乘积系数 $\beta_1 * \gamma_2$ 和系数 γ_1 的符号。若二者符号相同，则中介效应显著（属于部分中介效应），报告中介效应与总效应的比例 $\beta_1\gamma_2/\gamma_1$；若二者符号相反，则中介效应不显著（属于遮掩效应），报告间接效应与直接效应的比例的绝对值 $|\beta_1\gamma_2/\gamma_1|$。值得注意的是，上述 Bootstrap 法中介效应检验流程主要是从参数检验的角度考虑的，一般来说，仅仅给出点估计是不够的，还应该给出区间估计。明显，该中介效应检验流程相较于逐步回归法更加严谨且精确度更高。因此，本书主要遵循上述 Bootstrap 法中介效应检验流程验证非农就业、信贷约束或社会保险是否为社会资本影响农户家庭多维贫困的中介变量。

（3）马尔科夫链蒙特卡罗（MCMC）法。我们从逐步回归法中可以看出，中介效应检验的核心内容是对系数乘积 $\beta_1 * \gamma_2$ 的检验。显然，逐步回归法对系数乘积的检验是采用依次检验的方式，是一种间接的检验方式，其想法很直观。但是，依次检验的效果较差，即系数乘积实际上显著而依次检验较容易得出不显著的结论（弗里茨和麦金农，2007；温忠麟 等，2014）。事实上，检验系数乘积更多的是直接通过建立假设 $H_0: \beta_1 * \gamma_2 = 0$ 提出的检验方法。早期被广泛使用的是 Sobel（1982）法，虽然已有研究指出 Sobel 法的检验力高于依次检验（麦金农 等，2002；温忠麟 等，2004），但是改法要求假定估计值 $\hat{\beta_1}\hat{\gamma_2}$ 服从正态分布，但就算每一个系数均服从正态分布，其乘积可能也不服从正态分布，这无疑给检验造成很大误差。因此，Sobel 法的缺陷是显而易见的，故而研究者们试图寻找能替代它的检验方法。这其中就包括 Bootstrap 法和 MCMC 法，Bootstrap 法在上面已经进行详细论述，这里不再赘述。下面我们仅简单介绍 MCMC 法。实际上，马尔科夫链蒙特卡罗（MCMC）法是一种贝叶斯统计法，即 MCMC 法是在贝叶斯框架下将马尔科夫链引入到蒙特卡罗模拟中，实现抽样分布随机模拟的进行而改变的动态模拟（温忠麟 等，2014）。MCMC 法本身是一种比较复杂的方法，而且需要涉及引起争论的先验分布等问题，因此，在进行中介效应检验时鲜少有学者运用该方法。

综上所述，我们简要介绍了中介效应检验的程序和检验方法，根据各检验方法的优缺点，本书最终选取偏差校正的非参数百分位 Bootstrap 法检验非农就业、信贷约束或社会保险与社会资本影响农户家庭多维贫困之间的关系。

8.2.2 数据来源与说明

本章运用 2014 年中国家庭追踪调查（CFPS）数据，本书已在第 5 章和第 6 章对该数据库进行了详细的介绍，这里不再赘述。本章中，我们将 2014 年 CFPS 社区、家庭和成人数据合并，删除缺失值以及不存在、拒绝回答、不知道等数据，最终筛选（其筛选过程与第 5 和第 6 章相同）得到有效农村样本数据 8 040 个。有文献指出，中介效应检验所需的样本量至少应为 500 个（郑建君，2015；刘魏，2017），因此，本章所用样本量远远超过中介效应要求的样本数量。需要特别说明的是，由于受信贷约束和社会保险的数据限制，本书仅能检验农村劳动力非农就业是否为社会资本影响农户家庭多维贫困的中介变量。

8.2.3 计量模型构建与变量设定

（1）计量模型构建。

事实上，本章是在第 6 章的基础上进一步实证检验社会资本影响农户家庭多维贫困的微观机制。因此，参照第 6 章，我们设定本章的基准计量模型为

$$\mathrm{MP}_{0i}/\mathrm{MP}_{1i}/\mathrm{MP}_{2i} = \beta_0 + \beta_1 Soc_i + \beta_2 Non\_work + \beta_3 X_i + \varepsilon_i \qquad (8\text{-}4)$$

其中，$\mathrm{MP}_{0i}/\mathrm{MP}_{1i}/\mathrm{MP}_{2i}$ 分别表示第 i（$i=1$，2，$\cdots$，N）个农户家庭的多维贫困广度、深度和强度水平；Non_work_i 表示农户家庭 i 的非农业就业水平；soc_i 表示农户家庭 i 的社会资本存量。此外，式（8-4）中 X_i 表示控制变量，其具体的变量和统计描述见表 8.1，β_0 表示常数项，β_1 表示核心变量社会资本的回归系数，β_2 表示非农就业水平的回归系数，β_3 表示控制变量的回归系数，ε_i 表示随机误差项。

（2）变量设定。

本章的被解释变量、核心解释变量社会资本（soc_i）以及控制变量均与第 6 章类似，所以这里不再详述。变量非农就业是本章的核心解释变量。截至目前，学界对非农就业尚无统一界定标准。例如，张锦华等人（2016）用"非农收入占总收入的比例"来衡量农村居民的非农就业水平；刘魏（2017）基于冯等人（2010）的做法，将"城郊农民家庭中有人从事非农产业"定义为非农就业；刘一伟等人（2018）采用"非农劳动力人数与家庭劳动力总人数之比"度量了非农就业。本书认为，非农就业是农户家庭劳动力从事非农业工作，进而获取非农收入、获得城市生活知识和经验等。因此，本书中主要借鉴刘一伟等人的做法并结合 2014 年 CFPS 数据问卷的设置，采用"农户家庭非

农劳动力人数与家庭规模①之比"。各变量的具体定义和统计描述展示于表 8.1。

表 8.1 变量定义与统计描述

变量	符号	定义	平均值	标准差	最小值	最大值
多维贫困广度	MP_0	农户多维贫困广度剥夺得分	0.634 0	0.104 6	0.330 2	0.884 7
多维贫困深度	MP_1	农户多维贫困深度剥夺得分	0.552 8	0.093 5	0.0 526	0.813 4
多维贫困强度	MP_2	农户多维贫困强度剥夺得分	0.512 3	0.095 6	0.011 0	0.766 3
社会资本	$LnSoc\_1$	农户人情礼支出金额对数	6.515 0	2.893 7	0	10.819 8
	Soc_2	您对陌生人的信任程度	1.864 6	2.047 9	0	10
	Soc_3	您家在本地的社会地位	3.230 8	0.934 4	1	5
	Soc_4	您与邻居关系如何	4.193 9	0.834 4	1	5
	Soc_5	您与非同住亲戚交往频繁度	4.329 0	1.102 2	1	5
社会资本指数	Soc	各指标加总指数	0.251 4	0.087 6	0.004 4	0.671 6
非农就业	Non_work	非农劳动力数与家庭规模之比	0.423 5	0.384 0	0	1
性别	$Gender$	户主的性别(男 =1,女 =0)	0.504 7	0.500 00	0	1
年龄	Age	农户家庭成员年龄	44.911 0	16.160 2	16	93
户口	$Residence$	农户家庭成员是否农业户口	0.940 8	0.236 0	0	1
婚姻	$Marriage$	户主的婚姻状况	0.806 9	0.394 7	0	1
民族	$Nation$	是否属于少数民族聚居区	0.123 6	0.329 2	0	1
矿区	$Mining$	是否属于矿产资源区				
灾害	$Disaster$	是否属于自然灾害频发区	0.820 3	0.384 0	0	1
集镇距离	Dis_z	您家到最近集镇的距离对数	10.516 9	21.848 8	0	280
县城距离	Dis_x	您家到县城的距离对数	51.372 8	39.147 7	0	300
省城距离	Dis_s	您家到省城的距离对数	528.745	560.507	0	6 000

8.3 实证结果与分析

基于温忠麟等（2014）修正的中介效应程序和方法，本章与第 6 章相似，我们也分别采用 OLS 法和分位数回归法分别估计模型（8-1）、模型（8-2）和模型（8-3）。

---

① 这里的家庭规模是指家庭成人数量。

8.3.1 社会资本影响农户多维贫困广度的中介效应估计

（1）最小二乘法估计结果与分析。

表8.2 中介效应检验与估计结果（OLS）

变量	因变量：多维贫困广度（MP$_0$）		因变量：非农就业（Non_work）		因变量：多维贫困广度（MP$_0$）	
	（1）	（2）	（3）	（4）	（5）	（6）
Soc	−0.164 2*** (−12.44)	−0.147 5*** (−11.26)	0.089 5*** (7.38)	0.078 0*** (6.41)	−0.096 0*** (−10.16)	−0.091 3*** (−9.97)
Non_work					−0.761 5*** (−88.00)	−0.745 3*** (−51.96)
Gender		−0.007 0*** (−3.11)		0.010 6*** (5.04)		0.000 7 (0.44)
Age		0.001 1*** (15.14)		−0.001 0*** (−14.94)		0.000 3*** (6.38)
Residence		0.045 0*** (10.29)		−0.011 4*** (−3.16)		0.034 5*** (11.56)
Marriage		−0.003 9 (−1.30)		0.007 6*** (2.70)		0.002 0 (0.94)
Nation		0.009 7** (2.56)		0.005 1 (1.30)		0.013 5*** (4.82)
Disaster		0.009 4*** (3.33)		0.005 0** (2.00)		0.013 9*** (6.90)
Dis_z		0.009 5*** (7.83)		−0.003 5*** (−3.16)		0.006 9*** (8.02)
Dis_x		0.010 2*** (7.51)		−0.003 7*** (−2.98)		0.007 5*** (7.09)
Dis_s		0.004 0*** (3.55)		−0.001 4*** (−3.30)		0.002 9*** (3.29)
Constant	0.675 2*** (192.20)	0.500 5*** (49.08)	99.465 2*** (310.04)	99.537 0*** (110.42)	76.415 5*** (88.78)	74.688 5*** (52.33)
R-squared	0.1 892	0.275 4	0.316 6	0.242 4	0.500 3	0.528 0
Obs	8 040	8 040	8 040	8 040	8 040	8 040

注：（）内为相应的t统计量，*、**、***分别表示变量在10%、5%、1%水平上显著。

表8.2展示了社会资本影响农户家庭多维贫困广度的中介效应估计结果。其中，表8.2的第（1）列和第（2）列为模型（8-1）的估计结果，第（1）

列是未加入控制变量的回归结果；第（3）列和第（4）列为模型（8-2）的估计结果，第（3）列是未加入控制变量的回归结果；第（5）列和第（6）列为模型（8-3）的估计结果，第（5）列是未加入控制变量的回归结果。从表8.2可以看出，不论是加入控制变量还是未加入控制变量，模型（8-1）中的系数 α_1 均在1%的水平上显著为负（这也是第6章的结论），这表明总效应显著，应该按照中介效应立论。紧接着，可以从第（3）列和第（4）列看出，模型（8-2）中的系数 β_1 在1%的水平上显著为正，这表明社会资本可以显著促进农户家庭成员的非农就业水平；同时，从第（5）列和第（6）列可以发现，模型（8-3）的系数 γ_2 在1%的水平上显著为负，这意味着社会资本影响农户家庭多维贫困广度的间接效应显著。此外，我们还根据Bootstrap法直接检验了系数乘积 $\beta_1 * \gamma_2$ 的显著性，其结果见表8.3①。明显，$\beta_1 * \gamma_2$ 的95%置信区间为 $[-0.088, -0.050]$，不包含0，故 $\beta_1 * \gamma_2$ 是显著的。于是，继续验证模型（8-3）的系数 γ_1，从表8.2的最后一列可以发现，系数 γ_1 依然在1%的水平上显著为负，这表明社会资本影响农户家庭多维贫困广度的直接效应显著。最后，需要检验系数 $\beta_1 * \gamma_2$ 和系数 α_1 的符号，从表8.2第（1）、（2）列和表8.3可知，二者的符号均为负，从而按中介效应解释，且中介效应占总效应的比例为 $\beta_1 * \gamma_2 / \gamma_1 = 0.399\,0$。因此，非农就业（*Non_work*）是社会资本影响农户家庭多维贫困广度的部分中介变量，且其中介效应占比为39.90%。

表 8.3　系数乘积 $\beta_1 * \gamma_2$ 的 Bootstrap 检验

	估计系数	Bootstrap 标准误	P_Value	95%置信区间
$\beta_1 * \gamma_2$	−0.068	0.010	0.000	$[-0.088, -0.050]$

（2）分位数回归估计结果与分析。

最小二乘回归法（OLS）仅从平均水平描述了非农就业（*Non_work*）是社会资本影响农户家庭多维贫困广度的中介变量，但其未能从被解释变量的整个分布揭示非农就业的影响。为了弥补这一不足，本书也采用分位数回归对中介效应模型进行估计。对于分位数回归的优点，我们已经在第6章详细介绍，这里不再赘述。

---

① 该结果是利用 Mplus 编程实现的，详细程序见：温忠麟，叶宝娟. 中介效应分析：方法和模型发展 [J]. 心理科学进展，2014，22（5）：744.

表 8.4　社会资本影响农户多维贫困广度的估计结果（未加控制变量）

变量	因变量：农户多维贫困广度（MP_0）				
	（1） 0.10	（2） 0.25	（3） 0.50	（4） 0.75	（5） 0.90
Soc	−0.153 2*** （−5.41）	−0.135 4*** （−7.81）	−0.108 2*** （−4.28）	−0.086 2*** （−2.63）	−0.147 4*** （−5.25）
控制变量	未控制	未控制	未控制	未控制	未控制
Constant	0.537 6*** （80.54）	0.609 1*** （168.08）	0.669 7*** （122.77）	0.726 7*** （102.43）	0.792 0*** （80.76）
Pseudo R²	0.175 4	0.237 4	0.253 3	0.271 0	0.248 5
Obs	8 040	8 040	8 040	8 040	8 040

注：（）内为相应的 t 统计量，*、**、*** 分别表示变量在 10%、5% 和 1% 水平上显著。

表 8.4 揭示了未加入控制变量时社会资本影响农户多维贫困广度的分位数回归估计结果。我们从表 8.4 可以发现，在农户家庭多维贫困广度的整个分布上，社会资本的系数 α_1 均在 1% 的水平上显著为负，这意味着社会资本在整个分布上均能缓解农户家庭多维贫困广度水平。

表 8.5　社会资本影响农户多维贫困广度的估计结果（加入控制变量）

变量	因变量：农户多维贫困广度（MP_0）				
	（1） 0.10	（2） 0.25	（3） 0.50	（4） 0.75	（5） 0.90
Soc	−0.150 6*** （−4.51）	−0.157 7*** （−8.04）	−0.149 9*** （−9.17）	−0.126 6*** （−9.15）	−0.162 0*** （−7.94）
Gender	−0.007 1 （−1.46）	−0.005 5* （−1.84）	−0.009 8*** （−3.72）	−0.008 4*** （−3.45）	−0.005 9 （−1.30）
Age	0.001 0*** （5.18）	0.000 9*** （7.78）	0.001 2*** （13.48）	0.001*** （13.74）	0.001 4*** （13.26）
Residence	0.031 1*** （3.51）	0.040 3*** （5.37）	0.047 6*** （7.53）	0.040 6*** （8.22）	0.056 0*** （10.19）
Marriage	−0.004 8 （−0.67）	−0.002 5 （−0.55）	−0.004 5 （−1.27）	−0.000 4 （−0.13）	−0.011 8** （−2.27）
Nation	−0.006 7 （−0.73）	0.003 4 （0.61）	0.004 5 （0.94）	0.019 7*** （4.44）	0.036 1*** （4.95）
Disastrer	0.002 1 （0.41）	0.006 8 （1.60）	0.012 3*** （3.71）	0.015 2*** （4.40）	0.015 0** （2.18）

变量	因变量：农户多维贫困广度（MP_0）				
	（1） 0.10	（2） 0.25	（3） 0.50	（4） 0.75	（5） 0.90
Dis_z	0.005 9 ** （2.39）	0.010 9 *** （6.12）	0.010 5 *** （6.96）	0.008 9 *** （6.63）	0.007 3 *** （2.92）
Dis_x	0.006 8 ** （2.55）	0.012 3 *** （4.92）	0.014 5 *** （8.19）	0.014 0 *** （10.03）	0.015 2 *** （5.36）
Dis_s	0.000 1 （0.06）	0.001 7 （1.13）	0.004 2 *** （2.93）	0.005 1 *** （5.30）	0.006 6 *** （2.80）
Constant	0.437 7 *** （18.89）	0.463 3 *** （31.62）	0.480 5 *** （34.49）	0.532 7 *** （50.29）	0.566 8 *** （26.93）
Pseudo R^2	0.018 0	0.032 1	0.049 0	0.052 6	0.070 0
Obs	8 040	8 040	8 040	8 040	8 040

注：（）内为相应的 t 统计量，*、**、*** 分别表示变量在10%、5%、1%水平上显著。

表 8.5 展示了加入控制变量后，社会资本影响农户多维贫困广度的分位数回归估计结果。我们从表 8.5 中可以看出，在不同的分位点处，社会资本的估计系数 α_1 依然在 1% 的水平上显著为负。实际上，根据温忠麟等人（2014）的中介效应检验程序，表 8.4 和表 8.5 就是模型（8-1）的估计结果，由于系数 α_1 显著，应该按中介效应立论。接下来进行步骤②的检验，结果见表 8.6 和表 8.7。

表 8.6 展示了未加入控制变量时社会资本影响农户家庭非农就业水平的分位数回归估计结果。明显，从表 8.6 可以发现，在 50% 分位点处，社会资本的估计系数 β_1 在 5% 的水平上显著为正；在其余分位点处，社会资本的估计系数 β_1 在 1% 的水平上显著为正。这意味着在不同分位点处，社会资本可以显著促进农户家庭成员的非农就业水平。这也表明中介效应模型（8-2）的估计系数 β_1 显著。

表 8.6　社会资本对非农就业影响的估计结果（未加入控制变量）

变量	因变量：非农就业（*Non_work*）				
	（1） 0.10	（2） 0.25	（3） 0.50	（4） 0.75	（5） 0.90
Soc	0.106 8 *** （7.77）	0.058 7 *** （4.67）	0.043 5 ** （2.46）	0.092 3 *** （7.76）	0.092 4 *** （4.85）
控制变量	未控制	未控制	未控制	未控制	未控制

表8.6(续)

变量	因变量：非农就业（*Non_work*）				
	（1） 0.10	（2） 0.25	（3） 0.50	（4） 0.75	（5） 0.90
Constant	99.355 1 *** （3.610 4）	99.417 4 *** （2.670 6）	99.456 2 *** （2.981 4）	99.517 9 *** （3.532 4）	99.564 9 *** （2.687 5）
Pseudo R^2	0.007 3	0.003 1	0.000 7	0.003 5	0.004 0
Obs	8 040	8 040	8 040	8 040	8 040

注：（）内为相应的 t 统计量，*、**、*** 分别表示变量在10%、5%、1%水平上显著。

表 8.7 揭示了加入控制变量后中介效应模型（8-2）的估计结果，即社会资本影响农户家庭非农就业水平的分位数回归估计结果。我们从表8.6可以发现，将模型（8-2）加入控制变量后，社会资本的估计系数 β_1 在不同分位点处均表现为在1%的水平上显著为正。因此，从表8.6和表8.7可知，中介效应程序的步骤②中第一个系数 β_1 显著。下面接着检验步骤②中另一个系数 γ_2 的显著性。

表 8.7 社会资本对非农就业影响的估计结果（加入控制变量）

变量	因变量：非农就业（*Non_work*）				
	（1） 0.10	（2） 0.25	（3） 0.50	（4） 0.75	（5） 0.90
Soc	0.075 8 *** （6.68）	0.062 4 *** （6.01）	0.068 7 *** （4.91）	0.080 6 *** （5.01）	0.069 3 *** （3.90）
Gender	0.015 3 *** （6.99）	0.013 8 *** （8.26）	0.010 5 *** （3.77）	0.011 6 *** （4.20）	0.004 8 （1.63）
Age	−0.000 5 （−0.89）	0.000 5 （1.43）	0.001 0 * （1.89）	0.001 0 * （1.95）	0.001 8 *** （2.84）
Residence	−0.023 2 *** （−5.56）	−0.020 1 *** （−5.11）	−0.020 5 *** （−5.11）	−0.003 0 （−0.41）	−0.009 6 ** （−2.15）
Marriage	0.001 2 （0.31）	0.003 4 （1.31）	−0.003 2 （−0.71）	−0.001 4 （−0.37）	−0.002 9 （−0.64）
Nation	−0.017 7 *** （−5.29）	−0.007 5 *** （−2.70）	−0.000 2 （−0.04）	−0.001 3 （−0.35）	0.003 6 （0.58）
Disastrer	−0.001 6 （−0.55）	−0.002 4 （−1.22）	0.002 6 （0.92）	0.004 2 （1.16）	0.006 9 ** （2.16）
Dis_z	−0.000 2 *** （−3.99）	−0.000 1 （−1.49）	−0.000 0 （−0.59）	−0.000 1 *** （−2.64）	−0.000 0 （−0.21）

表8.7(续)

变量	因变量：非农就业（Non_work）				
	(1) 0.10	(2) 0.25	(3) 0.50	(4) 0.75	(5) 0.90
Dis_x	−0.000 2*** (−6.55)	−0.000 2*** (−8.25)	−0.000 2*** (−4.30)	−0.000 1* (−1.94)	−0.000 0 (−1.37)
Dis_s	−9.71e−06*** (−3.27)	−5.54e−07 (−0.32)	8.82e−06*** (2.63)	2.82e−06 (1.47)	−2.84e−06 (−1.58)
Constant	99.450 0*** (91.38)	99.453 9*** (123.04)	99.468 32*** (73.82)	99.511 5 (74.24)	99.544 2 (70.58)
Pseudo R^2	0.078 9	0.057 6	0.021 5	0.028 0	0.014 7
Obs	8 040	8 040	8 040	8 040	8 040

注：( ) 内为相应的 t 统计量，*、**、*** 分别表示在 10%、5% 和 1% 水平上显著。

表 8.8 报告了未加入控制变量时中介效应模型（8-3）的估计结果。分析表 8.8 可知，在不同分位点处，农户家庭非农就业水平的估计系数 γ_2 均在 1% 的水平上显著为负，这意味着非农就业能显著缓解农户家庭的多维贫困广度水平。同时，这也检验出系数 γ_2 在不同的分位点处显著。

表 8.8　社会资本与非农就业影响农户多维贫困广度的估计结果（未加入控制变量）

变量	因变量：农户多维贫困广度（MP_0）				
	(1) 0.10	(2) 0.25	(3) 0.50	(4) 0.75	(5) 0.90
Soc	−0.057 2*** (−4.05)	−0.109 8*** (−13.07)	−0.101 4*** (−8.58)	−0.099 9*** (−6.01)	−0.106 0*** (−4.60)
Non_work	−1.081 1*** (−43.11)	−0.978 2*** (−76.99)	−0.807 7*** (−80.85)	−0.766 4*** (−55.62)	−0.614 9*** (−31.98)
控制变量	未控制	未控制	未控制	未控制	未控制
Constant	108.127 7*** (43.34)	97.930 3*** (77.53)	81.004 0*** (81.52)	76.945 0*** (56.10)	61.930 4*** (32.41)
Pseudo R^2	0.482 8	0.395 8	0.307 2	0.214 7	0.171 6
Obs	8 040	8 040	8 040	8 040	8 040

注：( ) 内为相应的 t 统计量，*、**、*** 分别表示变量在 10%、5%、1% 水平上显著。

表 8.9 报告了加入控制变量后中介效应模型（8-3）的估计结果。从表 8.9 可以发现，模型（8-3）加入控制变量后，在不同分位点处，农户家庭非农就业水平的估计系数 γ_2 依然在 1% 的水平上显著为负。因此，从表 8.8 和表

8.9 可知，中介效应模型的步骤②中的系数 β_1 和系数 γ_2 均显著，这表明社会资本影响农户家庭多维贫困广度的间接效应显著。于是，接着进行中介效应模型检验的步骤④，即检验模型（8-3）中的社会资本系数 γ_1 是否显著。明显，从表 8.8 和表 8.9 中可以发现，无论是加入控制变量后还是不加入控制变量时，社会资本的估计系数 γ_1 在不同分位点处均为在 1% 的水平上显著为负，这意味着社会资本影响农户家庭多维贫困广度的直接效应也显著。进而，继续检验中介效应程序的步骤⑤，即验证系数乘积 $\beta_1 * \gamma_2$ 和系数 γ_1 的符号。因为系数 β_1 的符号为正（见表 8.6 和表 8.7），系数 γ_2 的符号为负（见表 8.8 和表 8.9），所以系数乘积 $\beta_1 * \gamma_2$ 的符号为负，而系数 γ_1 的符号也为负（见表 8.8 和表 8.9）。因此，系数 $\beta_1 * \gamma_2$ 和系数 γ_1 是同号的，应该按中介效应解释结果。也就是说，非农就业是社会资本影响农户家庭多维贫困广度的中介变量，且其在各分位点（0.1、0.25、0.50、0.75 和 0.90）处的中介效应占比 $\beta_1 * \gamma_2 / \gamma_1$ 分别为 53.81%、37.09%、36.60%、47.51% 和 23.63%。

表 8.9　社会资本与非农就业影响农户多维贫困广度的估计结果（加入控制变量）

变量	因变量：农户多维贫困广度（MP_0）				
	（1） 0.10	（2） 0.25	（3） 0.50	（4） 0.75	（5） 0.90
Soc	-0.055 5*** (-4.47)	-0.064 5*** (-7.09)	-0.102 4*** (-11.07)	-0.103 3*** (-7.74)	-0.113 5*** (-5.09)
Non_work	-1.069 1*** (-51.32)	-0.937 4*** (-68.63)	-0.798 7*** (-88.19)	-0.746 3*** (-44.51)	-0.552 3*** (-16.96)
Gender	0.004 6*** (2.58)	0.002 0 (1.26)	0.001 8 (0.99)	0.000 6 (0.25)	0.002 6 (0.72)
Age	-0.000 8* (-1.87)	-0.000 6** (-2.22)	-0.000 7* (-1.74)	-0.001 1** (-2.45)	-0.001 6*** (-2.68)
Residence	0.027 1*** (6.58)	0.025 6*** (7.78)	0.029 0*** (7.99)	0.042 0*** (10.49)	0.046 8*** (6.62)
Marriage	0.008 0*** (2.81)	0.006 8*** (3.10)	0.006 4* (1.95)	0.002 3 (0.57)	0.006 4 (1.17)
Nation	0.008 8*** (3.49)	0.009 2*** (3.91)	0.014 3*** (4.66)	0.016 8*** (4.34)	0.027 2*** (3.65)
Disastrer	0.011 7*** (2.74)	0.008 7*** (4.72)	0.010 7*** (4.55)	0.016 1*** (5.71)	0.015 9*** (3.01)
Dis_z	0.000 1*** (3.17)	0.000 1*** (3.60)	0.000 1* (1.86)	0.000 1 (1.21)	0.000 1 (0.62)

变量	因变量：农户多维贫困广度（MP_0）				
	（1） 0.10	（2） 0.25	（3） 0.50	（4） 0.75	（5） 0.90
Dis_x	0.000 1 *** （4.91）	0.000 2 *** （10.17）	0.000 2 *** （6.20）	0.000 2 *** （6.55）	0.000 2 *** （3.55）
Dis_s	8.44e-07 （0.37）	4.80e-06 *** （3.28）	3.76e-06 * （1.74）	6.31e-06 *** （2.63）	7.51e-06 ** （1.96）
$Constant$	106.886 1 （51.55）	93.814 6 *** （69.04）	80.065 8 *** （88.74）	74.889 6 *** （44.85）	55.623 3 *** （17.18）
$Pseudo\ R^2$	0.497 0	0.415 3	0.322 6	0.237 4	0.201 0
Obs	8 040	8 040	8 040	8 040	8 040

注：（）内为相应的 t 统计量，*、**、*** 分别表示变量在10%、5%、1%水平上显著。

综上所述，非农就业是社会资本影响农户家庭多维贫困广度水平的中介变量，而且在社会资本影响农户家庭多维贫困广度的效应中分别有 53.81%（0.10 分位点）、37.09%（0.25 分位点）、36.60%（0.50 分位点）、47.51%（0.75 分位点）和 23.63%（0.90 分位点）来自非农就业。因此，缓解农户家庭多维贫困广度水平，可以通过社会资本 → 非农就业 → 农户多维贫困的路径实现。

8.3.2　社会资本影响农户多维贫困深度的中介效应估计

农户多维贫困广度、深度和强度从不同的层面描述了农户家庭的贫困状态，因此，为进一步探寻社会资本影响农户家庭多维贫困的中介效应，我们继续检验社会资本与农户多维贫困深度的中介变量。同样，本书采用最小二乘法（OLS）和分位数回归法对社会资本影响农户多维贫困深度的模型进行估计，其估计结果如下：

（1）最小二乘法估计结果与分析。

表8.10 报告了社会资本影响农户家庭多维贫困深度的中介效应估计结果。具体地，表8.10 的第（1）列和第（2）列表示社会资本影响农户多维贫困深度模型的估计结果，且第（1）列是未加入控制变量时的估计结果，第（2）列表示加入控制变量后的估计结果；第（3）列和第（4）列表示社会资本影响非农就业水平模型的估计结果，其中第（3）列是未加入控制变量时的估计结果，第（4）列表示加入控制变量后的估计结果；第（5）列和第（6）列表示社会资本与非农就业水平同时影响农户家庭多维贫困深度模型的估计结果，其中

第（5）列是未加入控制变量时的估计结果，第（6）列表示加入控制变量后的估计结果。分析表8.10的第（1）列和第（2）列可知，社会资本影响农户多维贫困深度的估计系数 α_1 在1%的水平上显著为负，这表明社会资本可以显著缓解农户多维贫困深度，这也意味着社会资本影响农户多维贫困深度应按中介效应立论。同时，从表8.10的第（3）列和第（4）列可以发现，社会资本影响农户家庭非农就业水平的估计系数 β_1 表现为在1%的水平上显著为正。进一步，从表8.10的第（5）列和第（6）列发现，非农就业水平影响农户多维贫困深度的估计系数 γ_2 在1%的水平上显著为负，即农户非农就业水平显著改善农户家庭的多维贫困深度水平，而且由于系数 β_1 和系数 γ_2 同时显著可得出社会资本影响农户家庭多维贫困深度的间接效应显著。同8.3.1节一样，我们也运用 Bootstrap 法检验了系数乘积 $\beta_1 * \gamma_2$ 的显著性，其结果见表8.11。从表8.11可以发现，系数乘积 $\beta_1 * \gamma_2$ 的95%置信区间为 $[-0.110, -0.063]$，不包含0，所以系数乘积 $\beta_1 * \gamma_2$ 是显著的。此外，从表8.10中第（5）列和第（6）还可以看出，社会资本影响农户多维贫困深度的估计系数 γ_1 在1%的水平上显著为负，由此可知社会资本影响农户多维贫困深度的直接效应也显著。由表8.11知，系数乘积 $\beta_1 * \gamma_2$ 的符号为负，而表8.10显示系数 γ_1 的符号也为负，因此，系数乘积 $\beta_1 * \gamma_2$ 与系数 γ_1 同号。根据温忠麟等人（2014）的中介效应检验方法可知，社会资本影响农户家庭多维贫困深度的部分中介效应成立，且非农就业是社会资本影响农户家庭多维贫困深度的中介变量，其部分中介效应占比为42.1%，即社会资本对农户多维贫困深度的影响效应中有42.1%的比例来自农户非农就业水平。

表8.10　社会资本影响农户多维贫困深度中介效应的估计结果（OLS）

变量	因变量：多维贫困深度（MP₁）		因变量：非农就业（Non_work）		因变量：多维贫困深度（MP₁）	
	（1）	（2）	（3）	（4）	（5）	（6）
Soc	−0.114 4*** (−9.67)	−0.101 0*** (−8.51)	0.089 5*** (7.38)	0.078 0*** (6.41)	−0.029 6*** (−10.52)	−0.027 7*** (−9.97)
Non_work					−0.947 0*** (−367.15)	−0.942 8*** (−284.70)
Gender		−0.009 8*** (−4.79)		0.010 6*** (5.04)		0.000 2 (0.32)
Age		0.001 1*** (16.13)		−0.001 0*** (−14.94)		0.000 1*** (6.84)

表8.10(续)

变量	因变量：多维贫困深度（MP$_1$）		因变量：非农就业（Non_work）		因变量：多维贫困深度（MP$_1$）	
	（1）	（2）	（3）	（4）	（5）	（6）
Residence		0.022 5*** (6.14)		−0.011 4*** (−3.16)		0.011 1*** (11.71)
Marriage		−0.007 5*** (−2.75)		0.007 6*** (2.70)		−0.000 3 (−0.41)
Nation		0.001 1 (0.30)		0.005 1 (1.30)		0.004 3*** (5.65)
Disaster		−0.000 9 (−0.37)		0.005 0** (2.00)		0.003 9*** (6.25)
Dis_z		0.000 1* (1.76)		−0.003 5*** (−3.16)		0.000 0*** (3.06)
Dis_x		0.000 1*** (5.43)		−0.003 7*** (−2.98)		0.000 1*** (9.79)
Dis_s		1.35e−06 (0.68)		−0.001 4*** (−1.30)		1.55e−06*** (3.56)
Constant	0.581 5*** (184.57)	0.510 9*** (81.05)	99.465 2*** (310.04)	99.537 0*** (110.42)	94.779 3*** (369.41)	94.332 4*** (286.25)
R−squared	0.011 5	0.054 6	0.316 6	0.242 4	0.944 4	0.947 2
Obs	8 040	8 040	8 040	8 040	8 040	8 040

注：（ ）内为相应的 t 统计量，*、**、*** 分别表示变量在 10%、5%、1% 水平上显著。

表 8.11　系数乘积 $\beta_1 * \gamma_2$ 的 Bootstrap 检验（多维贫困深度）

	估计系数	Bootstrap 标准误	P_Value	95%置信区间
$\beta_1 * \gamma_2$	−0.085	0.012	0.000	[−0.110，−0.063]

（2）分位数回归估计结果与分析。

为了从农户多维贫困深度的整个分布上描述中介效应，本书也运用分位数回归法对社会资本影响农户家庭多维贫困深度的模型进行估计，其估计结果如下：

表8.12报告了未加入控制变量时社会资本影响农户多维贫困深度模型的分位数回归估计结果。从表8.12可以看出，在不同的分位点处，社会资本影响农户多维贫困深度的估计系数 α_1 均表现为在1%的水平上显著为负，这意味着在不同分位点上社会资本影响多维贫困深度应按中介效应立论。

表 8.12 社会资本影响农户多维贫困深度的估计结果（未加入控制变量）

变量	因变量：农户多维贫困深度（MP₁）				
	(1) 0.10	(2) 0.25	(3) 0.50	(4) 0.75	(5) 0.90
Soc	−0.150 7 *** (−7.15)	−0.114 4 *** (−7.61)	0.076 7 *** (−4.52)	−0.106 7 *** (−8.47)	−0.083 1 *** (−4.13)
控制变量	未控制	未控制	未控制	未控制	未控制
Constant	0.484 1 *** (75.73)	0.533 5 *** (121.06)	0.581 7 *** (109.60)	0.638 0 *** (223.09)	0.677 8 *** (152.76)
Pseudo R^2	0.008 6	0.006 7	0.003 8	0.007 3	0.003 6
Obs	8 040	8 040	8 040	8 040	8 040

注：( ) 内为相应的 t 统计量，*、**、*** 分别表示变量在 10%、5% 和 1% 水平上显著。

表 8.13 报告了加入控制变量后社会资本影响农户多维贫困深度的分位数回归估计结果。分析表 8.13 可知，模型加入控制变量后，在不同的分位点处，社会资本的估计系数 α_1 依然在 1% 的水平上显著为负。系数 α_1 显著表明社会资本影响农户多维贫困深度应该按中介效应立论。接下来进行步骤②的检验，事实上，步骤②中关于系数 β_1 的估计结果已经展示于表 8.6 和表 8.7 中，其结果表明社会资本影响农户家庭非农就业水平的系数 β_1 在 1% 的水平上显著为正。根据中介效应检验程序，下面接着检验步骤②中另一个系数 γ_2 的显著性，其估计结果见表 8.14 和表 8.15。

表 8.13 社会资本影响农户多维贫困深度的估计结果（加入控制变量）

变量	因变量：农户多维贫困深度（MP₁）				
	(1) 0.10	(2) 0.25	(3) 0.50	(4) 0.75	(5) 0.90
Soc	−0.125 0 *** (−5.18)	−0.106 8 *** (−6.34)	−0.077 9 *** (−6.13)	−0.090 2 *** (−8.84)	−0.089 7 *** (−6.52)
Gender	−0.004 5 (−1.22)	−0.009 2 *** (−3.11)	−0.011 5 *** (−6.24)	−0.123 9 *** (−6.57)	−0.013 7 *** (−4.68)
Age	0.000 1 *** (6.52)	0.001 0 *** (12.17)	0.001 1 *** (14.64)	0.001 *** (18.51)	0.001 2 *** (13.35)
Residence	0.013 5 *** (2.60)	0.016 9 ** (2.13)	0.024 2 *** (7.15)	0.027 8 *** (7.68)	0.031 5 *** (5.90)
Marriage	−0.011 3 ** (−2.11)	−0.006 6 * (−1.92)	−0.007 7 *** (−2.92)	−0.007 1 *** (−2.98)	−0.007 2 ** (−2.71)

表8.13(续)

变量	因变量：农户多维贫困深度（MP$_1$）				
	(1) 0.10	(2) 0.25	(3) 0.50	(4) 0.75	(5) 0.90
Nation	-0.010 2 (-1.57)	-0.003 4 (-0.75)	0.006 6 (1.58)	0.010 5*** (3.59)	0.017 9*** (4.22)
Disastrer	-0.004 0 (-0.91)	0.000 5 (0.15)	0.001 6 (0.64)	0.006 1*** (2.84)	0.003 2 (0.82)
Dis_z	0.000 0 (0.36)	0.000 1*** (4.06)	0.000 0 (0.34)	0.000 2** (2.30)	0.000 2** (2.49)
Dis_x	0.000 0 (0.80)	0.000 1*** (2.74)	0.000 3*** (8.61)	0.000 2*** (10.02)	0.000 2*** (6.71)
Dis_s	3.38e-06 (1.18)	-4.39e-06* (-1.73)	-2.13e-06 (-0.83)	4.65e-06** (2.22)	0.000 0*** (2.77)
Constant	0.438 5*** (41.51)	0.478 0*** (48.57)	0.512 5*** (81.14)	0.542 6*** (96.07)	0.573 4*** (68.68)
Pseudo R^2	0.018 8	0.026 5	0.038 2	0.070 8	0.071 3
Obs	8 040	8 040	8 040	8 040	8 040

注：( ) 内为相应的 t 统计量，*、**、*** 分别表示变量在10%、5%和1%水平上显著。

表 8.14 展示了未加入控制变量时社会资本和非农就业水平同时影响农户多维贫困深度的估计结果。分析表 8.14 可知，在不同分位点处，农户家庭非农就业水平的估计系数 γ_2 均在 1% 的水平上显著为负，这意味着非农就业能显著缓解农户家庭的多维贫困深度水平。同时，从表 8.14 中还可以看出，未加入控制变量时社会资本影响农户多维贫困深度的估计系数 γ_1 也在不同的分位点处显著。

表 8.14　社会资本和非农就业水平影响农户多维贫困深度的
估计结果（未加入控制变量）

变量	因变量：农户多维贫困深度（MP$_1$）				
	(1) 0.10	(2) 0.25	(3) 0.50	(4) 0.75	(5) 0.90
Soc	-0.018 8*** (-3.25)	-0.039 4*** (-10.47)	-0.023 4*** (-7.51)	-0.039 2*** (-8.00)	-0.034 9*** (-5.85)
Non_work	-1.052 8*** (-128.58)	-1.004 3*** (-117.06)	-0.960 3*** (-191.03)	-0.930 5*** (-265.63)	-0.906 3*** (-127.28)
控制变量	未控制	未控制	未控制	未控制	未控制

表8.14(续)

变量	因变量：农户多维贫困深度（MP₁）				
	（1） 0.10	（2） 0.25	（3） 0.50	（4） 0.75	（5） 0.90
Constant	105.273 3 *** （129.31）	100.466 9 *** （117.81）	96.096 7 *** （192.49）	93.153 4 *** （267.61）	90.751 5 *** （128.24）
Pseudo R²	0.824 1	0.786 4	0.750 9	0.715 6	0.694 9
Obs	8 040	8 040	8 040	8 040	8 040

注：（ ）内为相应的 t 统计量，*、**、*** 分别表示变量在10%、5%和1%水平上显著。

表8.15 报告了加入控制变量后社会资本和非农就业水平同时影响农户多维贫困深度的估计结果。从表8.15 可以发现，模型中加入控制变量后，在不同分位点处，农户家庭非农就业水平的估计系数 γ_2 依然在1%的水平上显著为负。因此，从表8.14 和表8.15 可知，中介效应模型的步骤②中的系数 β_1 和系数 γ_2 均显著，这表明社会资本影响农户家庭多维贫困深度的间接效应显著。于是，接着进行中介效应模型检验的步骤④，即检验模型（8-3）中的社会资本系数 γ_1 是否显著。明显，从表8.14 和表8.15 中可以发现，无论是加入控制变量后还是不加入控制变量时，社会资本的估计系数 γ_1 在不同分位点处均在1%的水平上显著为负，这意味着社会资本影响农户家庭多维贫困深度的直接效应也显著。进而，继续检验中介效应程序的步骤⑤，即验证系数乘积 $\beta_1 * \gamma_2$ 和系数 γ_1 的符号。由于系数 β_1 的符号为正（见表8.6 和表8.7），系数 γ_2 的符号为负（见表8.14 和表8.15），所以系数乘积 $\beta_1 * \gamma_2$ 的符号为负，而系数 γ_1 的符号也为负（见表8.14 和表8.15）。因此，系数 $\beta_1 * \gamma_2$ 和系数 γ_1 是同号的，应该按中介效应解释结果。也就是说，非农就业是社会资本影响农户家庭多维贫困深度的中介变量，且其在各分位点（0.1、0.25、0.50、0.75 和0.90）处的中介效应占比 $\beta_1 * \gamma_2 / \gamma_1$ 分别为 0.385 7、0.367 5、0.455 0、0.452 0 和 0.409 1，这意味着在分位点 0.1、0.25、0.50、0.75 和 0.90 处社会资本影响农户家庭多维贫困深度的效应，分别有 38.57%、36.75%、45.50%、45.20% 和 40.91% 来自农户家庭非农就业水平。

表 8.15　社会资本和非农就业水平影响农户多维贫困深度的
估计结果（加入控制变量）

变量	因变量：农户多维贫困深度（MP_1）				
	（1） 0.10	（2） 0.25	（3） 0.50	（4） 0.75	（5） 0.90
Soc	−0.020 2***	−0.022 0***	−0.026 0***	−0.038 0***	−0.029 7***
	（−4.93）	（−7.83）	（−9.25）	（−9.27）	（−4.78）
Gender	−1.035 2***	−0.994 6***	−0.946 7***	−0.923 1***	−0.896 1***
	（−164.52）	（−239.06）	（−246.25）	（−241.37）	（−141.21）
Age	0.001 6**	0.000 7	−0.000 5	0.000 2	0.000 9
	（2.40）	（1.43）	（−1.01）	（0.24）	（1.04）
Residence	0.000 2	0.001 4***	0.001 5***	0.001 5***	0.001 8***
	（0.55）	（4.92）	（6.45）	（3.77）	（4.35）
Marriage	0.008 3***	0.008 6***	0.007 4***	0.012 2***	0.012 2***
	（6.05）	（7.22）	（5.84）	（10.67）	（5.80）
Nation	0.001 8*	0.000 7	−0.000 2***	−0.001 1	−0.001 7
	（1.88）	（1.09）	（−0.33）	（−1.04）	（−1.41）
Disastrer	0.003 4***	0.002 8***	0.003 6***	0.001 8*	0.004 5***
	（3.70）	（3.88）	（3.68）	（1.69）	（2.58）
Dis_z	0.005 4***	0.002 9***	0.003 1***	0.005 0***	0.004 4***
	（3.79）	（4.75）	（5.21）	（5.81）	（4.01）
Dis_x	0.002 1***	0.002 0***	0.001 7***	0.001 9***	0.001 8***
	（4.80）	（7.10）	（6.00）	（4.64）	（4.10）
Dis_s	0.002 4***	0.003 5***	0.002 9***	0.003 4***	0.002 6***
	（5.53）	（9.99）	（7.86）	（6.33）	（5.00）
Constant	103.498 3***	99.457 5***	94.710 0***	92.366 4***	89.698 0***
	（165.33）	（240.36）	（247.36）	（242.66）	（142.02）
Pseudo R^2	0.830 4	0.796 3	0.758 6	0.725 9	0.705 2
Obs	8 040	8 040	8 040	8 040	8 040

注：（）内为相应的 t 统计量，*、**、*** 分别表示变量在 10%、5%和 1%水平上显著。

综上所述，非农就业是社会资本影响农户家庭多维贫困深度水平的中介变量，而且在社会资本影响农户家庭多维贫困深度的效应中分别有 38.57%（0.10 分位点）、36.75%（0.25 分位点）、45.50%（0.50 分位点）、45.20%（0.75 分位点）和 40.91%（0.90 分位点）来自非农就业。因此，缓解农户家庭多维贫困深度水平，可以通过社会资本→非农就业→农户多维贫困深度的路径实现。

8.3.3 社会资本影响农户多维贫困强度的中介效应估计

上面的实证结果分别检验了社会资本影响农户多维贫困广度、深度的中介效应，下面继续从农户家庭内部不平等程度的视角检验社会资本影响农户多维贫困强度的中介效应。同理，本书采用 OLS 法和分位数回归法对社会资本影响农户多维贫困强度的实证模型进行估计，其估计结果如下：

（1）最小二乘法估计结果与分析。

同样，为了从农户多维贫困强度的整个分布上描述中介效应，本书也运用分位数回归法对社会资本影响农户家庭多维贫困强度的模型进行估计，其估计结果如下：

表 8.16　社会资本影响农户多维贫困强度的中介效应估计结果（OLS）

变量	因变量：多维贫困强度（MP_2）		因变量：非农就业（Non_work）		因变量：多维贫困强度（MP_2）	
	（1）	（2）	（3）	（4）	（5）	（6）
Soc	−0.089 5*** (−7.38)	−0.077 7*** (−6.39)	0.089 5*** (7.38)	0.078 0*** (6.41)	−4.09e−07 (1.43)	−3.41e−07 (1.19)
Non_work					−1.000 0*** (−3.80)	−1.000 0*** (−3.91)
$Gender$		−0.010 5*** (−5.01)		0.010 6*** (5.04)		7.74e−08 (1.54)
Age		0.001 0*** (14.94)		−0.001 0*** (−14.94)		−7.29e−09*** (−4.49)
$Residence$		0.012 1*** (3.37)		−0.011 4*** (−3.16)		5.61e−09 (0.05)
$Marriage$		−0.007 7*** (−2.72)		0.007 6*** (2.70)		1.77e−07*** (2.65)
$Nation$		−0.003 4 (−0.86)		0.005 1 (1.30)		−2.23e−08 (−0.28)
$Disaster$		−0.005 1** (−2.04)		0.005 0** (2.00)		−2.08e−07*** (−3.11)
Dis_z		0.000 1 (1.29)		−0.003 5*** (−3.16)		−2.00e−09* (−1.80)
Dis_x		0.000 1*** (3.34)		−0.003 7*** (−2.98)		−5.33e−10 (−0.78)
Dis_s		−2.10e−07 (−0.11)		−0.001 4 (−1.30)		−6.18e−11 (−1.31)

表8.16(续)

变量	因变量：多维贫困强度（MP_2）		因变量：非农就业（*Non_work*）		因变量：多维贫困强度（MP_2）	
	（1）	（2）	（3）	（4）	（5）	（6）
Constant	0.534 8***	0.484 9***	99.465 2***	99.537 0***	100.000 1***	100.000 2***
	(165.47)	(76.26)	(310.04)	(110.42)	(3.8e+06)	(3.9e+06)
R-squared	0.006 7	0.041 0	0.316 6	0.242 4	1.000 0	1.000 0
Obs	8 040	8 040	8 040	8 040	8 040	8 040

注：( ) 内为相应的 t 统计量，*、**、*** 分别表示变量在10%、5%、1%水平上显著。

表 8.16 报告了社会资本影响农户家庭多维贫困强度的中介效应估计结果。具体地，表 8.16 的第（1）列和第（2）列表示社会资本影响农户多维贫困强度模型的估计结果，且第（1）列是未加入控制变量时的估计结果，第（2）列表示加入控制变量后的估计结果；第（3）列和第（4）列表示社会资本影响非农就业水平模型的估计结果，其中第（3）列是未加入控制变量时的估计结果，第（4）列表示加入控制变量后的估计结果；第（5）列和第（6）列表示社会资本与非农就业水平同时影响农户家庭多维贫困强度模型的估计结果，其中第（5）列是未加入控制变量时的估计结果，第（6）列表示加入控制变量后的估计结果。分析表 8.16 的第（1）列和第（2）列可知，社会资本影响农户多维贫困强度的估计系数 α_1 在 1% 的水平上显著为负，这表明社会资本可以显著缓解农户多维贫困强度，这也意味着社会资本影响农户多维贫困深度应按中介效应立论。同时，从表 8.16 的第（3）列和第（4）列可以发现，社会资本影响农户家庭非农就业水平的估计系数 β_1 表现为在 1% 的水平上显著为正。进一步，从表 8.16 的第（5）列和第（6）列发现，非农就业水平影响农户多维贫困强度的估计系数 γ_2 在 1% 的水平上显著为负，即农户非农就业水平显著改善农户家庭的多维贫困强度水平，而且由于系数 β_1 和系数 γ_2 同时显著可得出社会资本影响农户家庭多维贫困强度的间接效应显著。此外，从表 8.16 中第（5）列和第（6）列还可以看出，社会资本影响农户多维贫困强度的估计系数 γ_1 不显著，而且系数 $\beta_1\gamma_2$ 的符号和系数 γ_1 同号，由此可知社会资本影响农户多维贫困强度的直接效应不显著，二者之间只存在中介效应。根据温忠麟等人（2014）的中介效应检验方法可知，社会资本影响农户家庭多维贫困强度的完全中介效应成立，且非农就业是社会资本影响农户家庭多维贫困强度的中介变量。

（2）分位数回归估计结果与分析。

表 8.17 报告了未加入控制变量时社会资本影响农户多维贫困强度模型的分位数回归估计结果。从表 8.17 可以看出，在不同的分位点处，社会资本影响农户多维贫困强度的估计系数 α_1 均表现为在 1% 的水平上显著为负，这意味着在不同分位点上社会资本影响多维贫困强度应按中介效应立论。

表 8.17 社会资本影响农户多维贫困强度的估计结果（未加入控制变量）

变量	因变量：农户多维贫困强度（MP$_2$）				
	（1） 0.10	（2） 0.25	（3） 0.50	（4） 0.75	（5） 0.90
Soc	−0.092 3 *** （−4.81）	−0.092 3 *** （−7.27）	−0.043 5 *** （−2.78）	−0.058 7 *** （−4.68）	−0.106 8 *** （−7.52）
控制变量	未控制	未控制	未控制	未控制	未控制
Constant	0.435 1 *** （72.45）	0.482 1 *** （154.56）	0.543 8 *** （151.32）	0.582 6 *** （151.90）	0.644 9 *** （231.25）
Pseudo R^2	0.004 0	0.003 5	0.000 7	0.003 1	0.007 3
Obs	8 040	8 040	8 040	8 040	8 040

注：（ ）内为相应的 t 统计量，*、**、*** 分别表示变量在 10%、5% 和 1% 水平上显著。

表 8.18 报告了加入控制变量后社会资本影响农户多维贫困强度的分位数回归估计结果。分析表 8.18 可知，模型加入控制变量后，在不同的分位点处，社会资本的估计系数 α_1 依然在 1% 的水平上显著为负。系数 α_1 显著表明社会资本影响农户多维贫困强度应该按中介效应立论。接下来进行步骤②的检验，同 8.3.2 节一样，步骤②中关于系数 β_1 的估计结果已经展示于表 8.6 和表 8.7 中，其结果表明社会资本影响农户家庭非农就业水平的系数 β_1 在 1% 的水平上显著为正。根据中介效应检验程序，下面接着检验步骤②中另一个系数 γ_2 的显著性，其估计结果见表 8.19 和表 8.20。

表 8.18 社会资本影响农户多维贫困强度的估计结果（加入控制变量）

变量	因变量：农户多维贫困强度（MP$_2$）				
	（1） 0.10	（2） 0.25	（3） 0.50	（4） 0.75	（5） 0.90
Soc	−0.090 5 *** （−5.12）	−0.080 7 *** （−4.68）	−0.060 6 *** （−3.99）	−0.070 4 *** （−7.55）	−0.075 0 *** （−6.40）
Gender	−0.005 0 ** （−2.06）	−0.012 2 *** （−4.63）	−0.011 1 *** （−4.30）	−0.015 0 *** （−9.48）	−0.015 1 *** （−7.12）

表8.18(续)

变量	因变量：农户多维贫困强度（MP₂）				
	（1） 0.10	（2） 0.25	（3） 0.50	（4） 0.75	（5） 0.90
Age	0.000 6 *** （7.17）	0.001 1 *** （13.36）	0.001 0 *** （9.32）	0.001 1 *** （20.42）	0.001 2 *** （15.80）
Residence	0.007 8 ** （2.06）	0.003 0 （0.44）	0.017 6 *** （4.53）	0.019 9 *** （5.59）	0.024 6 *** （6.02）
Marriage	−0.009 2 *** （−2.75）	−0.009 7 *** （−3.32）	−0.006 4 * （−1.65）	−0.009 6 *** （−5.22）	−0.003 8 （−1.10）
Nation	−0.005 6 （−1.04）	−0.005 7 （−1.54）	−0.003 6 （−0.75）	0.003 9 （1.10）	0.012 7 *** （3.57）
Disastrer	−0.007 5 ** （−2.36）	−0.003 3 （−0.81）	−0.002 8 （−0.96）	0.004 6 ** （2.16）	0.005 0 * （1.70）
Dis_z	0.004 1 *** （2.87）	0.006 5 *** （4.64）	0.004 8 *** （3.44）	0.005 7 *** （5.64）	0.005 5 *** （4.35）
Dis_x	0.001 2 （0.87）	0.003 4 ** （2.24）	0.005 4 *** （3.66）	0.007 0 *** （7.66）	0.007 8 *** （7.61）
Dis_s	0.005 1 *** （3.53）	0.000 5 （0.44）	−0.001 7 （−1.50）	0.001 0 （1.12）	0.003 4 *** （4.15）
Constant	0.378 7 *** （35.03）	0.418 4 *** （31.87）	0.477 4 *** （42.77）	0.491 6 *** （67.00）	0.496 4 *** （61.22）
Pseudo R²	0.013 9	0.028 0	0.020 5	0.057 3	0.081 3
Obs	8 040	8 040	8 040	8 040	8 040

注：( ) 内为相应的 t 统计量，* 、** 、*** 分别表示变量在10%、5%和1%水平上显著。

表 8.19 展示了未加入控制变量时，社会资本和非农就业水平同时影响农户多维贫困强度的估计结果。分析表 8.19 可知，在不同分位点处，农户家庭非农就业水平的估计系数 γ_2 均在 1% 的水平上显著为负，这意味着非农就业能显著缓解农户家庭的多维贫困强度水平。同时，我们从表 8.19 中还可以看出，未加入控制变量时社会资本影响农户多维贫困深度的估计系数 γ_1 也在不同的分位点处均不显著。

表 8.19　社会资本和非农就业水平影响农户多维贫困强度的
估计结果（未加入控制变量）

变量	因变量：农户多维贫困强度（MP_2）				
	（1） 0.10	（2） 0.25	（3） 0.50	（4） 0.75	（5） 0.90
Soc	8.41e-08 （0.33）	7.14e-07 （1.64）	3.25e-15 （0.00）	−1.46e-07 （−0.30）	4.02e-07 （1.82）
Non_work	−1.000 0*** （−2.823 5）	−1.000 0*** （−4.130 6）	−1.000 0*** （−3.524 8）	−1.000 0*** （−2.963 6）	−1.000 0*** （−3.178 4）
控制变量	未控制	未控制	未控制	未控制	未控制
Constant	100.000 3*** （2.8e+06）	100.000 0*** （4.2e+06）	100.000 1*** （1.5e+06）	100.000 3*** （2.9e+06）	100.000 3*** （2.1e+06）
Pseudo R^2	1.000 0	1.000 0	1.000 0	1.000 0	1.000 0
Obs	8 040	8 040	8 040	8 040	8 040

注：（）内为相应的 t 统计量，*、**、*** 分别表示变量在 10%、5% 和 1% 水平上显著。

　　表 8.20 报告了加入控制变量后社会资本和非农就业水平同时影响农户多维贫困深度的估计结果。从表 8.20 可以发现，模型中加入控制变量后，在不同分位点处，农户家庭非农就业水平的估计系数 γ_2 依然在 1% 的水平上显著为负。因此，从表 8.19 和表 8.20 可知，中介效应模型的步骤②中的系数 β_1 和系数 γ_2 均显著，这表明社会资本影响农户家庭多维贫困强度的间接效应显著。于是，接着进行中介效应模型检验的步骤④，即检验模型（8-3）中的社会资本系数 γ_1 是否显著。显然，从表 8.19 和表 8.20 中可以发现，无论是加入控制变量后还是不加入控制变量时，社会资本的估计系数 γ_1 在不同分位点处也不显著，这意味着社会资本影响农户家庭多维贫困深度的直接效应不显著。因此，社会资本影响农户家庭多维贫困强度表现为完全中介效应，即非农就业是社会资本影响农户家庭多维贫困强度的中介变量这一假设成立，这也证实了研究假说 3 的成立。

表 8.20　社会资本和非农就业水平影响农户多维贫困强度的
估计结果（加入控制变量）

变量	因变量：农户多维贫困强度（MP_2）				
	（1） 0.10	（2） 0.25	（3） 0.50	（4） 0.75	（5） 0.90
Soc	0.000 1 （0.94）	0.000 0 （1.34）	−9.94e-06 （−1.57）	−3.37e-06 （−1.01）	−5.58e-07 （−0.23）

表8. 20(续)

变量	因变量：农户多维贫困强度（MP_2）				
	（1） 0. 10	（2） 0. 25	（3） 0. 50	（4） 0. 75	（5） 0. 90
Non_work	−0. 995 7 ***	−0. 995 1 ***	−0. 994 9 ***	−0. 995 0 ***	−0. 994 8 ***
	(−3. 13)	(−5. 45)	(−5. 04)	(−4. 46)	(−8. 63)
Gender	0. 000 0 ***	0. 000 0 ***	2. 90e−06 ***	9. 77e−07 *	2. 53e−07
	(4. 97)	(7. 87)	(3. 34)	(1. 88)	(0. 55)
Age	−1. 79e−06 ***	−6. 92e−07 ***	−1. 81e−07 ***	−3. 06e−08	7. 80e−09
	(−11. 04)	(−11. 41)	(−5. 34)	(−1. 42)	(0. 52)
Residence	−0. 000 0 ***	−8. 40e−06 ***	−1. 19e−06	2. 02e−06	9. 82e−07
	(−5. 11)	(−3. 08)	(−1. 32)	(1. 25)	(1. 28)
Marriage	7. 10e−06	5. 60e−06 ***	2. 39e−06 **	4. 77e−07	5. 37e−07
	(1. 23)	(3. 25)	(2. 43)	(0. 54)	(1. 04)
Nation	−0. 000 0 ***	−0. 000 0 ***	−4. 99e−06 ***	−8. 16e−07	−8. 50e−07
	(−4. 90)	(−3. 90)	(−3. 81)	(−0. 88)	(−1. 47)
Disastrer	−0. 000 0 **	−3. 33e−06 *	5. 19e−08	−7. 70e−08	3. 09e−07
	(−2. 20)	(−1. 82)	(0. 05)	(−0. 10)	(0. 43)
Dis_z	−0. 000 0 ***	−2. 37e−06 **	5. 19e−07	1. 41e−06 ***	2. 75e−07
	(−6. 23)	(−2. 94)	(1. 44)	(4. 46)	(1. 26)
Dis_x	−0. 000 0 ***	−2. 21e−06 ***	5. 76e−07	1. 61e−06 ***	−1. 31e−07
	(−5. 88)	(−2. 71)	(1. 41)	(4. 33)	(−0. 48)
Dis_s	−5. 73e−06 ***	−1. 03e−06	1. 21e−07	−1. 10e−07	−9. 63e−08
	(−3. 81)	(−1. 30)	(0. 33)	(−0. 51)	(−0. 43)
Constant	458. 530 7 ***	458. 251 4 ***	458. 182 2 ***	458. 200 4 ***	458. 129 1 ***
	(1. 1e+04)	(5. 4e+04)	(5. 0e+04)	(1. 4e+05)	(8. 6e+04)
Pseudo R^2	0. 999 0	0. 999 2	0. 999 4	0. 999 5	0. 999 5
Obs	8 040	8 040	8 040	8 040	8 040

注：（　）内为相应的 t 统计量，*、**、*** 分别表示变量在10%、5%和1%水平上显著。

8. 3. 4　稳健性检验与分析

为检验中介效应模型估计结果的可靠性，与前面章节一样，本小节采用两种方式对模型进行稳健性检验。其一是分区域（东、中、西）检验，其二是将农户多维贫困剥夺得分变量替换为农户是否多维贫困（是＝1，否＝0）。下面分别对社会资本影响农户多维贫困广度、深度和强度的中介效应结果进行稳健性分析。

（1）社会资本影响农户多维贫困广度中介效应的稳健性检验。

依照上述方式，我们采用 OLS 法对模型进行估计，结果分别展示于表 8.21 和表 8.22。

表 8.21　按区域对社会资本影响农户多维贫困广度中介效应的估计结果

变量	东部			中部			西部		
	因变量 MP_0	因变量 Non_work	因变量 MP_0	因变量 MP_0	因变量 Non_work	因变量 MP_0	因变量 MP_0	因变量 Non_work	因变量 MP_0
	(1)	(2)	(3)	(1)	(2)	(3)	(1)	(2)	(3)
Soc	−0.12*** (−6.1)	0.08*** (4.5)	−0.06*** (−4.2)	−0.19*** (−8.1)	0.05** (2.3)	−0.15*** (−9.4)	−0.15*** (−6.8)	0.10*** (4.7)	−0.08*** (−4.9)
Non_work			−0.80*** (−49.5)			−0.79*** (−51)			−0.68*** (−53)
控制变量	控制	控制	控制	控制	控制	控制	控制	控制	控制
Constant	0.53*** (47.3)	99.5*** (1e+4)	80.5*** (49.8)	0.62*** (47.1)	99.5*** (8 244)	79.53*** (51.73)	0.56*** (42.1)	99.5*** (7 595)	68.67*** (53.74)
R^2	0.134 7	0.077 3	0.545 9	0.071 2	0.048 3	0.563 1	0.066 2	0.036 5	0.494 2
Obs	2 715	2 715	2 715	2 352	2 352	2 352	3 370	3 370	3 370

注：（ ）内为相应的 t 统计量，*、**、*** 分别表示变量在 10%、5% 和 1% 水平上显著。

表 8.21 展示了不同区域社会资本影响农户多维贫困广度的中介效应估计结果。从表 8.21 中可以发现，无论是东部地区，还是中西部地区，系数 β_1 和系数 γ_2 均在 1% 的水平上显著，所以在不同区域社会资本影响农户多维贫困广度的中介效应成立。同时，系数 γ_1 也显著，且系数 $\beta_1\gamma_2$ 的符号与系数 γ_1 的符号相同，所以社会资本影响农户多维贫困广度的部分中介效应成立。

表 8.22 展示了农户是否发生多维贫困广度的中介效应检验结果。特别地，因为社会资本影响农村劳动力非农就业的估计结果与表 8.21 中的第（2）列相同，所以表 8.22 仅展示了模型（8-1）和模型（8-3）的估计结果。根据表 8.22 可以看出，无论是东部地区还是中西部地区，社会资本影响农户多维贫困广度的部分中介效应都成立。

表 8.22　按农户是否发生多维贫困广度中介效应的估计结果①

变量	东部		中部		西部	
	因变量 MP_0	因变量 MP_0	因变量 MP_0	因变量 MP_0	因变量 MP_0	因变量 MP_0
	(1)	(3)	(1)	(3)	(1)	(3)
Soc	−0.08** (−2.17)	−0.77*** (−2.67)	−0.31*** (−2.9)	0.01** (2.04)	−0.67** (−2.4)	−0.21*** (−2.7)
Non_work		−19.07*** (−9.21)		−7.89*** (−21)		−5.21*** (−21)
控制变量	控制	控制	控制	控制	控制	控制
Constant	1.15*** (5.49)	1.37*** (9.20)	0.96*** (5.0)	786.2*** (21.0)	1.05*** (6.1)	519.9*** (21.3)
Pseudo R^2	0.020 9	0.882 0	0.010 9	0.212 1	0.011 4	0.139 6
Obs	2 715	2 715	2 352	2 352	3 370	3 370

注：( ) 内为相应的 t 统计量，*、**、*** 分别表示变量在 10%、5% 和 1% 水平上显著。

（2）社会资本影响农户多维贫困深度中介效应的稳健性检验。

同理，本书将社会资本影响农户多维贫困深度中介效应的稳健性检验结果列于表 8.23 和表 8.24。

表 8.23　按区域对社会资本影响农户多维贫困深度中介效应的估计结果

变量	东部			中部			西部		
	因变量 MP_1	因变量 Non_work	因变量 MP_1	因变量 MP_1	因变量 Non_work	因变量 MP_1	因变量 MP_1	因变量 Non_work	因变量 MP_1
	(1)	(2)	(3)	(1)	(2)	(3)	(1)	(2)	(3)
Soc	−0.09*** (−5.3)	0.08*** (4.5)	−0.06*** (−4.2)	−0.09*** (−4.4)	0.05** (2.3)	−0.05*** (−9.5)	−0.12*** (−5.9)	0.10*** (4.7)	−0.03*** (−5.9)
Non_work			−0.95*** (−188)			−0.79*** (−51)			−0.93*** (−257)
控制变量	控制	控制	控制	控制	控制	控制	控制	控制	控制
Constant	0.50*** (52.8)	99.5*** (1e+4)	94.8*** (188.9)	0.54*** (46.4)	99.5*** (8 244)	79.53*** (51.7)	0.50*** (40.1)	99.5*** (7 595)	93.6*** (259)
R^2	0.108 5	0.077 3	0.936 6	0.058 2	0.048 3	0.948 2	0.049 4	0.036 5	0.954 1
Obs	2 715	2 715	2 715	2 352	2 352	2 352	3 370	3 370	3 370

注：( ) 内为相应的 t 统计量，*、**、*** 分别表示变量在 10%、5% 和 1% 水平上显著。

---

① 由于被解释变量为二值离散变量，该表的结果是采用 probit 法对模型估计所得的。

表 8.23 展示了不同区域社会资本影响农户多维贫困深度的中介效应估计结果。从表 8.23 中可以发现，无论是东部地区，还是中、西部地区，系数 β_1 和系数 γ_2 均在 1%的水平上显著，所以在不同区域社会资本影响农户多维贫困深度的中介效应成立。同时，系数 γ_1 也显著，且系数 $\beta_1\gamma_2$ 的符号与系数 γ_1 的符号相同，所以社会资本影响农户多维贫困深度的部分中介效应成立。

表 8.24 按农户是否发生多维贫困深度中介效应的估计结果

变量	东部		中部		西部	
	因变量 MP_0	因变量 MP_0	因变量 MP_0	因变量 MP_0	因变量 MP_0	因变量 MP_0
	(1)	(3)	(1)	(3)	(1)	(3)
Soc	−0.03*** (−3.08)	−1.51** (−2.29)	−0.75** (−1.96)	−5.27*** (−2.99)	−0.24 (−0.69)	2.45*** (3.00)
Non_work		−57.63*** (−2.95)		−51.64*** (−3.15)		−27.14*** (−7.07)
控制变量	控制	控制	控制	控制	控制	控制
Constant	1.17*** (6.03)	5 746.41*** (2.95)	1.72*** (7.62)	5 151.56*** (3.15)	0.72*** (3.22)	2 707.22*** (7.07)
Pseudo R^2	0.021 4	0.988 9	0.018 6	0.988 6	0.020 2	0.969 6
Obs	2 715	2 715	2 352	2 352	3 370	3 370

注：（）内为相应的 t 统计量，*、**、*** 分别表示变量在 10%、5%和 1%水平上显著。

表 8.24 展示了农户是否发生多维贫困深度的中介效应检验结果。特别地，因为社会资本影响农村劳动力非农就业的估计结果与表 8.23 中的第（2）列相同，所以表 8.24 仅展示了模型（8-1）和模型（8-3）的估计结果。根据表 8.24 可以看出，无论是东部地区还是中西部地区，社会资本影响农户多维贫困深度的部分中介效应都成立。

（3）社会资本影响农户多维贫困强度中介效应的稳健性检验。

进一步，本书也将社会资本影响农户多维贫困强度中介效应的检验结果分别展示于表 8.25 和表 8.26 中。

表 8.25 按区域对社会资本影响农户多维贫困强度中介效应的估计结果

变量	东部			中部			西部		
	因变量 MP_2	因变量 Non_work	因变量 MP_2	因变量 MP_2	因变量 Non_work	因变量 MP_2	因变量 MP_2	因变量 Non_work	因变量 MP_2
	（1）	（2）	（3）	（1）	（2）	（3）	（1）	（2）	（3）
Soc	-0.08***	0.08***	-3e-08	-0.05**	0.05**	9.5e-07*	-0.10***	0.10***	1.15e-07
	(-4.5)	(4.5)	(-0.1)	(-2.3)	(2.3)	(1.9)	(-4.7)	(4.7)	(0.3)
Non_work			-1.00***			-1.00***			-1.00***
			(-2e+6)			(-2e+6)			(-3e+6)
控制变量	控制	控制	控制	控制	控制	控制	控制	控制	控制
$Constant$	0.48***	99.5***	94.8***	0.50***	99.5***	79.53***	0.47***	99.5***	100***
	(50.4)	(1e+04)	(188.9)	(41.8)	(8 244)	(51.73)	(36.2)	(7 595)	(3e+06)
R^2	0.077 3	0.077 3	0.936 6	0.048 3	0.048 3	1.000 0	0.036 5	0.036 5	1.000 0
Obs	2 715	2 715	2 715	2 352	2 352	2 352	3 370	3 370	3 370

注：（ ）内为相应的 t 统计量，*、**、*** 分别表示变量在 10%、5% 和 1% 水平上显著。

表 8.25 展示了不同区域社会资本影响农户多维贫困强度的中介效应估计结果。从表 8.25 中可以发现，无论是东部地区，还是中、西部地区，系数 β_1 和系数 γ_2 均在 1% 的水平上显著，所以在不同区域上社会资本影响农户多维贫困强度的中介效应成立。但是，系数 γ_1 不显著，所以社会资本影响农户多维贫困强度的完全中介效应成立。

表 8.26 按农户是否发生多维贫困强度中介效应的估计结果

变量	东部		中部		西部	
	因变量 MP_0	因变量 MP_0	因变量 MP_0	因变量 MP_0	因变量 MP_0	因变量 MP_0
	（1）	（3）	（1）	（3）	（1）	（3）
Soc	-0.02***	-0.01	-0.73*	-0.73	-0.27	-0.46
	(-3.06)	(-0.02)	(-1.91)	(-1.91)	(-0.80)	(-1.60)
Non_work		-0.69***		0.001***		-3.05***
		(-2.84)		(2.58)		(-18.89)
控制变量	控制	控制	控制	控制	控制	控制
$Constant$	1.22***	1.18***	1.69***	1.66***	0.71***	3.94***
	(6.33)	(5.93)	(7.56)	(7.25)	(3.22)	(8.93)
Pseudo R^2	0.019 0	0.219 4	0.017 2	0.217 4	0.019 1	0.101 2
Obs	2 715	2 715	2 352	2 352	3 370	3 370

注：（ ）内为相应的 t 统计量，*、**、*** 分别表示变量在 10%、5% 和 1% 水平上显著。

表 8.26 展示了农户是否发生多维贫困强度的中介效应检验结果。特别地，因为社会资本影响农村劳动力非农就业的估计结果与表 8.25 中的第（2）列相同，所以表 8.26 仅展示了模型（8-1）和模型（8-3）的估计结果。根据表 8.26 可以看出，无论是东部地区还是中西部地区，社会资本影响农户多维贫困强度的完全中介效应都成立。

综上所述，通过分区域和替换变量对社会资本影响农户多维贫困的中介效应进行检验，其估计结果均显示：社会资本影响农户多维贫困广度和深度的部分中介效应成立，而社会资本影响农户多维贫困强度的完全中介效应亦成立。这也证实了研究假设 3 的成立。

8.4 本章小结

本章主要基于理论框架分析，实证检验了社会资本影响农户家庭多维贫困的传导作用机制。基于温忠麟等人（2014）提出的中介效应检验模型，本章分别检验了社会资本影响农户家庭多维贫困广度、深度和强度的中介效应。本章采用 OLS 法和分位数回归法分别对建立的中介效应回归模型进行估计，实证结论表明，非农就业是社会资本影响农户家庭多维贫困广度、深度和强度的中介变量，而且社会资本影响农户家庭多维贫困广度和深度表现为部分中介效应，社会资本影响农户家庭多维贫困强度表现为完全中介效应。此外，本章还采用两种不同方式对中介效应模型进行稳健性检验，得到的估计结果和前面的结果保持一致，证实了研究假设 3 的成立。

9 研究结论与政策建议

农户家庭多维贫困问题已成为学术界和实务界关注的热点问题。本书在精准测度我国农户家庭多维贫困水平的基础上，着重探究社会资本影响农户家庭多维贫困的作用机理，并综合运用工具变量法、分位数回归法、最小二乘法、中介效应法等方法实证检验了社会资本对农户家庭多维贫困的影响效应。本章主要归纳总结了理论和实证分析得出的研究结论，并针对这些研究结论提出化解农户家庭多维贫困的政策建议，进一步为后续研究指明方向。

9.1 研究结论

通过理论研究和实证分析，本书的主要研究内容和结论如下：

（1）借鉴并拓展了多维贫困理论，构建了中国情景下的农户家庭多维贫困指标体系，运用人工神经网络法选取指标权重，分别从静态和动态视角测度并分解了农户家庭的多维贫困广度、深度和强度水平及演变情况。

①本书借鉴阿马蒂亚·森（1976）提出的能力贫困理论，并结合我国农村的实际和已有研究文献，重构了我国农户家庭多维贫困指标体系，包含收入、教育、健康、医疗、生活标准、住房、资产、土地和金融等维度。与已有研究相比，本书主要增加了金融指标，该指标体系更能体现当前中国农村的多维贫困情况。②本书采用人工神经网络法选取各指标权重，并采用加总误差法建立了评判等权重法、变异系数法和人工神经网络法选取权重的优劣标准。针对现有大多研究采用等权重法选取多维贫困指标权重不能区分各指标的相对重要性等缺陷，本书采用近些年受到普遍关注的人工智能中的神经网络法测算出各指标的权重，该方法更能体现指标之间的随机性、离散性和非线性性等特点。同时，为了比较不同权重法选取指标权重的差异及其优势和劣势，本书采

用加总误差法建立评判等权重法、变异系数法以及人工神经网络法选取我国农户家庭多维贫困指标体系中各指标权重的优劣评判标准。其测度结果显示：不管是全国还是分区域，采用人工神经网络法所测度的各省份多维贫困排序加总误差法误差最小，变异系数法所得结果次之，而采用等权重法所得误差最大。因此，相较于等权重法和变异系数法，本书认为人工神经网络法用于测度多维贫困更精确。③为了解我国农户家庭多维贫困水平和致贫因素，本书运用2010 年、2012 年和 2014 年中国家庭追踪调查（CFPS）数据，分别从静态和动态视角，测度并分析了农户家庭的多维贫困广度、深度和强度水平及其演变规律。

（2）构建了社会资本影响农户多维贫困的直接和间接作用机理，且通过数理模型演绎了社会资本对农户多维贫困的门槛效应。

社会资本通过影响农户收入、教育获取、健康改善以及金融服务等直接作用于农户多维贫困，且社会资本通过非农就业、信贷约束和社会保险等间接作用于农户多维贫困。此外，本书还通过数理模型演绎了社会资本影响农户多维贫困的门槛作用机理。

（3）总体上，我国农户家庭多维贫困广度、深度和强度水平呈逐年减弱的趋势，我国农村多维贫困水平呈典型的区域分布特征；收入、教育、金融等因素是导致农户家庭多维贫困的主要驱动因素，而且不同区域致贫主因存在显著差异。

从静态视角来看，①无论是多维贫困广度，还是多维贫困深度或强度，我国农户家庭贫困水平始终呈现西高东低的态势，这反映出我国农村地区的多维贫困水平呈现出较为典型的区域分布特征，中、西部地区，特别是西部地区的农村贫困状况相对严重。②随着贫困维度的增加，多维贫困程度在下降直至为零，而且东部地区贫困水平下降速率显著快于中、西部地区。这表明农户家庭不易发生多维极端贫困，东部地区农户贫困维度数普遍小于中、西部地区。③基于多维贫困指数的分解，我们发现收入因素、金融因素和教育因素对多维贫困的贡献率最大（三个维度的贡献率超过 85%），同时也发现了导致多维贫困的主要驱动因素，即东部地区金融维度超过收入维度而成为对总体农户多维贫困贡献度最大的因素，这表明金融服务能力低下已经成为我国东部农户家庭发展的最大障碍；但在中、西部地区收入不足仍然是制约农户家庭发展的第一要素，而金融维度也逐渐成为其发展的瓶颈。

从动态视角来看，无论是全国整体水平，还是东中西部地区，农户家庭多维贫困广度、深度和强度水平从 2010 年到 2014 年呈减弱趋势。同时，无论是

2010 年，还是 2012 年或 2014 年，我国东部地区多维贫困的数值显著低于全国多维贫困数值，这表明东部地区农户家庭多维贫困程度比全国整体水平要轻；中部地区农户家庭多维贫困水平与全国水平大体相当表明中部地区农户家庭多维贫困程度与全国整体贫困程度一致；西部地区农户家庭的多维贫困数值显著高于全国总体多维贫困数值，这表明西部地区农户家庭多维贫困程度比全国整体程度要严重。从不同年度农户家庭多维贫困广度、深度和强度指数分解的结果来看，各年度的分解结果类似，即收入、教育、金融等因素是导致农户家庭多维贫困的主要驱动因素。

（4）社会资本能显著缓解农户家庭多维贫困水平，但是，社会资本与农户家庭多维贫困之间不仅仅存在简单的线性关系，而是具有显著的门槛效应。同时，社会资本越丰富，越有助于缓解农户家庭的多维贫困。

①通过对社会资本与农户家庭多维贫困之间的普通回归模型和分位数回归模型进行估计发现，社会资本能显著降低农户家庭多维贫困广度、深度和强度水平。其具体表现为：社会资本存量越丰富，越有助于缓解农户家庭多维贫困广度、深度和强度水平。②本书分别采用社会资本存量、人均受教育年限、人均纯收入和金融服务作为门槛变量，通过对社会资本与农户家庭多维贫困之间的面板门槛模型进行估计发现：在不同的门槛变量下，社会资本与农户多维贫困之间存在显著的非线性关系，即存在显著的门槛效应。具体地，对社会资本与农户家庭多维贫困广度的门槛检验结果表明：社会资本存量作为门槛变量时，双重门槛值显著，而人均受教育年限、人均纯收入和金融服务作为门槛变量时，单重门槛值显著，且通过门槛效果检验可知，人均受教育年限变量将农户家庭分为两类（$edu \leqslant 7.50$ 和 $edu > 7.50$），人均收入变量将农户家庭分为两类（$inc \leqslant 2\,333.33$ 和 $inc > 2\,333.33$），金融服务变量将农户家庭分为两类（$fin \leqslant 1.000\,0$ 和 $fin > 1.000\,0$），而社会资本存量将农户家庭分为三类（$scs \leqslant 0.163$，$0.163 < scs \leqslant 0.241$ 和 $scs > 0.241$）。同理，通过对社会资本与农户家庭多维贫困深度的门槛检验结果表明：金融服务作为门槛变量时，双重门槛值显著，而人均受教育年限、人均纯收入和社会资本存量作为门槛变量时，单重门槛值显著，且通过门槛效果检验可知，人均受教育年限变量将农户家庭分为两类（$edu \leqslant 9.000\,0$ 和 $edu > 9.000\,0$），人均收入变量将农户家庭分为两类（$inc \leqslant 12\,526.700\,2$ 和 $inc > 12\,526.700\,2$），社会资本存量将农户家庭分为两类（$scs \leqslant 0.191\,5$ 和 $scs > 0.191\,5$），而金融服务变量将农户家庭分为三类（$fin \leqslant 1.000\,0$，$1.000\,0 < fin \leqslant 2.000\,0$ 和 $fin > 2.000\,0$）。此外，通过对社会资本与农户家庭多维贫困强度的门槛检验结果表明：不同的门槛变量均只存在单重显著门槛，且通

过门槛效果检验可知，人均受教育年限变量将农户家庭分为两类（$edu \leq$ 12.0000 和 $edu > 12.0000$），人均收入变量将农户家庭分为两类（$inc \leq$ 23 616.699 2 和 $inc > 23\ 616.699\ 2$），金融服务变量将农户家庭分为两类（$fin \leq$ 4.0000 和 $fin > 4.0000$），社会资本存量将农户家庭分为两类（$scs \leq 0.289\ 1$ 和 $scs > 0.289\ 1$）。③当人力资本、人均收入、金融服务和社会资本存量跨过一定的门槛值后，社会资本才能显著地改善农户家庭多维贫困广度、深度和强度水平。此外，当人均收入和社会资本存量跨过门槛值后，社会资本对农户多维贫困产生显著负向影响的程度逐渐增强，即社会资本越丰富，越有助于缓解农户家庭多维贫困状况。

（5）社会资本影响农户家庭多维贫困的中介效应成立，且农村劳动力非农就业是社会资本影响农户家庭多维贫困的中介变量。

通过建立社会资本与农户家庭多维贫困的中介效应模型，并分别采用普通最小二乘法和分位数回归法对模型进行估计发现：①普通最小二乘法估计结果表明，农村劳动力非农就业是社会资本影响农户家庭多维贫困的中介变量，但是，其影响农户家庭多维贫困广度、深度和强度的中介效应占比不同。其中，非农就业在社会资本影响农户家庭多维贫困广度的中介效应占比为 39.90%，即社会资本对农户家庭多维贫困广度的影响效应中有 39.90% 来自非农就业水平；社会资本对农户多维贫困深度的影响效应中有 42.1% 的比例来自农户非农就业水平。不同的是，社会资本影响农户家庭多维贫困强度的完全中介效应成立，且非农就业是社会资本影响农户家庭多维贫困强度的中介变量。②分位数回归估计结果表明：在不同分位点上，社会资本影响农户家庭多维贫困的中介变量都是农村劳动力非农就业，但其各分位点上的中介效应占比不同。

9.2 政策建议

基于上述研究结论，本书为缓解农户家庭多维贫困提出如下政策建议：

9.2.1 加强农户家庭多维贫困水平智能监测

（1）建立国家层面多维贫困指标体系。

众所周知，我国各区域发展不均衡，东、中、西部发展差异较大，这无疑给如何衡量和识别各区域农户家庭多维贫困带来了巨大挑战。因此，为了更加精确地衡量和识别农户家庭多维贫困状况，国家应该建立科学合理的多维贫困指标体系。因此，本书建立了包含收入、教育、金融服务、生活标准等适合我国现阶段国情的农户家庭多维贫困指标体系。但是，构建国家层面的农户家庭多维贫困指标体系，还应该更加细化地分析和考虑各区域的实际情况，并结合我国的阶段性扶贫纲要。此外，我国现阶段绝对贫困主要集中分布于中、西部少数民族地区，国家确定的 14 个集中连片特困区①，这些特殊困难地区大多位于中西部少数民族地区。因此，在构建国家层面的多维贫困指标体系时还应该着重考虑连片特困区的实际情况，为测度各区域多维贫困水平奠定基础。

（2）强化农户家庭多维贫困精准测度。

精准测度农户家庭多维贫困是了解人们贫困程度的重要手段，自从阿尔基尔和福斯特（2011）提出多维贫困指数框架后，关于多维贫困的测度受到了广泛关注。但是，现有对多维贫困测度的研究基本都是基于 A-F 多维贫困指数框架（高艳云 等，2012；郭熙保 等，2016；谢家智 等，2017；阿泽姆 等，2018）的，但该方法本身存在一定的缺陷。因此，应该继续强化农户家庭多维贫困的测度方式的改进，以期更加精准地测度农户家庭多维贫困水平。

第一，如本书第 5 章所述，精准测度农户家庭多维贫困可以从指标权重上下功夫。①选取更加合理的权重计算法，可以采用人工神经网络法更加客观准确地计算各指标权重，充分考察各指标的重要性，从而替代可能导致测度结果偏差较大的等权重法。②寻找 A-F 多维贫困指数的替代方法，这种替代法可以不用考虑选取各指标的权重，自然就省去了因为人为选取权重导致测度结果不精确的麻烦。例如，可以利用人工神经法重新构建农户家庭多维贫困指数。该方法是将选取的多维贫困指标作为输入层，将多维贫困程度作为输出层，然后通过该方法可以自动为各指标分配权重，从而测度出较为精确的多维贫困指数。此外，我们还可以将已经在人脸识别、图像处理等领域得到广泛应用的深度学习法（deep learning）用于识别农户家庭多维贫困。

第二，多维贫困的精准测度还可以从指标出发。事实上，现有多维贫困指标体系建立都没有考虑多重共线性问题，即指标之间的信息可能高度相关或存在冗余。例如，一个家庭可能由于收入的提升而改善了卫生设施、电器资产等情况，但如果同时将这几个纳入多维贫困指标体系，必然造成测度结果的不精确。因此，在测度农户家庭多维贫困程度之前，应该采用主成分分析法、拉普

① 我国 14 个集中连片特困区是指：六盘山区、秦巴山区、武陵山区、乌蒙山区、滇桂黔石漠化区、滇西边境山区、大兴安岭南麓山区、燕山—太行山区、吕梁山区、大别山区、罗霄山区等地区和已明确实施特殊政策的西藏、四省藏族与其他民族共同聚居的民族自治区、新疆南疆三地州。

拉斯特征映射法等方法对构建的多维贫困指标体系降维，滤掉指标之间的信息重叠和相关性等情况，进而达到精准测度农户家庭多维贫困程度的目的。

（3）建立国家层面多维贫困大数据库。

毫无疑问，数据是精准测度农户家庭或个体多维贫困水平的基础。目前，虽然国内现有能测度多维贫困的微观数据库主要有中国家庭追踪调查数据（CFPS）、中国健康与营养调查数据库（CHNS）、中国农村贫困监测调查数据等，但是总体上我国对于测度农户家庭多维贫困的相关数据仍然较为缺乏且存在一些缺陷：第一，现有数据仅能从整体区域或家庭层面反映农村多维贫困状况，而不能反映个体的多维贫困程度；第二，现有数据较少能反映深度贫困地区的多维贫困状况；第三，现有农村多维贫困指标体系都是基于已有数据建立的，数据的局限性导致其在某种程度上并未反映出农村贫困的真实情况。因此，针对我国农村多维贫困指标体系的现状，建立国家层面的多维贫困大数据库迫在眉睫。

对于国家层面的多维贫困大数据建立，可以在现有建档立卡数据库基础上扩展，适当增加诸如金融服务、农户主观心理感受等指标的数据，也可以将夜间光遥感数据、卫星数据等加以改进并应用于多维贫困测度中。

（4）建立农村多维贫困智能监测系统。

实时监测农村多维贫困情况，是针对性地制定反贫困措施的重要保障。虽然我国很多地区都有贫困农户建档立卡数据，但是这些数据并未进一步实时反映贫困农户的多维贫困程度。我们可以通过建立多维贫困人工智能监测系统，将反映农村多维贫困的指标体系数据作为智能监测系统的输入，然后通过计算机编写程序智能测算出农户多维贫困水平，并对多维贫困农户的贫困状况进行动态监测，进而针对性地对贫困农户进行帮扶和指导，提高农户的"造血"功能。

9.2.2 提高农村地区缓解多维贫困福利水平

（1）夯实农村地区基础设施建设。

在全面建成小康社会的决胜阶段，农村地区尤其是农村贫困地区成为全面建成小康社会的最大的障碍。虽然近些年我国政府积极推进农村建设，也取得了前所未有的成效。例如，据统计，截至2017年，我国农村尤其是贫困地区的基础设施建设取得了显著进步，贫困地区通电率几乎百分之百；通电话率达98.5%，相较于2012年提高了5.2%；通有线电视信号的比率达86.5%，其2012年为69%；通宽带率达71%，而2012年其仅为38.3%，5年提高了将近一倍。同时，2017 年末贫困地区村庄主干道硬化率达 81.1%，而 2013 年其仅为 59.9%；自然村通客运班车的比重为 51.2%，相较于 2013 年增加了 12.4%。但是，根据第 5 章的数据描述可知，我国农村地区在卫生设施、做饭燃料、做饭用水等指标上的贫困发生率仍然较高。因此，夯实农村地区基础设施建设，仍然是脱贫的关键所在。

夯实农村地区基础设施建设，要通过科学统筹、完善顶层设计、分类规划实施农村尤其是贫困地区的基础设施建设，在确保青山绿水的前提下大力改善农村生活基础设施，尤其是要加大改善农村居民卫生设施、做饭用水、做饭燃料等生活标准的力度；要通过因地制宜，改善农村居民住房贫困，统筹设计适合当地民风的村居，适度合村并乡，降低基础设施建设和防护的成本；要坚持围绕实现农业现代化，加快农村生产基础设施建设；要坚持建管并重，建立完善农村基础设施长效管护和监管机制；要坚持加大投入与用好用活资金相结合，建立完善多元投资和融资机制；要激发农民主体意识，构建农村基础设施共谋共建共管共享格局。

（2）强化我国农村地区义务教育。

教育关乎着一个人自我能力的提升和发展，教育是最大的民生，教育均衡是最大的社会公平，而实现义务教育均衡发展的重点、难点在农村。根据第 5 章的结论可知，教育是导致农户家庭多维贫困的重要因素；同时，当人力资本作为门槛变量，农户人均受教育年限跨越 9 年时，社会资本才能缓解农户多维贫困水平。因此，提升农户教育水平是缓解农户多维贫困的关键指标。第一，继续加大教育投入力度，保障教育尤其是义务教育水平不断提高，避免因贫失学、辍学；第二，提高农村教师福利待遇水平，吸引优秀人才到农村从事教育工作；第三，要从财政上确保教师津补贴的发放；第四，强化管理，提高资金使用效益，建立健全农村中小学各项财务管理制度，加强监督检查；第五，加强农村贫困地区技能培训，将扶智与扶志相结合，增强贫困人口的内生脱贫动力和自我发展能力。

（3）加大农村地区普惠金融力度。

事实上，农村地区陷入"因为穷，所以穷"的一个重要原因就是金融服务欠缺。因此，加大农村地区普惠金融力度，为农村贫困人口提供基础金融服务至关重要。我们可以在农村地区设立专门的普惠金融机构，健全涉农金融机构作用，积极引导新型金融机构发展；可以对涉农金融产品进行创新，满足农户家庭的金融需求；加强农村金融服务薄弱环节，开展农户金融服务需求调查，提高农村金融机构服务水平；简化金融获取程序，推进"互联网+"金融服务，降低农户金融需求准入门槛；优化金融扶贫体系，完善金融扶贫工作机制，加大扶贫资金支持力度，推进金融扶贫模式深化；完善包容性金融支持体系，推进农村支付环境建设，加强社会信用体系建设，加强包容性金融宣传教育；建立智能信用评级系统，促进金融机构和农户信息互通，降低信贷审批程序，设立专门针对贫困地区农民生产所需的低息或免息发展基金。

（4）提高我国农村地区居民收入水平。

毋庸置疑，收入不足仍然是阻碍我国农村贫困农户脱贫的关键因素之一。因此，提高我国农村地区尤其是贫困农户的收入水平十分重要。第一，加大对农村地区尤其是中西部农村地区的投入，基于"多予、少取、放活"的准则，从政策和资金上向中西部农村地区倾斜。第二，加快推进农村地区土地"三权"分置进程，实现农村土地有效流转；加快农村贫困地区产业结构调整升级，实现剩余贫困农民就近就业。第三，鼓励农民进行规模生产，完善"三农"保险政策，促进农村地区经济快速发展，进而促进农民增收，缩小东中西部发展水平差距。第四，积极完善农村地区医疗保险制度，消除贫困农户"看病贵、看病难"以及因病返贫等问题。

9.2.3 培育社会资本参与治理农村多维贫困

（1）引领社会资本治理农村多维贫困。

众所周知，我国农村地区有些正式制度还有待加强，同时，我国是一个基于血缘、亲缘、和地缘组成的乡土社会。自然地，社会资本作为一种非正式制度在我国这样一个乡土人情的农村社会中起着不可估量的作用。本书中也从理论和实证上证实了社会资本对农户家庭多维贫困的缓解作用。因此，引领社会资本治理农村多维贫困不容忽视。第一，决策者应该重视社会资本在促进农户多维脱贫中的重要作用，可以将社会资本作为一种非正式制度确立为农户反贫困的政策措施，积极倡导以亲缘、血缘和地缘形成有组织化的关系网络。第二，充分挖掘农村贫困人口已有社会资本，并建立结对帮扶政策，实行点对点、村对村、县对县、省对省的帮扶，逐步扩大贫困农户家庭的社会资本，提升其内生发展动力。第三，分别厘清社会资本与健康、教育、就业、医疗等方面的关系与作用，针对性地提出社会资本治理各指标贫困的政策。例如，李华和李志鹏（2018）分析了社会资本对因病致贫家庭的缓解作用，指出无大病冲击时社会资本可以显著减贫，但是有大病冲击时社会资本对贫困发生率的影响结果存在差异。于是他们进一步建议构建家庭社会资本，形成多元主体共同治理因病致贫非正规制度，并使其成为抵御大病冲击下家庭经济风险、治理因病致贫的有效路径之一。此外，社会资本与农户家庭多维贫困的门槛特征表明政府在制定多维减贫方案时应该针对不同的人群实施不同的政策。通常情况下，农户越贫穷，社会资本越少，因此，应该加强社会的帮扶作用，避免社会资本只是富人的资本；同时，应该加强社会资本与人力资本的协同配合，提高农户的智力资本和"造血"功能，多维度提高农户的生活、健康等水平。

（2）统筹社会力量参与缓解多维贫困。

农户家庭多维贫困的缓解是一项长期而复杂的任务，仅仅依靠政府难以得到快速而有效的根除。因此，我们应该统筹社会各界力量，形成政府、市场和社会协同推进的多维贫困化解格局。第一，广泛引导和动员社会团体、基金会、社会服务机构等社会组织以更大力度缓解多维贫困；积极发挥社会组织在缓解多维贫困中的专业力量，有效整合各类社会资源，为缓解多维贫困增添更大力量，形成更大合力。第二，将社会力量与农户家庭教育、健康、医疗、生活标准等紧密联结，展开定点帮扶和精准帮扶，畅通社会力量参与治理多维贫困的渠道，鼓励和引导社会力量积极参与多维贫困治理。第三，利用网络媒介建立多维贫困缓解信息平台，优化整合扶贫需求信息和扶贫资源信息，鼓励社会力量在贫困农户就业、教育等方面创造条件，举全社会之力缓解农户家庭多维贫困。

（3）完善农村劳动力流动的决策机制。

虽然劳动力流动对于优化要素配置、促进农户增收以及社会资本的重构等具有显著的正向影响；但我们也应注意，在我国农村城镇化和市民化水平较低的背景下农村劳动力盲目流动反而会造成农户多维贫困的加剧。因此，建立完善的农村劳动力流动机制，加强对流动人口的有序引导，避免盲目流动是培育社会资本参与治理农村多维贫困的重要举措。第一，强化社会资本在农户家庭劳动力流动决策中的作用，通常，劳动力流动后面临着原有社会资本的弱化和重新获取社会资本的挑战，农村劳动力自身的文化水平较低等因素会造成其很难尽快融入新的环境，从而使得农村劳动力在外流后缺乏安全感、归属感、成就感，进一步使得他们陷入多维贫困状态。第二，加强农村劳动力的技能培训，积极引导农村劳动力非农就业，提高农村劳动力与非农就业岗位的匹配度，进一步为贫困农户增收创造有利条件。第三，建立农村劳动力流动福利保障机制，尤其应该完善在教育、保险、医疗等方面的保障机制，持续改善农村劳动力流动中的多维贫困状况。

（4）加强农户家庭社会资本构建与应用，降低摆脱多维贫困门槛。

根据本书的结论可知，社会资本可以显著缓解农户多维贫困，但是其缓解的发生是有门槛的。因此，降低缓解农户多维贫困的门槛势在必行。对于贫困农户而言，其本身可能缺乏社会资本，但是他们可以通过不同的手段和方式获取社会资本，进而投资于社会资本。我们可以通过结对帮扶政策的实施为贫困农户建立点对点的社会关系网络，多派驻村干部指导农户家庭的生产，为其找到发展的出路；建立农村互助通讯平台，扩大农户信息交流，引导农户有意识地构建社会资本网络。同时，完善的社会保障体系和机制是经济社会发展的重要保障，也是促进农村地区经济增长的有效措施（姚云云 等，2015）。要尽快完善流动人口的相关福利待遇政策，如农民工市民化问题、改善农民工医疗保险等，避免农户陷入贫困的恶性循环。分析我国现有贫困人口的致贫因素可发现，我国农村绝对贫困人口长期存在的一个重要原因就是农村社会保障制度的严重缺失。

9.2.4　优化农户家庭多维贫困治理路径选择

农户家庭多维贫困治理是现代政府不可回避的责任，政府多维贫困治理能力是政府治理的重要体现。当前，我国农村贫困问题从单一的收入维度逐渐转变为教育、健康、医疗、就业等多维度贫困问题，政府面临着多维贫困治理问题的巨大挑战。本书中，从理论和实证上证实了社会资本可以通过农村劳动力非农就业显著缓解农户家庭多位贫困水平，这为优化农户家庭多维贫困治理路径提供了科学依据。

（1）发挥社会资本的非制度性优势，提升农村劳动力非农就业水平。

事实上，我国农村贫困人口长期处于正式制度缺位的社会中，我国政府单方面主导社会福利资源分配和反贫困政策执行，使得农村反贫困政策和社会保障政策在执行过程中出现真空地带（姚云云 等，2015）。我国农村以血缘、亲缘和地缘等组成的乡土社会所形成的社会资本网络关系具有天然的优势，其在多维贫困治理中发挥着不可替代的非正式制度作用。第一，充分发挥社会资本降低农村劳动力的非农就业信息获取成本功能。通常，大部分农村劳动力外流后都是依靠熟人或老乡介绍而获取工作机会，这远比自己去盲目搜寻工作更节约时间和信息成本，更何况很多农民工文化水平较低，如果自己搜寻工作，往往只能找到收入较低或重活、脏活等严重影响健康的工作，这可能会使得农民工本身和该工作形成错配，从而加重农民工的多维贫困水平。因此，社会资本可以显著提升农村劳动力非农就业水平，从而一定程度地缓解农户家庭的多维贫困。第二，充分发挥农村劳动力非农就业的中介作用。本书已从理论和实证分析了农村劳动力非农就业在社会资本影响农户家庭多维贫困中的作用。因此，化解农户家庭多维贫困，可以通过构建社会资本影响农村劳动力非农就业，进而通过农村劳动力非农就业影响农户家庭多维贫困。

（2）优化多维贫困治理结构，形成政府、市场、社会协同治理体系。

长期以来，我国政府始终是农村反贫困治理的主角，这种体制为我国的反贫困事业起到了重要作用。但是，这种"自上而下"式的实现路径忽视了贫困人口的主观能动性和生产积极性，且容易导致中央政府与地方政府之间的博弈，造成政策的低效率。同时，我国的扶贫开发工作长期以提升贫困人口单一的收入水平为主要目标，而这已经严重不能满足当前贫困人口在健康、教育、医疗等维度上的缺失造成的多维贫困目标。此外，政府的单打独斗也远远不能有效根除贫困治理中的一些难题。因此，优化农户家庭多维贫困治理结构，引导市场和社会力量参与多维贫困治理，形成政府、市场、社会协同治理体系，改进政府主导的反贫困体制机制的缺陷，形成农户家庭多维贫困治理的长效机制迫在眉睫。第一，多维贫困治理应该形成从单一主体到"政府、市场、社会"三位一体的格局，应该建立创新参与机制、创新整合机制、创新合作机制、创新协同机制。第二，厘清政府和市场的职能界限。政府治理多维贫困的责任并不在于"一刀切"，更应该是立足于顶层设计、目标凝聚、风险防范、资源整合、工具创新与责任监督等。第三，从协同治理视角出发，注重观念协同、制度协同、主体协同、部门协同和督评协同等在多维贫困治理工作中的功能，构建多元反贫困治理组织体系；保障具有官方背景的社会组织的独立性运作，使多维贫困治理行动从政府行为逐渐转向民间行为；构建农户家庭多维贫困群体参与贫困治理机制，鼓励并引导民间组织、国际组织参与多维贫困治理。

（3）重视农户家庭劳动力的自我发展能力，促进社会发展成果共享。

贫困治理的终极目标是助力贫困人口和贫困地区摆脱贫困，获得发展的动力和机会。事实上，我国政府在相当长的一段时期内采取了以"输血"为主的救济式扶贫策略。这种发展模式是向贫困地区或贫困人口直接输送物资或给以货币改善其生活生产条件，忽视了对贫困主体能力的培养。这种扶贫方式导致贫困人口只能依赖扶贫资金的"输血"维持低水平均衡状态。因此，优化农户家庭多维贫困应该重视农村劳动力的自我发展能力培养和发展机会的获取。第一，转变贫困治理的发展模式，变"输血"为"造血"，提升贫困人口的内生发展动力，通过扶贫与扶志、扶智相结合，助力贫困人口自我能力的提高。第二，提升贫困人口的人力资本，促进贫困地区教育均衡发展，为多维贫困家庭提供更多优质的教育资源，为农村贫困劳动力提供职业技能培训，提升贫困人口的就业机会，避免其陷入长期多维贫困。第三，以组织化建设提高农村多维贫困群体的社会资本，通常，农户越贫穷，社会资本越少，因此，应该加强社会的帮扶作用，避免社会资本只是富人的资本。政府可以帮助贫困群体建立自己的组织，提升贫困群体的组织化程度，扩大贫困群体的社会网络，增强多维贫困群体抵御风险的能力。第四，注重多维贫困群体的异质性，让社会改革成果全社会共享并适当向贫困地区和多维贫困人口倾斜，缩小城乡、地区以及贫困群体内部的差距并降低其不平等程度。

（4）加强农户家庭多维贫困的制度建设，维护农村社会的公平正义。

现阶段我国农户家庭多维贫困治理的制度相对缺失，造成政府多从贫困群体的收入视角制定贫困治理制度，从而缺乏多维贫困制度建设，更加缺乏农户家庭多维贫困治理的长效机制。实际上，任何制度都必然是内在约束与保障性的有机统一，制度运行主体和作用对象同时拥有约束和保障功能。我国已进入贫困治理冲锋阶段，为稳定和保持贫困治理的成果，政府应该建立农村多维贫困制度，从制度层面推进农村多维贫困治理。第一，完善农村劳动力非农就业的社会保障制度。社会保障制度是人类社会进步和发展的产物，更是现代社会文明的重要标志。农村多维贫困群体本身具有较高的脆弱性，这导致农村劳动力在流动过程中抵御风险的能力较低，疾病或其他原因很容易使他们陷入长期贫困。因此，制度是保障多维贫困群体的一道防护墙，应该加强和完善社会保障立法，逐步扩大社会保障的覆盖范围，尽快完善农村劳动力在非农就业中的制度保障。第二，完善农村社会救助制度。我国现阶段农村贫困人口的贫困程度更深，致贫因素更为复杂，其中很大一部分贫困群体是老、弱、病、残，他们自身失去了劳动能力。因此，这一部分群体的贫困治理只能依靠"输血"的救济式，这就要求政府建立包括教育、医疗、住房等多维度长效的帮扶机制，助力他们摆脱长期多维贫困。第三，完善农村最低生活保障制度。最低生活保障制度是农村贫困群体的一张"安全网"，其发挥着不可替代的贫困治理功能。农村劳动力在城乡间反复往来，其中很大一部分的劳动力已经脱离了原有的土地，他们一旦失业，就面临着极大的生存危机。因此，我国应该逐渐将部分符合条件的农民工纳入最低生活保障，增强农村劳动力的"抗逆力"，避免其陷入长期多维贫困。

9.3 研究展望

本书虽然从社会资本视角切入，着重研究了化解农户家庭多维贫困的作用机制和影响效应，但是还有很多相关问题值得进一步研究。

（1）构建更加合理的多维贫困临界值 k 的方法，进而改进 A-F 多维贫困指数，以期测度出更加精准的农户家庭多维贫困水平。

目前，虽然 A-F 多维贫困指数被学术界广泛采用和接受，但是其本身仍然有一些缺陷。其中，存在较大争议的是判定农户家庭是否属于多维贫困时的临界值 k 的选取，现有研究基本都是凭经验将 k 取为 1/3（阿尔基尔 等，2011；张全红 等，2015；谢家智 等，2017），但是学界并没有给出强有力的证据表明应该这样选取。因此，如何选取更加合理的临界值 k，或者从数理视角证明现有临界值 k 的合理性都值得进一步探究。

（2）测度多维贫困时如何体现家庭成员之间的差异导致的不平等，如性别差异、成人和儿童的差异等。

现有研究大多都是从宏观层面建立了多维贫困指数，或者从特定群体视角（如社区贫困、成人贫困、儿童贫困等）探讨多维贫困状况，但是并未考虑基于个体的多维贫困状况。明显，从家庭视角测度的多维贫困是将家庭的所有成员同等对待的（埃斯皮诺扎德尔加多 等，2018）。然而，家庭成员内部不平等状况是存在的，而且大多数不平等都是家庭内部产生的，但现有研究不能反映家庭内部成员差异（如性别差异、儿童和成人差异）导致的多维贫困状况。因此，如何从个体视角探究多维贫困，准确体现性别差异等导致的多维贫困不平等情况需要进一步研究。

（3）中介变量的选取具有一定局限性，中介效应模型有待进一步扩展。

本书基于我国农村现实情况和数据可得性等因素，最终选取并检验了农村劳动力非农就业是社会资本影响的农户家庭多维贫困的中介变量。事实上，社会资本影响农户家庭多维贫困的中介变量并不唯一，信贷约束、社会保险等变量都有可能成为社会资本影响农户家庭多维贫困的中介变量。因此，还需进一步加强本书中介变量的检验。自然地，如果社会资本影响农户家庭多维贫困存在多重中介变量，就需要将本书的单一中介效应模型扩展为多重中介效应模型来实现研究目标。

（4）实证研究方法有待进一步完善。

本书在研究社会资本影响农户家庭多维贫困的实证研究中采用了一些计量方法，这些计量方法在运用时并未考虑个体的异质性、样本的自选择性以及面板模型的内生性等问题，而这些问题可能导致本书的实证结果存在一定的偏差。因此，在后续研究中还应进一步完善这些可能存在的问题。

参考文献

[1] 阿马蒂亚·森. 贫困与饥荒：论权力与剥夺 [M]. 王宇，王文玉，译. 北京：商务印书馆，2001：35.

[2] 安雪慧. 教育期望、社会资本与贫困地区教育发展 [J]. 教育与经济，2005（4）：31-35.

[3] 白南生，李靖. 农民工就业流动性研究 [J]. 管理世界，2008（7）：70-76.

[4] 边燕杰. 城市居民社会资本的来源及作用：网络观点与调查发现 [J]. 中国社会科学，2004（03）：136-146.

[5] 曹幸穗. 旧中国苏南农家经济研究 [M]. 北京：中央编译出版社，1996：41-52.

[6] 曹燕，汪小勤. 从社会资本理论思考我国居民的健康贫困问题 [J]. 医学与社会，2007（12）：1-3.

[7] 车四方，谢家智，舒维佳. 社会资本与农户多维贫困的门槛效应分析 [J]. 数理统计与管理，2018，37（6）：1 063-1 072.

[8] 车四方，谢家智，舒维佳. 基于不同权重选取的多维贫困测度与分析 [J]. 数量经济研究，2018，9（2）：47-60.

[9] 车四方，谢家智，姚领. 社会资本、农村劳动力流动与农户家庭多维贫困 [J]. 西南大学学报（社会科学版），2019，45（2）：61-73，196.

[10] 陈晖. 农村劳动力流动中的社会资本分析 [J]. 农村经济，2008（6）：78-82.

[11] 陈立中. 转型时期我国多维度贫困测算及其分解 [J]. 经济评论，2008（5）：5-10.

[12] 陈健，陈杰，高波. 信贷约束、房价与居民消费率：基于面板门槛模型的研究 [J]. 金融研究，2012（4）：45-57.

［13］陈云松，范晓光. 社会资本的劳动力市场效应估算：关于内生性问题的文献回溯和研究策略［J］. 社会学研究，2011，25（1）：167-195，245.

［14］陈卓. 超社会资本、强社会资本与教育公平：从当今中国教育影响社会分层的视角［J］. 青年研究，2010（5）：75-84，96.

［15］程名望，JIN YANHONG，盖庆恩，等. 农村减贫：应该更关注教育还是健康：基于收入增长和差距缩小双重视角的实证［J］. 经济研究，2014，49（11）：130-144.

［16］崔万田，何春. 城镇化的农村减贫效应：理论机制与实证检验［J］. 经济科学，2018（4）：89-102.

［17］慈勤英，王卓祺. 失业者的再就业选择：最低生活保障制度的微观分析［J］. 社会学研究，2006（3）：135-150.

［18］邓力源，唐代盛，余驰晨. 我国农村居民健康人力资本对其非农就业收入影响的实证研究［J］. 人口学刊，2018，40（1）：102-112.

［19］丁冬，王秀华，郑凤田. 社会资本、农户福利与贫困：基于河南省农户调查数据［J］. 中国人口资源与环境，2013，23（7）：122-128.

［20］董金秋. 推动与促进：家庭资本对青年农民非农就业行为的影响机制探析［J］. 青年研究，2011（1）：55-62.

［21］都阳，朴之水. 劳动力迁移收入转移与贫困变化［J］. 中国农村观察，2003（5）：2-9，17.

［22］樊士德，江克忠. 中国农村家庭劳动力流动的减贫效应研究：基于CFPS数据的微观证据［J］. 中国人口科学，2016（5）：26-34.

［23］方黎明，谢远涛. 人力资本、社会资本与农村已婚男女非农就业［J］. 财经研究，2013，39（8）：122-132.

［24］方迎风. 中国贫困的多维测度［J］. 当代经济科学，2012（4）：7-15.

［25］付慧娟. 社会资本对农村劳动力非农就业的影响：基于浙江省4个山区县农户的调研［D］. 浙江：浙江农林大学，2015.

［26］姜正和，陈震. 疾病风险、流动性约束与居民消费：基于中国微观调查数据的经验研究［J］. 消费经济，2014，30（3）：3-10，29.

［27］蒋乃华，卞智勇. 社会资本对农村劳动力非农就业的影响：来自江苏的实证［J］. 管理世界，2007（12）：158-159.

［28］高帅，毕洁颖. 农村人口动态多维贫困：状态持续与转变［J］. 中国人口·资源与环境，2016，26（2）：76-83.

[29] 高艳云. 中国城乡多维贫困的测度及比较 [J]. 统计研究, 2012, 29 (11): 61-66.

[30] 郭建宇, 吴国宝. 基于不同指标及权重选择的多维贫困测量: 以山西省贫困县为例 [J]. 中国农村经济, 2012 (2) 12-19.

[31] 郭菲, 张展新. 农民工新政下的流动人口社会保险: 来自中国四大城市的证据 [J]. 人口研究, 2013, 37 (3): 29-42.

[32] 郭熙保, 周强. 长期多维贫困、不平等与致贫因素 [J]. 经济研究, 2016, 51 (6): 143-156.

[33] 郭熙保, 周强. 中国农村代际多维贫困实证研究 [J]. 中国人口科学, 2017 (4): 79-88, 129-130.

[34] 郭云南, 姚洋. 宗族网络与村庄收入分配 [J]. 管理世界, 2014 (1): 73-89.

[35] 韩海彬, 张莉. 农业信息化对农业全要素生产率增长的门槛效应分析 [J]. 中国农村经济, 2015 (8): 11-21.

[36] 郝宇, 尹佳音, 杨东伟. 中国能源贫困的区域差异探究 [J]. 中国能源, 2014, 36 (11): 34-38.

[37] 胡翠萍. 基于AHP-变异系数法的我国副省级城市科技竞争力评价研究 [J]. 科技管理研究, 2012, 32 (20): 77-80.

[38] 胡伦, 陆迁, 杜为公. 社会资本对农民工多维贫困影响分析 [J]. 社会科学, 2018 (12): 25-38.

[39] 黄斌, 徐彩群. 农村劳动力非农就业与人力资本投资收益 [J]. 中国农村经济, 2013 (1): 67-75, 86.

[40] 黄枫, 甘犁. 过度需求还是有效需求: 城镇老人健康与医疗保险的实证分析 [J]. 经济研究, 2010, 45 (6): 105-119.

[41] 黄伟伟, 陆迁, 赵敏娟. 社会资本对西部贫困地区农村老年人健康质量的影响路径: 基于联立方程模型的中介效应检验 [J]. 人口与经济, 2015 (5): 61-71.

[42] 黄祖辉, 刘西川, 程恩江. 贫困地区农户正规信贷市场低参与程度的经验解释 [J]. 经济研究, 2009 (4): 116-128.

[43] 李峰, 良清, 潘露露. 对多维贫困指标和权重的探索: 基于CFPS数据的分析 [J]. 江西财经大学学报, 2018 (6): 82-93.

[44] 李健. 企业政治战略、政治性社会资本与政治资源获取: 政府俘获微观机理的实证分析 [J]. 公共行政评论, 2013, 6 (4): 108-129, 180-181.

[45] 李佳路. 农户多维度贫困测量: 以 S 省 30 个国家扶贫开发工作重点县为例 [J]. 财贸经济, 2010 (10): 63-68.

[46] 李君甫. 贫困地区农民非农就业中的职业教育和培训研究 [D]. 西安: 西北农林科技大学, 2004.

[47] 李庆海, 吕小锋, 李锐, 等. 社会资本能够缓解农户的正规和非正规信贷约束吗? 基于四元 Probit 模型的实证分析 [J]. 南开经济研究, 2017 (5): 77-98.

[48] 李锐, 朱喜. 农户金融抑制及其福利损失的计量分析 [J]. 经济研究, 2007 (2): 146-155.

[49] 李艳珍. 社会互动、个体特征对商业健康保险参保行为的影响研究 [D]. 西安: 西北大学, 2017.

[50] 李实. 阿玛蒂亚·森与他的主要经济学贡献 [J]. 改革, 1999 (1): 101-109.

[51] 李石新, 高嘉蔚. 中国农村劳动力流动影响贫困的理论与实证研究 [J]. 科学经济社会, 2011, 29 (4): 5-11.

[52] 李成友, 孙涛. 渠道信贷约束、非正规金融与农户福利水平 [J]. 改革, 2018 (10): 90-101.

[53] 连玉君, 程建. 不同成长机会下资本结构与经营绩效之关系研究 [J]. 当代经济科学, 2006, 28 (2): 97-103.

[54] 梁爽, 张海洋, 平新乔, 等. 财富、社会资本与农户的融资能力 [J]. 金融研究, 2014 (4): 83-97.

[55] 林毅夫, 塞勒斯汀·孟加. 战胜命运 [M]. 张晓彤, 顾炎民, 薛明, 译. 北京: 北京大学出版社, 2017: 32.

[56] 刘彬彬, 陆迁, 李晓平. 社会资本与贫困地区农户收入: 基于门槛回归模型的检验 [J]. 农业技术经济, 2014 (11): 40-51.

[57] 刘西川. 贫困地区农户的信贷需求与信贷约束 [D]. 杭州: 浙江大学, 2007.

[58] 刘一楠. 信贷约束、房地产抵押与金融加速器: 一个 DSGE 分析框架 [J]. 财经科学, 2017 (2): 18-30.

[59] 刘一伟. 社会保险缓解了农村老人的多维贫困吗? 兼论"贫困恶性循环"效应 [J]. 科学决策, 2017 (2): 26-43.

[60] 刘一伟. 社会保障支出对居民多维贫困的影响及其机制分析 [J]. 中央财经大学学报, 2017 (7): 9-20.

[61] 刘一伟,习力.社会资本、非农就业与农村居民贫困[J].华南农业大学学报(社会科学版),2018(2):61-71.

[62] 刘一伟.收入不平等对地方政府信任的影响及其机制分析[J].探索,2018(2):38-47.

[63] 刘欢.社会保障支出是否缩小了老年收入差距?[J].财经论丛,2018(4):31-39.

[64] 刘靖.非农就业、母亲照料与儿童健康:来自中国乡村的证据[J].经济研究,2008(9):136-149.

[65] 刘魏.土地征用、非农就业与城郊农民收入研究[D].重庆:西南大学,2017.

[66] 龙翠红,易承志.政府信任与社会资本对农民医保参与的影响:基于CGSS2012数据的实证分析[J].华中师范大学学报(人文社会科学版),2016,55(6):44-54.

[67] 陆铭,张爽.劳动力流动对中国农村公共信任的影响[J].世界经济文汇,2008(4):76-87.

[68] 罗楚亮.经济增长、收入差距与农村贫困[J].经济研究,2012,47(2):15-27.

[69] 罗连发.社会资本与农村减贫研究[D].武汉:武汉大学,2012.

[70] 马若孟.中国农民经济:河北和山东的农民发展,1890-1949[M].史建云,译.南京:江苏人民出版社,2013:169.

[71] 马瑜,李政宵,马敏.中国老年多维贫困的测度和致贫因素:基于社区和家庭的分层研究[J]经济问题,2016(10):27-33.

[72] 孟庆国,胡鞍钢.消除健康贫困应成为农村卫生改革与发展的优先战略[J].中国卫生资源,2000(6):245-249.

[73] 聂爱霞.失业保险金对失业者再就业行为影响的Logistic分析:以厦门市为例[J].东南学术,2008(5):89-94.

[74] 庞丽华,Scott Rozelle,Alan de Brauw.中国农村老人的劳动供给研究[J].经济学(季刊),2003(2):721-730.

[75] 潘慧,章元.中国战胜农村贫困:从理论到实践[M].北京:北京大学出版社,2017:47-53.

[76] 潘杰,雷晓燕,刘国恩.医疗保险促进健康吗:基于中国城镇居民基本医疗保险的实证分析[J].经济研究,2013,48(4):130-142,156.

[77] 齐良书. 新型农村合作医疗的减贫、增收和再分配效果研究 [J]. 数量经济技术经济研究, 2011, 28 (8): 35-52.

[78] 钱龙. 非农就业、农地流转与农户农业生产变化 [D]. 杭州: 浙江大学, 2016.

[79] 秦淑贞. 我国社会保险支出对就业影响效应研究 [D]. 北京: 首都经济贸易大学, 2018.

[80] 曲如晓, 曾燕萍. 国外文化资本研究综述 [J]. 国外社会科学, 2016 (2): 100-108.

[81] 邵德兴. 政府干预、社会资本与新型农村合作医疗制度的创建 [J]. 科学社会主义, 2005 (5): 63-66.

[82] 邵敏, 包群, 叶宁华. 贷融资约束对员工收入的影响: 来自我国企业微观层面的经验证据 [J]. 经济学 (季刊), 2013, 12 (3): 895-912.

[83] 邵延学. 我国农村贫困特点、成因及反贫困对策探讨 [J]. 商业经济, 2014 (9): 29-32.

[84] 沈扬扬, Alkire S, 詹鹏. 中国多维贫困的测度与分解 [J]. 南开经济研究, 2018 (5): 3-18.

[85] 盛冰. 社会资本对当代教育的影响 [J]. 北京师范大学学报 (社会科学版), 2003 (6): 128-134.

[86] 师丽娟, 李锐. 社会网络、收入稳定性与农户储蓄率: 基于工具变量面板分位数回归模型的研究 [J]. 管理工程学报, 2018, 124 (3): 5-12.

[87] 宋涛, 吴玉锋, 陈婧. 社会互动、信任与农民购买商业养老保险的意愿 [J]. 华中科技大学学报 (社会科学版), 2012, 26 (1): 99-106.

[88] 孙博文, 李雪松, 伍新木. 社会资本的健康促进效应研究 [J]. 中国人口科学, 2016 (6): 98-106.

[89] 孙远太. 政府的贫困治理能力及其提升路径 [J]. 开发研究, 2015 (3): 31-34.

[90] 孙文凯, 白重恩, 谢沛初. 户籍制度改革对中国农村劳动力流动的影响 [J]. 经济研究, 2011 (1): 28-41.

[91] 谭燕芝, 张子豪. 社会网络、非正规金融与农户多维贫困 [J]. 财经研究, 2017, 43 (3): 43-56.

[92] 唐立强, 周静. 社会资本、就业身份与农村居民非农收入: 基于CGSS2013调查数据的实证分析 [J]. 农村经济, 2017 (5): 109-115.

［93］托马斯·福特·布朗，木子西. 社会资本理论综述［J］. 马克思主义与现实，2000（2）：41-46.

［94］王朝明，姚毅. 中国城乡贫困动态演化的实证研究：1990—2005 年［J］. 数量经济技术经济研究，2010（3）：3-15.

［95］万海远，李实. 户籍歧视对城乡收入差距的影响［J］. 经济研究，2013（9）：43-55.

［96］万建香，汪寿阳. 社会资本与技术创新能否打破"资源诅咒"：基于面板门槛效应的研究［J］. 经济研究，2016，51（12）：76-89.

［97］王春超. 政策约束下的农户就业决策与社会互动［J］. 华中师范大学学报（人文社会科学版），2010，49（1）：51-57.

［98］王春超，叶琴. 中国农民工多维贫困的演进：基于收入与教育维度的考察［J］. 经济研究，2014，49（12）：159-174.

［99］王春超，张呈磊，周先波. 社会关系网、朋友圈效应与农民工收入［J］. 经济社会体制比较，2015（3）：65-80.

［100］王璐航. 我国养老保险制度改革的机遇与挑战：基于社会信任视角的研究［J］. 社会科学战线，2015（6）：262-265.

［101］王小林. 消除一切形式的贫困：内涵和政策取向［J］. 地方财政研究，2016（8）：4-9，14.

［102］王小林，Alkire S. 中国多维贫困测量：估计和政策含义［J］. 中国农村经济，2009（12）：4-10.

［103］王小华. 信用约束、信贷调节与农民收入增长［J］. 财贸研究，2015，26（5）：41-50.

［104］王书华，杨有振，苏剑. 农户信贷约束与收入差距的动态影响机制：基于面板联立系统的估计［J］. 经济经纬，2014，31（1）：26-31.

［105］王卓. 中国贫困人口研究［M］. 成都：四川科学技术出版社，2004：2-7.

［106］王一兵. 健康的不确定性与预防性劳动力供给：来自中国农村地区的经验证据［J］. 财经研究，2009，35（4）：96-106.

［107］王博，朱玉春. 改革开放40年中国农村反贫困经验总结：兼论精准扶贫的历史必然性和长期性［J］. 西北农林科技大学学报（社会科学版），2018，18（6）：11-17.

［108］王欢，张亮. 社会资本与我国农村健康贫困的消除［J］. 医学与社会，2006（7）：1-3，7.

[109] 王性玉, 杨涛, 王开阳. 农户信贷中社会资本的信号传递效应研究 [J]. 经济问题探索, 2015 (2): 140-146.

[110] 王永水, 朱平芳. 中国经济增长中的人力资本门槛效应研究 [J]. 统计研究, 2016, 33 (1): 13-19.

[111] 王文略, 刘旋, 余劲. 风险与机会视角下生态移民决策影响因素与多维减贫效应: 基于陕西南部 1032 户农户的面板数据 [J]. 农业技术经济, 2018 (12): 92-102.

[112] 文洪星, 韩青. 非农就业如何影响农村居民家庭消费: 基于总量与结构视角 [J]. 中国农村观察, 2018 (3): 91-109.

[113] 魏宁, 苏群. 健康与农村劳动力非农就业参与: 基于联立方程模型的实证研究 [J]. 农村经济, 2013 (7): 113-117.

[114] 魏众. 健康对非农就业及其工资决定的影响 [J]. 经济研究, 2004 (2): 64-74.

[115] 温忠麟, 叶宝娟. 中介效应分析: 方法和模型发展 [J]. 心理科学进展, 2014, 22 (5): 731-745.

[116] 温忠麟, 张雷, 侯杰泰, 等. 中介效应检验程序及其应用 [J]. 心理学报, 2004, 36 (5): 614-620.

[117] 温涛, 张梓榆, 王定祥. 农村金融发展的人力资本门槛效应研究 [J]. 中国软科学, 2018 (3): 65-75.

[118] 吴军, 夏建中. 国外社会资本理论: 历史脉络与前沿动态 [J]. 学术界, 2012 (8): 67-76, 264-268.

[119] 吴玉锋. 新型农村社会养老保险参与实证研究: 一个信任分析视角 [J]. 人口研究, 2011, 35 (4): 95-104.

[120] 吴玉锋, 王友华, 程莉娜. 新型农村社会养老保险参保率影响因素实证研究: 村域社会资本理论视角 [J]. 人口与发展, 2013, 19 (5): 30-37.

[121] 吴玉锋, 孙金岭. 社会互动、信任与农村居民养老保险参与行为研究 [J]. 华中科技大学学报 (社会科学版), 2015, 29 (3): 98-105.

[122] 伍山林. 农业劳动力流动对中国经济增长的贡献 [J]. 经济研究, 2016 (2): 97-110.

[123] 武岩, 胡必亮. 社会资本与中国农民工收入差距 [J]. 中国人口科学, 2014 (6): 50-61.

[124] 夏玉莲, 匡远配. 农地流转的多维减贫效应分析: 基于 5 省 1218 户农户的调查数据 [J]. 中国农村经济, 2017 (9): 44-61.

[125] 肖严华. 劳动力市场、社会保障制度的多重分割与中国的人口流动 [J]. 学术月刊, 2016 (11): 95-107.

[126] 肖日葵. 家庭背景、文化资本与教育获得 [J]. 教育学术月刊, 2016 (2): 12-20.

[127] 谢爱磊, 洪岩璧. 社会资本概念在教育研究中的应用: 综述与评论 [J]. 清华大学教育研究, 2017, 38 (1): 21-30.

[128] 解垩. 公共转移支付与老年人的多维贫困 [J]. 中国工业经济, 2015 (11): 32-46.

[129] 谢家智, 车四方. 农村家庭多维贫困测度与分析 [J]. 统计研究, 2017, 34 (9): 44-55.

[130] 谢家智, 王文涛. 社会结构变迁、社会资本转换与农户收入差距 [J]. 中国软科学, 2016 (10): 20-36.

[131] 谢勇, 李放. 农民工参加社会保险意愿的实证研究: 以南京市为例 [J]. 人口研究, 2009, 33 (3): 63-70.

[132] 徐慧贤, 肖一鸣. 贫困地区农户社会网络资本信贷信号传递机制研究 [J]. 经济研究参考, 2018 (26): 23-31.

[133] 徐璋勇, 杨贺. 农户信贷行为倾向及其影响因素分析: 基于西部 11 省 (区) 1664 户农户的调查 [J]. 中国软科学, 2014 (3): 45-56.

[134] 许志涛. 不同所有制企业职工基本养老保险收入再分配效应 [J]. 财经论丛, 2014 (4): 34-40.

[135] 薛美霞, 钟甫宁. 农业发展、劳动力转移与农村贫困状态的变化: 分地区研究 [J]. 农业经济问题, 2010, 31 (3): 37-45, 110.

[136] 薛新东, 刘国恩. 社会资本决定健康状况吗: 来自中国健康与养老追踪调查的证据 [J]. 财贸经济, 2012 (8): 113-121.

[137] 杨靳. 人口迁移如何影响农村贫困 [J]. 中国人口科学, 2006 (4): 64-69.

[138] 杨晶. 多维视角下农村贫困的测度与分析 [J]. 华东经济管理, 2014 (9): 33-38.

[139] 杨宜勇, 张强. 我国社会保障制度反贫效应研究: 基于全国省际面板数据的分析 [J]. 经济学动态, 2016 (6): 4-12.

[140] 杨文, 孙蚌珠, 王学龙. 中国农村家庭脆弱性的测量与分解 [J]. 经济研究, 2012 (4): 40-51.

[141] 姚建平. 养老社会保险制度的反贫困分析：美国的实践及对我国的启示 [J]. 公共管理学报, 2008, 5 (3)：105-113, 132.

[142] 姚云云, 邱心凯, 曹隽. 资本的培育：我国农村社区多维贫困治理路径 [J]. 江汉学术, 2015, 34 (4)：39-48.

[143] 叶静怡, 周晔馨. 社会资本转换与农民工收入：来自北京农民工调查的证据 [J]. 管理世界, 2010 (10)：34-46.

[144] 尹飞霄. 人力资本与农村贫困研究：理论与实证 [D]. 南昌：江西财经大学, 2013.

[145] 尤亮, 刘军弟, 霍学喜. 渴望、投资与贫困：一个理论分析框架 [J]. 中国农村观察, 2018 (5)：29-44.

[146] 余艳炯. 户籍管制、信贷约束与农村留守子女教育投资 [J]. 南方经济, 2008 (10)：33-44, 62.

[147] 余泉生, 周亚虹. 信贷约束强度与农户福祉损失：基于中国农村金融调查截面数据的实证分析 [J]. 中国农村经济, 2014 (3)：36-47.

[148] 余秀兰, 韩燕. 寒门如何出贵子：基于文化资本视角的阶层突破 [J]. 高等教育研究, 2018, 39 (2)：8-16.

[149] 袁月兴, 杨帅, 温铁军. 社会资本与农户信贷约束缓解：山西蒲韩乡村合作与台湾农会比较研究 [J]. 贵州社会科学, 2012 (6)：53-56.

[150] 翟绍果. 健康贫困的协同治理：逻辑、经验与路径 [J]. 治理研究, 2018, 34 (5)：53-60.

[151] 张锦华, 刘进, 许庆. 新型农村合作医疗制度、土地流转与农地滞留 [J]. 管理世界, 2016 (1)：99-109.

[152] 张晓棠, 荆心. 关系型社会资本与企业知识获取绩效研究 [J]. 商业时代, 2012 (18)：90-91.

[153] 张里程, 汪宏, 王禄生, 等. 社会资本对农村居民参与新型农村合作医疗支付意愿的影响 [J]. 中国卫生经济, 2004 (10)：15-18.

[154] 张川川, JOHN GILES, 赵耀辉. 新型农村社会养老保险政策效果评估：收入、贫困、消费、主观福利和劳动供给 [J]. 经济学（季刊）, 2015, 14 (1)：203-230.

[155] 张川川, 胡志成. 政府信任与社会公共政策参与：以基层选举投票和社会医疗保险参与为例 [J]. 经济学动态, 2016 (3)：67-77.

[156] 张琦, 黄承伟. 完善扶贫脱贫机制研究 [M]. 北京：经济科学出版社, 2015：23-25.

[157] 张全红, 周强. 中国多维贫困的测度及分解: 1989—2009 年 [J]. 数量经济技术经济研究, 2014 (6): 88-101.

[158] 张全红, 周强. 中国贫困测度的多维方法和实证应用 [J]. 中国软科学, 2015 (7): 29-41.

[159] 张全红, 周强. 中国农村多维贫困的测度与反贫困政策研究 [M]. 武汉: 华中科技大学出版社, 2018: 131-138.

[160] 张伟宾, 汪三贵. 扶贫政策、收入分配与中国农村减贫 [J]. 农业经济问题, 2013, 34 (2): 66-75, 111.

[161] 张伟明, 莫玮俏, 傅俊辉. 社会网络视角下劳动力流动的机理与效应研究 [J]. 西北人口, 2016, 1 (2): 53-58.

[162] 张宁, 张兵. 农村非正规金融、农户内部收入差距与贫困 [J]. 经济科学, 2015 (1): 53-65.

[163] 张鑫, 谢家智, 张明. 社会资本、借贷特征与农民创业模式选择 [J]. 财经问题研究, 2015 (3): 104-112.

[164] 章元, 许庆, 邬璟璟. 一个农业人口大国的工业化之路: 中国降低农村贫困的经验 [J]. 经济研究, 2012, 47 (11): 76-87.

[165] 赵剑治, 陆铭. 关系对农村收入差距的贡献及其地区差异: 一项基于回归的分解分析 [J]. 经济学季刊, 2010, 9 (1): 363-390.

[166] 赵连阁, 邓新杰, 王学渊. 社会经济地位、环境卫生设施与农村居民健康 [J]. 农业经济问题, 2018 (7): 96-107.

[167] 赵宁. 社会资本视角下农村多元化养老模式研究 [J]. 社会保障研究, 2018 (2): 30-35.

[168] 赵雪雁. 社会资本测量研究综述 [J]. 中国人口资源与环境, 2012, 22 (7): 127-133.

[169] 赵雪雁, 陈欢欢, 马艳艳, 等. 2000—2015 年中国农村能源贫困的时空变化与影响因素 [J]. 地理研究, 2018, 37 (6): 1 115-1 126.

[170] 赵延东, 洪岩璧. 社会资本与教育获得: 网络资源与社会闭合的视角 [J]. 社会学研究, 2012 (5): 47-68.

[171] 郑功成. 中国民生的两大主题: 社会保障与促进就业 [J]. 理论探讨, 2004 (5): 47-49.

[172] 郑功成. 中国社会保障发展报告 [M]. 北京: 人民出版社, 2016: 35.

[173] 郑建君. 政治沟通在政治认同与国家稳定关系中的作用: 基于 6159 名中国被试的中介效应分析 [J]. 政治学研究, 2015 (1): 86-103.

[174] 郑莉莉. 社会医疗保险、健康和经济增长：基于 VAR 模型的实证分析 [J]. 商学研究, 2018, 25 (5): 98-106.

[175] 钟甫宁, 何军. 增加农民收入的关键：扩大非农就业机会 [J]. 农业经济问题, 2007 (1): 62-70, 112.

[176] 周春芳. 经济发达地区农户土地流转影响因素的实证研究 [J]. 西北农林科技大学学报 (社会科学版), 2012, 12 (6): 37-43.

[177] 周彬彬. 我国扶贫政策中几个值得探讨的问题 [J]. 农业经济问题, 1991 (10): 40-46.

[178] 周广肃, 樊纲, 申广军. 收入差距、社会资本与健康水平：基于中国家庭追踪调查 (CFPS) 的实证分析 [J]. 管理世界, 2014 (7): 12-21.

[179] 周光霞, 林乐芬. 城市集聚经济与劳动力流动：理论框架与实证研究 [J]. 商业研究, 2018 (3): 152-161.

[180] 周强. 多维贫困与反贫困绩效评估：理论方法与实证 [M]. 北京：经济科学出版社, 2018: 48-53.

[181] 周强, 张全红. 中国家庭长期多维贫困状态转化及教育因素研究 [J]. 数量经济技术经济研究, 2017, 34 (4): 3-19.

[182] 周钦, 蒋炜歌, 郭昕. 社会保险对农村居民心理健康的影响：基于 CHARLS 数据的实证研究 [J]. 中国经济问题, 2018 (5): 125-136.

[183] 周小刚, 陈熹. 关系强度、融资渠道与农户借贷福利效应：基于信任视角的实证研究 [J]. 中国农村经济, 2017 (1): 18-31, 95-96.

[184] 邹薇, 方迎风. 关于中国贫困的动态多维度研究 [J]. 中国人口科学, 2011 (6): 49-59.

[185] 邹薇, 程波. 中国教育贫困 "不降反升" 现象研究 [J]. 中国人口科学, 2017 (5): 12-28, 126.

[186] 周晔馨. 社会资本是穷人的资本吗：基于中国农户收入的经验证据 [J]. 管理世界, 2012 (7): 83-95.

[187] 周晔馨, 叶静怡. 社会资本在减轻农村贫困中的作用：文献述评与研究展望 [J]. 南方经济, 2014, 32 (7): 35-57.

[188] 周玉龙, 孙久文. 社会资本与农户脱贫：基于中国综合社会调查的经验研究 [J]. 经济学动态, 2017 (4): 16-29.

[189] 周禹彤. 教育扶贫的价值贡献 [D]. 北京：对外经济贸易大学, 2017.

[190] 朱梦冰, 李实. 精准扶贫重在精准识别贫困人口：农村低保政策的瞄准效果分析 [J]. 中国社会科学, 2017 (9): 90-112, 207.

[191] 朱启臻. 正确认识土地与农民的关系 [J]. 农村工作通讯, 2015 (5): 49-49.

[192] ADAMS R H, PAGE J. Do international migration and remittances reduce poverty in developing countries? [J]. World development, 2005, 33 (10): 1 645-1 669.

[193] ADAMS R H. International remittances and the household: Analysis and review of global evidence [J]. Journal of african economies, 2007, 15 (2): 396-425.

[194] ADETILOYE K A. Agricultural financing in Nigeria: An assessment of the agricultural credit guarantee scheme fund for food security in Nigeria (1978-2006) [J]. Journal of economics, 2012, 3 (1): 39-48.

[195] ALKIRE S, SANTOS M E. Acute Multidimensional Poverty: A New Index for Developing Countries [C]. Queen Elizabeth House, University of Oxford, 2011.

[196] ALKIRE S, FOSTER J. Counting and multidimensional poverty measurement [J]. Journal of public economics, 2011, 95 (7): 476-487.

[197] ALKIRE S, FOSTER J. Understandings and misunderstandings of multidimensional poverty measurement [J]. Journal of economic inequality, 2011, 9 (2): 289-314.

[198] ALKIRE S, APABLAZA M, CHAKRAVARTY S, et al. Measuring chronic multidimensional poverty [J]. Journal of policy modeling, 2017, 39: 983-1 006.

[199] ALKIRE S, SANTOS M E. Acute multidimensional poverty: A new index for developing countries [J]. World Development, 2014 (59): 251-274.

[200] ANNONI P, BRUGGEMANN R, CARLSEN L. A multidimensional view on poverty in the European Union by partial order theory [J]. Journal of applied statistics, 2015, 42 (3): 535-554.

[201] AZEEM M M, MUGERA A W, SCHILIZZI S. Vulnerability to multidimensional poverty: An empirical comparison of alternative measurement approaches [J]. Journal of development studies, 2018, 54 (2): 1-25.

[202] ARABACI R Y. Redistribution of income in Turkish social security system [J]. Journal of academic studies, 2010, 12 (45): 165-179.

[203] ASONGU S A. How do financial reforms affect inequality through financial sector competition? Evidence from Africa [J]. Mpra paper, 2013, 33 (1): 401-414.

[204] ATKINSONt A B. Multidimensional deprivation: Contrasting social welfare and counting approaches [J]. The journal of economic inequality, 2003, 1 (1): 51-65.

[205] ATTANASIO O, BARR A, CARDENAS J C, et al. Risk pooling, risk preferences, and social network [J]. American economic journal: Applied economics, 2012, 4 (2): 134-167.

[206] AWOJOBI O, BEIN M A. Microfinancing for poverty reduction and economic development: A case for Nigeria [J]. International research journal of finance and economics, 2011, 72: 159-168.

[207] BOURGUIGNON F, CHAKRAVARTY S R. The measurement of multidimensional poverty [J]. The journal of economic inequality, 2003, 1 (1): 25-49.

[208] BOURDIEU P. Le capital social: Notes provisoires [J]. Actes de la recherche en sciences sociales, 1980, 3: 3-6.

[209] CAPITA W I S. Social capital: Implications for development theory, research, and policy [J]. The world bank research observer, 2000, 15 (2): 225-49.

[210] CARTER M R, MALUCCIO J A. Social capital and coping with economic shocks: An analysis of stunting of south african children [J]. World development, 2003, 31 (7): 1 147-1 163.

[211] CAVAPOZZI D, HAN W, MINIACI R. Alternative weighting structures for multidimensional poverty assessment [J]. The journal of economic inequality, 2015, 13 (3): 425-447.

[212] CHAKRAVARTY S R, DEUTSCH J, SILBER J. On the Watts multidimensional poverty index and its decomposition [J]. World development, 2008, 36 (6): 1067-1077.

[213] CHANTARAT S, BARRETT C B. Social network capital, economic mobility and poverty traps [J]. Journal of economic inequality, 2012, 10 (3): 299-342.

[214] CHELI B, LEMMI A. A totally fuzzy and relative approach to the multidimensional analysis of poverty [J]. Economic notes, 1995, 24 (1): 115-134.

[215] COLEMAN J S. Social capital in the creation of human capital [J]. American journal of sociology, 1988, 94: 95-120.

[216] DANZER A M, DIETZ B, GATSKOVA K, et al. Showing off to the new neighbors? Income, socioeconomic status and consumption patterns of internal migrants [J]. Journal of comparative economics, 2014, 42 (1): 230-245.

[217] DECANCQ K, LUGO M A. Weights in multidimensional indices of well being: An overview [J]. Econometric reviews, 2013, 32 (1): 7-34.

[218] DEHURY B, MOHANTY S K. Regional estimates of multidimensional poverty in India [J]. Economics discussion papers, 2015, 9: 1-23.

[219] DURLAUF S N, FAFCHAMPS M. Empirical studies of social capital: A critical survey [J]. Journal of chemical physics, 2003, 92 (6): 3359-3376.

[220] ESTRIN S, PREVEZER M. The role of informal institutions in corporate governance: Brazil, Russia, India, and China compared [J]. Asia pacific journal of management, 2011, 28 (1): 41-67.

[221] ESPINOZA D J, STEPHAN K. Gender and multidimensional poverty in Nicaragua: An individual based approach [J]. World development, 2018, 110: 466-491.

[222] FATTORE M. Partially ordered sets and the measurement of multidimensional ordinal deprivation [J]. Social indicators research, 2016, 128 (2): 835-858.

[223] FENG S, HEERINGK N, RUBEN R, et al. Land rental market, off-farm employment and agricultural production in southeast China: A plot-level case study [J]. China economic review, 2010, 21 (4): 598-606.

[224] FOSTER J, GREER J, THORBECKE E. A class of decomposable poverty measures [J]. Econometrica, 1984, 52 (3): 761-766.

[225] FRITZ M S, MACKINNON D P. Required sample size to detect the mediated effect [J]. Psychological science, 2007, 18 (3): 233-239.

[226] FROLICH M, MELLY B. Unconditional quantile treatment effects under endogeneity [J]. Journal of business & economic statistics, 2013, 31 (3): 346-357.

[227] FOLTZ J. Credit market access and profitability in Tunisian agriculture [J]. Agriculture economics, 2004, 84 (2): 37-54.

[228] GERTLER P, LEVINE D I, MORETTI E. Is social capital the capital of the poor? The role of family and community in helping insure living standards against health shocks [J]. CESifo economic studies, 2006, 52 (3): 455-499.

[229] GERLITZ J Y, APABLAZA M, HOERMANN B, et al. A multidimensional poverty measure for the Hindu Kush - Himalayas, applied to selected districts in Nepal [J]. Mountain research & development, 2015, 35 (3): 278-288.

[230] GRANOVETTER M. Economic action and social structure: The problem of embeddedness [J]. American journal of sociology, 1985, 91 (3): 481-510.

[231] GRAY C L, BILSBORROW R E. Consequences of out-migration for land use in rural Ecuador [J]. Land use policy, 2014, 36 (1): 182-191.

[232] GROOTAERT C. Social capital, houshold welfare, and poverty in Indonesia [J]. Policy research working Paper, 2010, 11 (1): 4-38.

[233] GROOTAERT C, NARAYAN D, JONES V N, et al. Measuring social capital: An integrated questionnaire [J]. World bank publications, 2010, 49 (2): 201-220.

[234] GUPTA S, PATTILLO C A, WAGH S. Effect of remittances on poverty and financial development in Sub-Saharan Africa [J]. World development, 2009, 37 (1): 104-115.

[235] GURIEV S, VAKULENKO E. Breaking out of poverty traps: Internal migration and interregional convergence in Russia [J]. Journal of comparative economics, 2015, 43 (3): 633-649.

[236] HANSEN B E. Threshold effects in non-dynamic panels: Estimation, testing and inference [J]. Journal of econometrics, 1999, 93 (2): 345-368.

[237] HAGENAARS A. A class of poverty indices [J]. International economic review, 1987, 28 (3): 583-607.

[238] HAYES A F, SCHARKOW M. The relative trustworthiness of inferential tests of the indirect effect in statistical mediation analysis: Does method really matter? [J]. Psychological science, 2013, 24 (10): 1 918-1 927.

[239] HUYSMAN M, WULF V Exploring the eagerness to share knowledge: The role of social capital and ICT in knowledge sharing [C]. MIT Press, 2004.

[240] Karlan D, MOBIUS M, TANYA R, et al. Trust and social collateral [J]. The quarterly journal of economics, 2009, 124 (3): 1 307-1 361.

[241] KOCHAR A. Does lack of access to formal credit constrain agricultural production? Evidence from the land tenancy market in rural India [J]. American journal of agricultural economics, 1997, 79 (3): 754-763.

[242] KOENKER R, BASSETT G. Regression quantiles [J]. Econometrica, 1978, 46 (1): 33-50.

[243] KORTE R, LIN S. Getting on board: Organizational socialization and the contribution of social capital [J]. Human relations, 2013, 66 (3): 407-428.

[244] KRISHNA A. Understanding, measuring and utilizing social capital: Clarifying concepts and presenting a field application from India [J]. Agricultural systems, 2004, 82 (3) 291-305.

[245] KUNG K S. Off-farm labor markets and the emergence of land rental markets in rural China [J]. Journal of Com-parative Economics, 2002, 30 (2): 395-414.

[246] KYSUCKY V, NORDEN L. The benefits of relationship lending in a cross-country context: A meta-analysis [J]. Social Science Electronic Publishing, 2016, 62 (1): 90-100.

[247] LEWIS W A. Economic development with unlimited supplies of labour [J]. The manchester school, 1954, 22 (2): 139-191.

[248] LIPPIT V D. Human development report, 1997 [J]. New York New York Oxford University Press, 2000, 48 (4): 903-906.

[249] LUCAS O S. Motivations to remit: Evidence from Botswana [J]. Journal of political Economy, 1985, 93 (5): 901-918.

[250] MACKINNON D P, LOCKWOOD CM, HOFFMAN JM, et al. A comparison of methods to test mediation and other intervening variable effects [J]. Psychol methods, 2002, 8 (1): 1-35.

[251] MADDOX J G. Private and social costs of the movement of people out of agriculture [J]. The american economic review, 1960, 50 (2): 392-402.

[252] MATHENGE M K, SMALE M, TSCHIRLEY D. Off-farm employment and input intensification among smallholder maize farmers in Kenya [J]. Journal of agricultural economics, 2015, 66 (2): 519-536.

[253] MUSHONGERA D, ZIKHALI P, NGWENYA P. A multidimensional poverty index for Gauteng province, south africa: Evidence from quality of life survey data [J]. Social Indicators Research, 2017, 130: 1-27.

[254] NAHAPIET J, GHOSHAL S. Social capital, intellectual capital, and the organizational advantage [J]. Academy of management review, 1998, 23 (2): 242-266.

[255] NGUYEN C V, VAN B M, LENSINK R. The impact of work and non-work migration on household welfare, poverty and inequality [J]. Economics of transition, 2011, 19 (4): 771-799.

[256] NJONG A M, NINGAYE P. Characterizing weights in the measurement of multidimensional poverty: An application of data drive approaches to cameroonian data [J]. Journal of spinal disorders & techniques, 2008, 2005 (6): 7-10.

[257] PREACHER K J, HAYES A F. SPSS and SAS procedures for estimating indirect effects in simple mediation models [J]. Behavior research methods instruments & computers, 2004, 36 (4): 717-731.

[258] RAMOS X, SILBER J. On the application of efficiency analysis to the study of the dimensions of human development [J]. Review of income and wealth, 2005, 51 (2): 285-309.

[259] RIPPIN N. Multidimensional poverty in Germany: A capability approach [J]. Forum for social economics, 2017, 45: 1-26.

[260] ROWNTREE B S, HUNTER R. Poverty: A study of town life [J]. Charity organisation review, 1902, 11 (65): 260-266.

[261] SAMPHANTHARAK K, TOWNSEND R M. Households as corporate firms: An analysis of household finance using integrated household surveys and corporate financial accounting [J]. Econometric society monograph, 2009, 10 (5): 79-116.

[262] SHOJI M, AOYAGI K, KASAHARA R, et al. Social capital formation in an imperfect credit market: Evidence from Sri Lanka [J]. World development, 2012, 40 (12): 2522-2536.

[263] SOBEL E, WILEY J, SOBELl M E. Asymptotic confidence intervals for indirect effects [J]. Sociological methodology, 1982, 13 (13): 290-312.

[264] WANG Q. Fixed-effect panel threshold model using Stata [J]. The stata journal, 2015, 15 (1): 121-133.

[265] WEBER R, MUSSOFF O. Is agricultural microcredit really more risky? Evidence from Tanzania [J]. Agricultural finance review, 2012, 72 (3): 416-435.

[266] YANG J, WANG H, JIN S, et al. Migration, local off-farm employment, and agricultural production efficiency: evidence from China [J]. Journal of productivity analysis, 2016, 45 (3): 247-259.

[267] ZHAO X, LYNCH J G, CHEN Q. Reconsidering Baron and Kenny: Myths and truths about mediation analysis [J]. Journal of consumer research, 2010, 37 (2): 197-206.

后记

　　本书是我在博士学位论文的基础上扩展而成的。贫困古已有之且是全世界共同面临的难题，我的家乡曾经是缺水、缺电、缺路（指公路）的极度多维贫困地区，虽然我国 2020 年已实现全面脱贫，但村民生活至今仍不富裕。因此，选择贫困问题作为博士论文选题，很大程度上是由于我从小就与贫困打交道，对贫穷非常熟悉，于是立志与"贫根"说"不"；同时，我在踏入人文社科领域的研究大门时，贫困问题始终萦绕在心间，我想从理论层面对贫困问题进行深入探究，以期为化解贫困提供力所能及的智力支持。虽然经过四年的艰辛付出，几易其稿，博士论文终于可以付梓出版，但由于我水平有限，书中难免存在瑕疵，前路漫漫，未来依旧任重而道远。

　　党的十八大以后，习近平总书记提出了"精准扶贫、精准脱贫"的理念，标志着中国的脱贫攻坚进入了崭新时代。打赢脱贫攻坚战已然成为当下时代的"主旋律"，这既是中国共产党对人民的庄严承诺，也是中国全面进入小康社会的基石。诚然，经过近些年的不懈奋斗，在现行的贫困标准下，我国的绝对收入贫困问题在 2020 年末已宣告结束。但是，贫困不仅仅是收入水平的低下，还应该是人的基本可行能力的不足。事实上，可行能力涵盖的内容很广，如教育的获取、疾病的救助、基本公共服务机会的均等。也就是说，贫困从本质上讲应该是多维的。因此，消除多维贫困才是真正彻底的拔除"贫根"。本书正是以多维贫困为落脚点，从理论和实证层面探究缓解多维贫困的机制和影响效应问题。对于一个从纯理科跨界的外行来讲，这样一个选题是极具挑战性的。从刚跨入该领域时的"趾高气扬"，认为自己什么都行，到经历一次次失败的打击，心情一度跌入谷底，认为自己什么都不行，我也曾有过黯然神伤的绝望和夜不能寐的煎熬。但好在我的博士生导师谢家智教授耐心地点拨我，让我能及时拨开云雾见光明。经过四年持续而艰苦的奋斗，我终于迎来了胜利的曙光。回想这四年，感激之情油然而生。

首先要感谢我的博士生导师谢家智教授，谢老师渊博的知识、开阔的学术视野、严谨的治学态度、敏锐的学术目光以及平易近人的处事之道无不令我拜服。时间回到四年前，还记得我第一次给谢老师打电话考博士时的忐忑心情，谢老师并没有因为我是纯理科生而拒绝我，反而鼓励我报考。在备考期间，谢老师隔三岔五发邮件询问我的备考进展，并给予我充分的指导。在谢老师的关心和帮助下，我才顺利考上了博士研究生。能成为谢老师的学生，可以说三生有幸。还记得2015年6月23日，这一天原本是一个普通的日子，但对我而言又是极为不普通的，因为这一天是我结束硕士学业返渝后第一次踏入谢老师的办公室，谢老师花了整整一下午的时间，给我上了第一课，包括如何做研究、如何做职业规划、如何克服将要面临的困难，并引领我进入他的研究领域，那天下午正式开启了我跨学校、跨学科、跨专业的博士研究生生活。由于是跨界，我的经济金融基础知识储备严重不足，每到关键时刻更是凸显得淋漓尽致。但是，谢老师总是能在重要时刻给我醍醐灌顶般的指导，从而让我茅塞顿开。还记得博士论文开题，我自由探索了将近一年时间，然而效果却不佳，在经历了第一次开题失败后，我有些气馁，陷入方法困局而不能自拔。谢老师一直告诫我：以问题为导向，以数理方法为工具进行研究，并不断引导我、鼓励我、提振我的自信心，让我继续探索。又过了半年，我面临第二次开题，如果再次失败，那将会严重影响我的博士论文进度，而此时的我还是处于迷糊状态，依然没有找到合适的方向。这时，谢老师凭借他对学术的敏锐度和经验积累，在开题前一周为我拟定了博士论文题目，即"社会资本与农户多维贫困：作用机制与影响效应"，并一遍遍地帮我修改提纲，最终该选题获得了七位开题专家的一致认可。由此可见，谢老师具有高瞻远瞩的学术目光，我的选题成功完全归功于谢老师。还记得第一次撰写小论文，谢老师一字一句给予点评并指导我如何写引言、摘要、理论以及结论，同时将他多年写文章所总结的经验倾囊相授，使得我现在的行文风格无不烙上"谢氏印记"，当然我还远不及谢老师那样功底深厚、游刃有余，弟子愚钝，可能只学到了皮毛而导致形似而神不似。撰写只是第一步，投稿也是重要的环节，每当写出一篇文章，谢老师都会帮忙反复修改、雕琢，然后亲力亲为地根据文章风格投到合适的期刊。印象最深的是与我博士论文完全相关的第一篇文章，当时有个外审专家针对创新点提了一个问题，我自己查阅文献并苦思冥想了好几天，但始终无法攻克，如果当时这一疑问得不到解决，期刊肯定会做退稿处理。这时，谢老师花了不到十分钟的时间帮我找到了解决方案，我根据谢老师的建议修改后，将文章返给期刊社，果然奏效，期刊很快录用了那篇文章。可以说，我的博士论文能顺利完成，谢老师倾注了太多的心血，他总是能一针见血地指出其中存在的问题，并不断帮我修改和完善。同时，谢老师还给了我很多锻炼的机会，让我有幸参与他的国家社科基金重点项目，这让我更加见识到谢老师思维的敏捷性、前瞻性，也让我更加深刻感受到了谢老师对待学术的敬畏之心以及研究学术时一丝不苟的态度；谢老师让我参与他的横向课题，带我参加外面的开题结题会，这增长了我的见闻并开阔了我的视野；谢老师还让我参与申请研究项目，虽然由于我的学术功底短浅并未在其中起到关键作用，但这也让我见证了申请项目的整个过程。每当我想起谢老师对我的谆谆教诲，就感激涕零。但弟子学术基础薄弱、资质愚钝，常常达不到谢老师的期许，也不能很好地完成谢老师交予的任务，每每想起于此就深表歉疚，唯有一直努力，期望勤能补拙。谢老师除了在学术上对我倾尽全力指导外，还在生活上对我特别关照，一直鼓励着我，疏导我的情绪。特别是在我博士研究生学习的第四年，由于没有了学校的生活补助，我的生活压力比较大，谢老师经常给我发补贴以缓解我的经济压力，他总是能体谅我的苦衷，常常给予我生活上的帮助和指导，让我能静心完成博士论文。感谢的话语已经不能表达我对谢老师的感激之情，弟子唯有持续努力，以报栽培之恩。此外，还要感谢师母李老师对我生活上的关心和照顾，谢老师与李老师的伉俪情深为我们起到了典型的示范效应，祝愿二位老师身体健康，万事如意！

能让我有缘与谢老师结成师徒关系的贵人是张蓝月师姐夫妇和魏巍博士。如果没有他们的牵线搭桥，就没有我这四年的一切。张蓝月师姐的热情、仗义与真诚深深影响着我，她无时无刻不关心着我的学业与生活，生命里有此知心姐姐，荣幸之至；魏巍博士是一位情感细腻、重情重义、将兄弟情排在首位的大诗人，只因我们来自同一县城就毫不犹豫地将我视为亲弟弟一样对待，给予我亲哥哥般的呵护与关照，我倍感荣幸。在此，感谢师姐夫妇和魏巍哥哥，我会永远铭记你们对我的好。

然后我要感谢为我授课的各位老师。他们是博士阶段的王钊教授、段玉川教授、温涛教授、祝志勇教授、张应良教授、王志章教授、王定祥教授、杨丹教授、高远东教授等。对于经济管理理论知识零基础的我而言，各位老师的精彩讲授和经验分享让我如沐春风、大开眼界，不仅开阔了我的视野，还让我对经济管理专业的前沿理论和分析工具有了初步的认识，为我开展研究工作打下了良好的基础。同时，我也要感谢我的硕士生导师曹飞龙教授，虽然已经离开曹老师四年，但是他对我的影响丝毫未减，是曹老师引领我进入研究领域的大门，是他让我在研究生期间掌握了机器学习里常用的几种算法，如果说我的博士论文有所创新的话，那正是因为将机器学习的工具与农村金融领域进行了跨界结合。每当梦醒时分，曹老师的教导都不绝于耳，他让我养成的一些研究习惯延续到了博士阶段，也正是循着这样的研究模式才让我的博士旅途少了许多荆棘。此外，我还要感谢本科阶段的授业恩师吕淑婷老师、高义老师和黄永东教授。虽然远隔千山万水，但也阻挡不了吕老师对我的嘘寒问暖，她时常关心我的学业和生活，经常鼓励我、给予我物质帮助和精神疏导，让我感受到来自远方的温暖，也为我的学业增色不少；高义老师和黄永东教授是我的数学专业基础课老师，他们精湛的授课技艺令我印象深刻，尤其是高义老师讲授的数学建模课程为我的研究工作和写作打下了坚实的基础，也是他们把我推荐到曹老师门下攻读硕士研究生，可以说没有他们的鼎力推荐，就不会有我整个的研究生涯。因此，感谢各位恩师的帮助和成全，学生铭感五内。我还要特别感谢四川农业大学的李后建副教授，感谢李老师的指点和帮助，为我的博士论文写作提供了思路和启迪。

如果说各位老师是我生命里的领航人，那么同学、朋友就是最好的陪伴者。因此，我还要感谢陪我前行的各位同学、朋友。他们是谢师门里的各位师兄弟姐妹，尤其是陈利博士、张明博士、陈启亮博士、张鑫博士、江源博士、刘思亚博士、叶盛博士、王文涛博士、涂先进博士、姚领博士、李屹然博士、吴静茹博士、张瑜硕士、石俊峰硕士、柯明硕士、何宁硕士、杨媛硕士、王恬硕士、侯允杰硕士、何远乐硕士等。谢师门是一个团结友爱、活力四射的高素质、高情商团队，是他们增添了我博士生涯的欢愉，也是他们的活泼可爱以及营造的欢乐氛围感染了我，让我从一个沉默寡言的人逐渐开朗起来。我还要感谢在西南大学认识的一群可爱的人，他们是向从武博士、陈晓琴博士、翟浩森博士、刘魏博士、陈乙萍博士、陈乙酉博士、杨芳博士、刘达博士、张梓榆博士、韩佳丽博士、王汉杰博士、秦天博士、张丽博士、黄莉博士、陈学萍博士、肖泽平博士、关衷效博士、陈一明博士、闫龙博士、于福波博士等，是他们丰富了我的课余生活，也是他们助力了我的成长。我更要感谢身边的一群死党，他们是陈鑫宇、陈飞林、翁正华、冉兵、周俊友、冉杰夫妇、杨茂松、梁靖、付贵、秦波、陈凤霞、田玲夫妇、田连平夫妇、马雪彤、刘迪、杨华兰等，是他们一直激励着我，也是他们时刻关心着我，陪我一起度过了美好的青春时光。无论何时何地，不管遇到什么困难，只要一个电话或是一条微信，他们都会毫不犹豫地为我提供援助，正是因为身边多了这样一群朋友，才让我的生活充满了无限的乐趣。

最后我还要特别感谢我的家人，家人永远是我的避风港和坚强后盾，感谢父母、岳母以及在天堂的岳父，感谢我的两位姐姐和姐夫、弟弟和妻子。感谢父母二十年如一日的为我负重前行，感谢弟弟的奉献和付出，感谢爱妻的包容和支持，感谢亲人们的关爱与帮助。

乘风破浪会有时，感恩一切。谨以此书献给所有关心、支持和帮助过我的师友和亲人们！

车四方

2020 年 12 月 19 日于重庆工商大学